LINGUISTIQUE VARIATIONNELLE
sous la direction de Françoise Gadet et André Thibault
2

À l'ombre de la langue légitime

Annette Boudreau

À l'ombre de la langue légitime

L'Acadie dans la francophonie

Préface de Michel Francard

PARIS
CLASSIQUES GARNIER
2016

Annette Boudreau est professeure titulaire en sciences du langage à l'université de Moncton au Canada. Depuis une vingtaine d'années, elle mène des recherches sur le rapport entre idéologies linguistiques et construction identitaire en milieu minoritaire. Elle s'intéresse au phénomène de l'insécurité linguistique, aux discours qui contribuent à sa manifestation et aux conséquences qui en découlent.

ISBN 978-2-8124-5975-7 (livre broché)
ISBN 978-2-8124-5976-4 (livre relié)
ISSN 2490-8495

PRÉFACE

Annette Boudreau est une personnalité bien connue des milieux où la francophonie linguistique est mise en question(s). Régulièrement invitée à parler de la communauté acadienne dont elle est issue, elle partage avec ses interlocuteurs un étonnant mélange de réserve et d'empathie. Ses interventions publiques reposent sur un texte soigneusement préparé et sont immanquablement suivies d'échanges qui transforment des réalités méconnues pour une (large) partie de l'auditoire en un témoignage dans lequel transparaît une émotion peu habituelle en ce genre de circonstance.

Cette réserve initiale, ce trop-plein d'informations, ces convictions partagées, les pages qui suivent nous en donnent les clés. Ce livre suit un double fil rouge : il est à la fois le récit d'un engagement personnel et la confrontation permanente de celui-ci aux développements théoriques et méthodologiques qu'a connus la sociolinguistique au tournant des XXe et XXIe siècles.

Les recherches d'Annette Boudreau, ainsi que son enseignement à l'Université de Moncton, s'inscrivent dans le champ de la sociolinguistique, avec un « terrain » privilégié : la francophonie acadienne du Nouveau-Brunswick. Son intérêt particulier pour l'analyse des idéologies et des représentations linguistiques a trouvé un cadre stimulant dans la sociolinguistique critique, laquelle considère les pratiques langagières comme des ressources qui structurent le milieu tout en le disant.

Solidement étayé au plan scientifique, le parcours d'Annette Boudreau est également riche d'une forte implication personnelle, souvent émouvante de par sa sincérité. Comment pourrait-il en être autrement pour une linguiste qui fait sien le propos de Tzevan Todorov « On ne progresse pas vraiment dans la connaissance de l'humain sans s'y impliquer en profondeur, avec tout son être. » (p. 44) et qui revendique, avec Didier Éribon, « une pensée qui se veut critique et émancipatrice » (p. 57) ?

Annette Boudreau ne peut se résoudre à être la simple spectatrice des réalités qu'elle tente d'analyser et de comprendre, ni la productrice d'un « savoir expert » déconnecté du milieu qui permet de le produire. Elle sait par ailleurs qu'une démarche scientifique est consubstantielle d'une distance critique, posture sans doute plus complexe à tenir dans un milieu minoritaire, comme l'est la francophonie acadienne, avec des attentes spécifiques vis-à-vis d'un chercheur issu du milieu.

On l'a compris, la démarche d'Annette Boudreau n'est pas à l'abri de tensions aux effets parfois contradictoires. Ce livre est d'une particulière lucidité sur les fragilités dans la construction du savoir, sur les ambiguïtés dans le positionnement du chercheur, sur les questionnements qu'il faut éviter de clore trop vite. Lucidité indispensable pour comprendre les dynamiques langagières à l'œuvre dans les milieux minoritaires et la précarité vécue par les acteurs sociaux de ces processus.

En traitant préférentiellement de l'Acadie, et surtout des Acadiens, Annette Boudreau soulève de multiples questions dans lesquelles nombre de francophones « périphériques » se retrouveront. Ce livre les interroge sur leur rapport à la norme, à leur(s) norme(s) ; conteste une vision essentialiste de la langue française et le rapport mythique au « français des Français » ; invite à remettre en cause nombre de stéréotypes stigmatisant les minorités linguistiques (et autres).

Au fil des pages, nous nous sentons de plus en plus proche de ces Acadiens, linguistes, écrivains, artistes conviés par Annette Boudreau à expliciter leurs rapports à une communauté minoritaire et minorisée. Nous comprenons mieux leur insécurité linguistique, leur distance vis-à-vis d'un savoir produit « à l'intérieur », leur peur de « se distinguer ». Mais aussi, de plus en plus affirmée aujourd'hui, leur volonté de se réapproprier un discours sur l'Acadie d'*ici* capable d'exprimer une identité acadienne et contemporaine, qui trouve dans la conscience même de la précarité un supplément de sens.

Annette Boudreau nous convie à mieux connaître cette Acadie réinvestie d'une parole assumée et porteuse d'identité, et à en comprendre les aspirations profondes. Sans jamais nous enfermer dans un espace clos : la connivence que suscite l'auteure vis-à-vis de la communauté acadienne nous renvoie à nos propres représentations, à nos idéologies, à nos discours. Le parcours qui l'émancipe progressivement de « l'ombre de la langue légitime » devient, au fil des pages, notre propre cheminement, avec ses hésitations, ses contradictions, ses convictions. Et, à l'issue de ce livre, son « bonheur proche d'une libération » est aussi le nôtre.

Michel FRANCARD

REMERCIEMENTS

L'idée de ce livre est née en janvier 2013, alors que je profitais d'un congé sabbatique de l'Université de Moncton. Mon amie Claudine Moïse m'a conseillé de lire *Retour à Reims* de Didier Éribon, essai qui saurait m'intéresser par les affinités qu'il présentait avec mes propres interrogations. Le livre m'a fortement inspirée, tant par sa forme que son contenu. Le ton adopté par l'auteur, à mi-chemin entre l'auto-analyse et le texte scientifique, était celui que je cherchais. Écrire au « je » m'est apparu à la fois comme une nécessité et une libération.

Un an plus tard, Françoise Gadet et André Thibault, directeurs de la collection *sociolinguistique variationnelle*, m'ont invitée à publier cet essai dans leur collection et m'ont gratifiée de leur lecture minutieuse, de leurs conseils avisés et de leur rigueur exemplaire. Je remercie tout particulièrement Françoise Gadet, rencontrée en 1993, lors de son séjour à l'Université de Moncton où elle avait été invitée à donner des conférences. Elle est devenue ma directrice de thèse, et elle n'a cessé, depuis lors, de m'inspirer et de m'encourager à suivre la voie qui est la mienne. De la confiance qu'elle m'a accordée, je lui suis infiniment reconnaissante.

Je remercie Michel Francard d'avoir bien voulu signer la préface, d'autant que ses travaux sur les représentations et l'insécurité linguistiques sont venus légitimer mes propres intérêts sur ses questions et m'ont fourni un cadre où inscrire mes recherches.

Un merci tout particulier à Marilou Potvin-Lajoie qui a lu, corrigé et mis en page les différentes versions du manuscrit. Merci à Julie Bérubé pour sa relecture attentive. D'autres personnes ont lu des parties ou ébauches du texte et m'ont fait des commentaires éclairés : Raoul Boudreau, Alexandre Duchêne, Mélanie LeBlanc, Isabelle LeBlanc, Claudine Moïse ; qu'ils en soient chaleureusement remerciés.

J'ai eu la chance de travailler avec des équipes de recherche exceptionnelles depuis la fin des années 1990 où j'ai fait la rencontre de personnes devenues des amis avec qui j'ai discuté et réfléchi depuis et qui m'ont enrichie de leur savoir. Je pense plus particulièrement à Monica Heller qui m'a permis de développer une sociolinguistique qui soit critique, à Lise Dubois et Marie-Ève Perrot qui ont été mes compagnes de travail pendant de nombreuses années, à Mourad Ali-Khodja, Alexandre Duchêne, Claudine Moïse, Patricia Lamarre, France Martineau qui ont partagé avec moi leur soif de connaissances et leur passion du savoir. Je pense aussi aux étudiants qui, à titre d'assistants de recherche, ont participé aux projets dont il est question dans l'essai, et qui à leur tour sont devenus des collègues et amis : Isabelle Bujold, Mireille McLaughlin, Mélanie LeBlanc, Matthieu LeBlanc, Chantal White. Je n'oublie pas non plus les conversations stimulantes avec Didier de Robillard, Sénamin Amédégnato, Jean-Marie Klinkenberg et Chantal Bouchard qui ont contribué à élargir ma vision des phénomènes linguistiques.

Je remercie les collègues du département : Louise Péronnet et Catherine Phlipponneau qui, dès le début, m'ont incitée à poursuivre des recherches en sociolinguistique ; je remercie aussi Laurence Arrighi, Karine Gauvin, Isabelle Violette pour les discussions nombreuses et éclairantes. Je ne saurais non plus passer sous silence l'apport du Centre de recherche en linguistique appliquée de l'Université de Moncton, lieu de rencontre entre étudiants, chercheurs de l'Université et chercheurs d'ailleurs, lieu marqué par sa secrétaire administrative, Lise Landry, qui a su créer un environnement chaleureux et accueillant.

Je suis heureuse d'exercer ce métier qui est le mien et qui me met en contact permanent avec des étudiants stimulants, trop nombreux pour nommer ici et qui m'ont abondamment nourris par leurs réflexions, questions, lectures.

J'ai une dette de reconnaissance envers le Conseil de recherche en sciences humaines du Canada pour les généreuses subventions de recherche accordées au cours des ans. La reconnaissance s'élargit à la Faculté des études supérieures et de la recherche de l'Université de Moncton pour son soutien continu.

Merci à Raoul de son soutien inconditionnel.

Merci à ces voix connues et inconnues que j'ai entendues et qui m'ont touchée.

POUR MIEUX COMPRENDRE

> Mais nous avons mis du temps à élever la voix et même à comprendre que cette voix c'était la nôtre. [...]. Nous avons notre silence et ce silence nous reste.
> Herménégilde CHIASSON, *1604*.

> On n'enseigne pas ce que l'on sait ou ce que l'on croit savoir : on enseigne et l'on ne peut enseigner que ce que l'on est.
> Jean JAURÈS, *L'Esprit du socialisme*.

Depuis aussi longtemps que je me souvienne, j'ai eu l'impression de ne pas parler français comme il le fallait. Mon anglais ne me paraissait pas beaucoup mieux ; je le parlais sans difficulté, avec l'accent de la région, je pouvais le lire comme si c'était une « langue maternelle » et l'écrire sans problème, mais cela m'importait peu, l'anglais n'étant pas pour moi une langue à laquelle j'étais attachée. Pour le français, c'était tout autre chose. Conformément aux idéologies qui ont construit l'Acadie au 19e siècle et aux discours qui ont circulé dans ma famille, à l'école et dans les institutions que j'ai fréquentées, je considérais « la langue française » comme l'élément le plus important de ma personne. Cette langue imprégnée dans mon imaginaire comme étant une langue unique, belle et pure, c'était celle des livres que je lisais et des personnes que j'entendais à la radio[1]. Sans doute que le prix que je lui attachais et la conception que j'en avais – une conception héritée des grands discours qu'on lui consacrait, discours que j'avais presque mémorisés tellement

1 Des émissions radiophoniques de Radio-Canada des années 1950 et 1960 sont aujourd'hui rediffusées périodiquement. Le français des journalistes était aligné sur le français parlé en France. Radio-Canada était la seule radio francophone diffusée en Acadie.

ils me touchaient – pouvaient expliquer ma crainte de ne pas parler « correctement » dès que je sortais du milieu et que je rencontrais des personnes venues d'autres régions de la francophonie internationale.

Ce sentiment de dépossession à l'égard du français considéré comme *ma* langue maternelle explique sans doute que je me sois investie (inconsciemment) dans l'enseignement de la sociolinguistique, métier que je pratique depuis vingt-cinq ans. Au début, j'ai cru avoir choisi ce métier au hasard, de façon fortuite, grâce aux rencontres favorisées par le milieu universitaire, mais plus j'exerce ma profession, plus je crois au contraire que mon intérêt pour les inégalités sociales reliées aux rapports de domination qui se révèlent dans les pratiques langagières a fait en sorte que j'exerce le métier de sociolinguiste. J'écris donc ce livre pour mettre en lumière ces processus à partir de différentes enquêtes réalisées au Canada français, plus particulièrement en Acadie, et en même temps pour rendre compte de mon cheminement sur le plan personnel et professionnel, les deux étant dans ce cas-ci inséparables.

Didier Éribon raconte dans *Retour à Reims* que la mort de son père n'a pas provoqué chez lui du chagrin – il n'avait plus de liens avec lui depuis longtemps –, mais plutôt « une interrogation indissociablement personnelle et politique sur les destins sociaux, sur la division de la société en classes, sur l'effet des déterminismes sociaux dans la constitution des subjectivités » (Éribon 2010 [2009] : 19). Si je le cite, c'est parce que je crois que l'étrangeté que j'ai ressentie pendant longtemps autour de mes pratiques linguistiques n'est pas qu'individuelle et qu'elle est sans doute partagée par un nombre important de locuteurs qui vivent ou qui ont l'impression de vivre comme étant assujettis à des « normes » dominantes sur lesquelles ils n'ont pas de pouvoir, ce pouvoir étant masqué dans des procédés subtils de domination qui ne se laissent pas voir comme tels et qui sont souvent acceptés d'emblée comme allant de soi par les personnes qui les subissent. J'ai eu pendant longtemps l'impression que ma peur de prendre la parole en public était liée à une timidité paralysante et qu'elle m'était personnelle, alors que je crois aujourd'hui que cette « crainte » est liée à un ensemble de facteurs qui relèvent autant de mon histoire familiale et sociale que du domaine linguistique et qu'elle est la manifestation d'une soumission consentie à mon insu.

Comprendre comment l'on peut se servir de la langue pour créer des catégories sociales, pour stéréotyper les locuteurs dans des images figées, c'est comprendre que la langue est bien plus qu'un code – est-il nécessaire de le rappeler ? – et cela m'a aidée à m'émanciper quelque peu de l'imaginaire linguistique que je m'étais forgé et qui m'avait enfermée dans l'étau de la conformité.

Ce sentiment de dépossession linguistique que peut ressentir un groupe de locuteurs ou un individu est relié à des facteurs historiques, sociaux et politiques. Pour ce qui est du chercheur, il est également rattaché au positionnement qu'il occupe dans un champ particulier. Bourdieu affirme en effet que « comprendre, c'est d'abord comprendre le champ avec lequel et contre lequel on s'est fait » (Bourdieu 2004 : 15). Dans cet esprit, ce que l'on nomme *réflexivité* ne peut se réduire à une autobiographie ; il s'agit plutôt d'extirper ce qu'il y a de social au cœur de l'individu, de trouver l'impersonnel dans le personnel ou, en d'autres mots, d'expliquer sa trajectoire sociale (*social* peut renvoyer ici à la fois à la sphère scientifique et à l'habitus de l'individu). Or en ce qui me concerne, ce champ, c'est la linguistique, une linguistique d'abord et avant tout liée à l'étude de la langue envisagée comme une pratique sociale. Il me semble important de faire un retour sur le contexte social qui est le mien, non pas uniquement pour expliquer mon parcours personnel, mais pour donner un aperçu des mécanismes à la base de la construction des habitus francophones, en milieu minoritaire surtout, et aussi pour montrer comment cet habitus rejaillit sur l'image que l'intellectuel peut se faire de lui-même et du rapport complexe qu'il établit avec ses pratiques linguistiques et celles des autres, surtout s'il est issu du « milieu » sur lequel il travaille. C'est aussi pour expliquer ce qui m'a « produit comme linguiste » (de Robillard 2008 : 81) et pour raconter la « recherche comme une expérience de vie » (*ibid.* : 78).

Pour illustrer les mécanismes reliés à la production du discours sur la langue (qui est-ce qui produit, comment, dans quel but, avec quelles conséquences et pour qui ?), à l'accès au capital linguistique (comment le capital est défini, par qui et encore une fois avec quelles conséquences ?) et aux stratégies mises en œuvre pour définir la francité en milieu minoritaire, je me pencherai principalement sur les locuteurs[1] francophones issus des milieux minoritaires en Acadie des Maritimes ; c'est un terrain privilégié pour cerner ces processus et pour montrer toute

1 Le générique masculin est employé dans le seul but d'alléger le texte et désigne aussi bien les hommes que les femmes.

la complexité qui leur est rattachée. Pour le locuteur vivant en milieu minoritaire, la question de son « existence » est posée en permanence ; elle se manifeste dans les revendications politiques et sociales, dans les interactions du quotidien (quelle langue parler, avec qui et comment ?), et surtout dans les rapports avec les autres (d'ailleurs), où elle est s'imposée presque d'emblée (pourquoi tu parles comme tu parles ?). Une collègue américaine qui travaille sur les minorités linguistiques me disait à quel point les processus de construction de soi sont différents selon que l'on fait partie d'une majorité ou non. Comme Américaine, la question de sa légitimité linguistique n'est pas posée ; elle parle une langue dominante, elle est très assurée quant à la pratique de sa langue (comme la plupart de ses concitoyens, me dit-elle) et ne ressent aucune insécurité à l'égard du français qu'elle pratique couramment : « Si je fais des fautes, ce n'est pas ma langue maternelle et donc je ne suis pas atteinte dans ma personne ». Elle me disait ne pas être particulièrement attachée à sa langue et à sa culture – c'est le lot des dominants – alors que les personnes vivant dans un milieu minoritaire n'y sont jamais indifférentes pour les raisons que j'exposerai dans la suite.

Je suis née et j'ai grandi à Moncton au Nouveau-Brunswick et mon expérience de locutrice francophone dans ce lieu me permet de comprendre ces processus tout en ayant conscience que mon regard est teinté de mes expériences personnelles et professionnelles. J'examinerai plus particulièrement le rapport des locuteurs au « français » et à leurs propres pratiques linguistiques, rapport particulier pour les raisons suivantes. D'abord, parce que dans les cas qui m'intéressent, le français est construit comme étant leur langue « maternelle » même s'ils sont bilingues pour la plupart ; ils ont été socialisés dans cette langue et sont sensibles aux différents discours qui ont circulé et qui continuent de circuler sur leur vernaculaire, discours qui, nous le verrons, sont la plupart du temps négatifs. Ensuite, l'histoire du français montre bien que cette langue s'est construite au 18e siècle comme la langue de la raison, comme LA langue universelle, comme une langue au statut distinctif particulier (Casanova 1999 : 97). Pascale Casanova affirme en effet qu'à cette époque « le triomphe du français est si total, en France comme dans le reste de l'Europe, son prestige est devenu si incontestable, que la croyance dans la supériorité de la langue française devient vraie à la fois dans les têtes et dans les faits [...] et que très vite l'usage du français se répand dans toute l'Europe » (*ibid.* : 99-100). Le célèbre extrait du discours d'Antoine de Rivarol en 1784 à l'Académie de Berlin reste encore dans les esprits même si on ne connaît plus sa source : *Tout ce qui n'est pas clair n'est pas français.* Cette conception unitariste de la langue française voulant que la langue soit *une* et *unique* a façonné (et continue de façonner) les esprits des francophones, même si les effets de cette représentation ne sont pas les mêmes pour tous les locuteurs de la francophonie. Les Canadiens français, par exemple, ont toujours su qu'ils parlaient un français différent de celui parlé par le *centre francophone* incarné par la France. Jusque dans les années 1970, les discours dominants font peu de place à la variation linguistique, même si diversité et hétérogénéité font partie du vécu langagier des locuteurs minoritaires francophones qui ont toujours ressenti la distance entre un français énoncé comme un idéal et leurs pratiques quotidiennes. En 1983, Frédéric François a proposé le terme de *surnorme* pour décrire le phénomène, parfois responsable de paralyser les gens dans leur prise de parole. Pour sa part, Lise Gauvin, écrivaine, essayiste et critique littéraire québécoise, a introduit, en 1997, un concept voisin, la surconscience linguistique, pour évoquer l'attention particulière accordée à la langue par les écrivains francophones[1]. Antoine Culioli, linguiste d'origine corse, affirme que seuls les locuteurs francophones se demandent constamment : « Est-ce que ça se dit ? Est-ce que c'est bien français ? Est-ce qu'il parle bien français ? » (Culioli 1995 : 51-52), propos repris par Henriette Walter :

> De nos jours, c'est notre propre attitude devant notre langue qui étonne les étrangers lorsqu'ils nous entendent ajouter après certains mots que nous venons de prononcer : « Je ne sais pas si c'est français », ou même « Excusez-moi, ce n'est pas français ». Cette phrase est si courante chez nous qu'elle n'étonne que les étrangers (Walter 1988 : 18).

Selon Anthony Lodge (1997), linguiste anglais, cette attitude prescriptive est beaucoup plus forte chez les francophones que chez les anglophones ou les hispanophones par exemple, et fait en sorte que les francophones de partout sont hyper-conscients de la norme. Jean-Marie Klinkenberg, linguiste belge, abonde dans le même sens :

---

1 Dans cet essai, le terme *francophone* renvoie le plus souvent, mais pas exclusivement, au locuteur qui vit à l'extérieur de la France ; les Français ayant émigré récemment au Canada continueront à être désignés comme des Français.

> Un Francophone, c'est d'abord un sujet affecté d'une hypertrophie de la glande grammaticale ; quelqu'un qui, comme Pinocchio, marche toujours accompagné d'une conscience, une conscience volontiers narquoise, lui demandant des comptes sur tout ce qu'il dit ou écrit (Klinkenberg 2001 : 26).

Le rapport des Acadiens à la langue anglaise est plus simple parce qu'elle ne constitue pas la langue « maternelle » de la plupart d'entre eux ; ils n'ont donc pas à « s'inquiéter » outre mesure de la qualité de l'anglais qu'ils parlent ; s'ils ne s'expriment pas « comme il faut » en anglais, ils ne seront pas jugés négativement. De plus, l'anglais leur paraît facile, accessible et plus perméable à la variation que la langue française. Ils parlent l'anglais avec l'accent anglais de la région et peuvent aisément passer pour des anglophones. Ce sont donc ces différents rapports que je veux examiner en montrant surtout comment ces derniers contribuent à la structuration sociale du groupe et en explicitant les rapports de pouvoir qui créent des catégories sociales fondées sur la langue.

Mon objectif en écrivant ce livre est triple. Il s'agit de faire le récit de mon parcours personnel et intellectuel en lien avec la sociolinguistique telle que je l'ai « rencontrée » et pratiquée dans ses différentes formes ; de raconter cette histoire en prenant comme terrain différents espaces de l'Acadie tout en mettant l'accent sur la construction discursive du *locuteur francophone* en milieu *minoritaire*, mais du locuteur ancré dans un *groupe social* lui-même minorisé et sur le rôle joué par la ou les langues dans le *processus* ; de discuter du *statut* du chercheur minoritaire dans le champ de la sociolinguistique.

Si j'écris ce livre maintenant, c'est parce qu'arrivée au terme d'une carrière académique, je ressens la nécessité d'expliquer comment se produisent les formes d'inclusion et d'exclusion (surtout ces dernières) qui sont opérées à partir de jugements sur la langue et qui ont des conséquences diverses chez les locuteurs, certaines plus négatives que d'autres, allant jusqu'à paralyser ces derniers dans l'usage de leur langue et même à les rendre muets. Comment, justement, se construit « l'accès aux instruments légitimes d'expression », accès qui dépend largement de la position sociale de l'individu dans un champ donné (Bourdieu 2001 : 163) ? Par ailleurs, je me sens aujourd'hui plus « légitime » pour écrire sur une situation que je connais bien et pour tenter de l'objectiver dans la mesure du possible ; de plus, je suis également partie prenante des situations que je décris, m'étant moi-même trouvée et me retrouvant encore dans la situation de « minoritaire » avec tout ce que cela implique de remises en question, de doutes, de sentiments de dépossession, de stratégies de résistances ou de mécanismes mis de l'avant pour agir sur la situation. Enfin, étant donné le poste que j'occupe, je ressens une certaine responsabilité à partager mes expériences dans l'espoir qu'elles puissent avoir un écho chez d'autres locuteurs qui pourraient s'y reconnaître (en partie du moins).

Je ne prétends pas raconter l'histoire de l'Acadie, mais je la prends comme site pour illustrer les luttes discursives qui se matérialisent dans différentes stratégies de résistances, qui remettent en question les idéologies linguistiques ou qui à tout le moins en ébranlent l'ordre établi. Ces stratégies collectives sont la plupart du temps liées d'une façon ou d'une autre à des politiques associatives, gouvernementales ou autres, soit pour les appuyer, soit pour les contester.

POUR UNE SOCIOLINGUISTIQUE QUI SOIT RÉELLEMENT CRITIQUE

Il me semble que le choix que l'on peut faire des courants de pensée ou des théories qui nous influencent est le fruit des cours suivis, des institutions fréquentées, des personnes rencontrées et surtout des terrains qui sont les nôtres. Pour ma part, je ne me suis jamais associée à UN courant précis en sociolinguistique, même si aujourd'hui, je m'inscris principalement dans une sociolinguistique qui se veut critique et dont l'objectif est de comprendre les intérêts des groupes sociaux à se construire comme ils le font et d'examiner le rôle que jouent les pratiques linguistiques dans ces processus (Heller 2002). L'analyse des différents discours qui circulent dans les espaces sociaux donne à voir le pouvoir des pratiques communicatives dans la structuration sociale d'un espace donné. L'analyse du discours est entendue ici dans le sens que lui donne Michel Foucault, c'est-à-dire « comme des pratiques qui forment systématiquement les objets dont ils parlent » (Foucault 1969 : 67) et comme « des pratiques discontinues qui se croisent, se jouxtent parfois, mais aussi bien s'ignorent ou s'excluent » (Foucault 1971 : 54-55), discontinuité qui suppose d'étudier les informations recueillies comme des « systématicités discontinues » (*ibid.* : 60) et non comme des bribes de discours disparates dont on ne peut tirer un sens. Le sens s'immisce justement dans ces éléments aux contours flous, dans ces interstices qui échappent aux chercheurs de prime abord, mais qui, étudiés dans un ensemble, laissent voir une histoire qui s'élabore à partir de ces bribes. Foucault insiste sur la dimension critique du travail, à savoir :

> Essayer de cerner les formes de l'exclusion, de la limitation, de l'appropriation [...] ; montrer comment [ces ensembles] se sont formés, pour répondre à quels besoins, comment ils se sont modifiés et déplacés, quelle contrainte ils ont effectivement exercée, dans quelle mesure ils ont été tournés (*ibid.* : 62).

Il s'agira donc ici d'examiner autant les discours « ordinaires[1] » de citoyens que ceux d'acteurs sociaux engagés dans la construction de la francophonie, autant les discours institutionnels que les discours de presse, et tout autant les discours d'autorité y compris ceux des linguistes. Il s'agira d'en faire ressortir les idéologies dominantes, d'essayer de comprendre pourquoi on trouve ces idéologies à tel moment de l'histoire, pourquoi elles s'imprègnent ou non, et de voir comment elles contribuent à construire les inégalités sociales. C'est en effet dans les discours que s'articulent les idéologies, « lieu d'émergence, de cristallisation et de matérialisation du positionnement des acteurs sociaux et des institutions » (Duchêne 2008 : 30). Avant d'examiner cet aspect, je reviendrai sur les premières recherches qui m'ont incitée à aller voir du côté du discours, recherches qui ont été motivées par des expériences vécues au quotidien où j'ai pu observer des locuteurs aux prises avec des représentations si négatives de leur performance linguistique (éloignées souvent de leurs compétences réelles) qu'elles les paralysaient dans leur prise de parole.

La sociolinguistique critique met l'accent sur les pratiques linguistiques envisagées comme pratiques sociales et sur les liens entre ces pratiques, les idéologies et les intérêts sociaux des gouvernements, organismes ou individus pour expliquer une série d'observables linguistiques (Heller 2002 : 14). Le terme *critique* est ici lié à la démarche de recherche elle-même, une démarche qui rompt avec le paradigme

---

1 Deborah Cameron (1995) montre bien que la langue est considérée comme un bien public et que tout le monde cultive des idées sur la langue, sur son statut et sur sa qualité surtout et que ces discours « populaires » doivent être pris en compte dans toute analyse sociale.

purement descriptif des pratiques tout en mettant l'accent sur le *pourquoi* de ces pratiques (Teo 2000 : 12)[1] et sur la façon dont les discours structurent la collectivité tout autant que cette dernière contribue à alimenter les discours qui la construisent et qu'elle tient sur elle-même. Le chercheur tentera d'expliquer les processus historiques et sociaux qui font que les ressources langagières sont investies par les locuteurs de telle ou telle manière à différents moments de leur histoire. Peter Teo reprend la définition de Fairclough pour expliciter la dimension *critique* du discours et pour montrer sa contribution aux analyses classiques qui se sont contentées de décrire le discours *in situ* :

> [The word « critical »] signals the need for analysts to unpack the ideological underpinnings of discourse that have become so naturalized over time that we begin to treat them as common, acceptable and natural features of discourse. In other words, ideology has become belief or even « common sense ». Adopting « critical » goals would then enable us to elucidate such naturalizations, and make clear social determinations and effects of discourse which are characteristically opaque to participants (Fairclough 1985 : 739, cité dans Teo 2000 : 12).

Ainsi pour continuer dans le sens de la citation, il est assez courant de penser la langue comme une *essence*, comme une donnée préconstruite, et de croire qu'il est naturel de parler « le standard » (sans penser aux conditions sociales et politiques de son appropriation), de penser que le français doit être parlé partout à peu près de la même façon avec de légères variations sur le plan phonétique et lexical. Cette essentialisation de la langue va à l'encontre de la sociolinguistique critique qui envisage les pratiques langagières comme des ressources. Ces ressources sont indexées, c'est-à-dire qu'elles disent autre chose ou davantage que laisse entrevoir la parole dite. Elles indiquent par exemple le genre de relation établie entre les personnes engagées dans une conversation (indifférente, affectueuse ou hostile), donnent des renseignements (à décrypter parfois) sur les enjeux sociaux reliés à l'usage de telle ou telle forme langagière mise de l'avant ou même spectacularisée. Ainsi, un artiste pourra user d'éléments d'un vernaculaire stigmatisé pour « marquer » un territoire, pour affirmer une contre-légitimité

1 Louis-Jean Calvet (2005) revient sur les questions posées par Fishman, « *Who speaks what language to whom and when ?* », et souligne l'absence du *Where*, *Why* et *How*, questions fondamentales selon l'auteur et qui ont été escamotées ou négligées. Soulignons qu'elles sont encore absentes de nombreuses recherches en sociolinguistique.

ou tout simplement pour afficher, ce jour-là, une dimension identitaire de sa personne. Les ressources linguistiques qui constituent le répertoire d'un individu ne sont pas non plus les mêmes pour tous les locuteurs ; en effet, ces derniers ne sont pas égaux dans les situations de communication. Certains sont plus avantagés que d'autres – le répertoire étant acquis dans différentes conditions familiales et sociales – et sauront davantage avoir accès aux profits symboliques et matériels de l'usage légitime.

Une conception essentialisée du français fait en sorte que de nombreux locuteurs se sentent d'emblée exclus de la « francophonie », convaincus qu'ils sont de ne pas parler un français leur permettant d'en faire partie. Appréhender la question du locuteur francophone en milieu minoritaire nécessite donc de s'interroger sur le poids des idéologies linguistiques véhiculées dans les discours depuis la fin du 17e siècle et de voir comment celles-ci contribuent à la création de catégories sociales et à des phénomènes d'inclusion et d'exclusion. Il s'agira de voir qui a accès aux différents discours qui sont en quelque sorte des lieux de pouvoir, et d'examiner le rôle des ressources langagières dans ces processus, ressources qui sont réparties différemment selon les milieux, selon le degré de scolarisation, selon la classe sociale, etc.

QU'EST-CE QU'UN TERRAIN ?

J'entends ici « terrain » dans son sens ethnologique, c'est-à-dire comme un lieu caractérisé par la circulation et les flux conformément aux écrits d'Arjun Appadurai (2001), comme un espace traversé par de multiples influences et réseaux. Le terrain n'est donc pas considéré comme étant restreint à un espace circonscrit par des frontières, mais bien comme mobile et changeant. Josiane Boutet et Monica Heller considèrent la linguistique de terrain comme « l'étude du langage ancrée dans ses conditions sociales de production » (Boutet et Heller 2007 : 306), conception contenue dans celle de Philippe Blanchet (2012) qui appréhende le terrain comme un « ensemble de relations » qui se présentent sous différentes formes, définition qui sied bien à mes propos, étant donné que je compte mobiliser différents types de phénomènes :

> Un terrain, c'est avant tout un ensemble d'interactions (de relations, d'échanges, d'expériences) entre un chercheur et d'autres personnes, relations certes situées dans le temps, dans l'espace, dans des sociétés, dans des cultures, etc., mais interactions avant tout [...]. Et l'on peut envisager des interactions indirectes telles que celles qui se produisent ordinairement à travers la communication écrite, par exemple lorsqu'on travaille sur des témoignages historiques ou sur des textes littéraires ou encore sur des documents médiatiques comme de la publicité, la signalisation, les graffitis, la presse, la radio, la télévision, le cinéma, des sites ou des forums internet, etc. (en prenant bien sûr en compte les effets de *médiation* produits par ces *intermédiaires*, ces *filtres*, ces *metteurs en scène*, que constituent ces supports) (Blanchet 2012 : 31 ; c'est l'auteur qui souligne).

Cet ensemble de relations, je l'examinerai en partant de l'Acadie, aire parfois caractérisée comme étant périphérique[1] dans la francophonie, lieu de marges « actives » aux frontières souples où se jouent et se déjouent des processus de marginalisation – et leurs contraires –, surtout en cette ère mondialisée où les pratiques et les identités se reconfigurent et où il est possible d'examiner différentes valeurs attribuées aux ressources linguistiques d'une personne[2]. Ainsi des pratiques seront valorisées dans certains contextes, d'autres non – ce qui a toujours été le cas –, mais aujourd'hui, certaines pratiques dévalorisées pourront être repragmatisées en fonction de nouveaux marchés linguistiques qui s'inscrivent dans un champ de nouvelles potentialités reliées à la globalisation des biens et des personnes (Blommaert 2010).

L'Acadie, site de luttes discursives particulières, servira de lieu d'ancrage pour décrire certains phénomènes linguistiques qui ne sont cependant pas le propre de la situation acadienne ; ces phénomènes permettent d'étudier les processus à l'œuvre dans la construction d'idéologies linguistiques et de comprendre des enjeux politiques et sociaux plus généraux qui traversent d'autres terrains où les locuteurs vivent une forme ou une autre d'oppression linguistique, qu'elle soit définie comme telle ou non.

1 J'entends la périphérie comme un espace en dehors des centres, périphérie mobile qui peut aussi bien désigner un espace très large – comme le Québec par rapport à la France – que des espaces plus restreints ou encore des lieux qui sont subordonnés à des centres ou qui sont perçus comme en marge de ces centres (voir Singy 1997 : 40-43).

2 Il s'agit ici du répertoire individuel (Gumperz 1989) qui peut contenir une ou plusieurs langues et les variations d'une même langue.

L'ACADIE

L'Acadie, terrain sur et dans lequel je travaille, est difficile à définir et à circonscrire ; elle n'a ni frontières étatiques ni frontières géographiques précises. C'est dans les communautés de langue française, dites acadiennes, éparpillées çà et là dans les trois provinces maritimes du Canada que prend vie le concept de l'Acadie des Maritimes. Ces trois provinces sont le Nouveau-Brunswick (pop. approximative : 740 000, dont 32,8 % sont francophones), la Nouvelle-Écosse (pop. approximative : 910 000, dont 3,8 % sont francophones) et l'Île-du-Prince-Édouard (pop. approximative : 140 000, dont 4 % sont francophones). La diaspora acadienne occupe une place importante dans les différents discours qui disent l'Acadie en raison des événements dramatiques qui ont marqué son histoire, événements qui se cristallisent dans une narration qui joue un rôle capital dans la construction de l'identité acadienne.

En effet, l'histoire des débuts de l'Acadie a marqué l'imaginaire acadien et continue aujourd'hui d'être un référent identitaire important : colonie française pendant un peu plus d'un siècle[1], elle passe aux mains des Anglais en 1713 en vertu du traité d'Utrecht. Pendant les quarante années qui suivent, les Acadiens vivent en relative harmonie avec leurs dirigeants britanniques jusqu'au milieu du siècle où survient la déportation des Acadiens par les Anglais de 1755 à 1764. Pendant la période de recolonisation qui suit, les Acadiens sont exclus de toute participation à la vie politique et sociale et tendent à s'établir en petites communautés loin des centres politiques des provinces et à s'adonner à des activités économiques de survivance. L'organisation sociale qui découle de cette période de l'histoire de l'Acadie, nommée de part et d'autre la période de l'enracinement, jumelée à une importante croissance démographique[2], favorisent le développement d'une forte conscience collective et le maintien du français.

Les revendications des Acadiens au 20e siècle se sont concentrées sur un objectif : rechercher une certaine « égalité » linguistique. On

1 La première colonie française en terre d'Amérique remonte à 1604, année où Samuel de Champlain fonde un établissement d'une centaine d'hommes à l'île Sainte-Croix dans la baie de Fundy.

2 De quelques familles au début du 17e siècle, le nombre des Acadiens dans l'Acadie des Maritimes est passé à près de 100 000 à la fin du 19e siècle ; le Nouveau-Brunswick en comptait plus de 60 000 en 1881 (Roy, 1993).

entend par égalité la capacité d'utiliser le français dans la plupart des secteurs de la vie publique. C'est pourquoi la société acadienne[1] s'est employée à se doter d'institutions autonomes et « homogènes[2] » sur le plan linguistique, c'est-à-dire des espaces unilingues français au sein de la société à dominance anglophone, espaces ouverts aux anglophones, mais qui fonctionnent en français.

Parmi les institutions publiques autonomes les plus importantes que s'est données la société acadienne au cours de la deuxième moitié du 20e siècle, on compte l'Université de Moncton, créée en 1963 et fonctionnant uniquement en français[3]. Au cours des quelque cinquante dernières années, l'Université a décerné plus de 45 000 diplômes. En 1978, le ministère de l'Éducation du Nouveau-Brunswick a adopté le principe de la dualité administrative[4] qui a créé, dans l'ensemble de la province, des espaces unilingues français de la première à la dernière année de scolarisation (ce qui ne veut pas dire que les enfants ne sont exposés qu'au français, mais que l'environnement est franco-dominant). Dans le domaine des soins de santé, les francophones ont accès à toute une gamme de soins dans divers centres hospitaliers qui fonctionnent en français avec des services pour anglophones[5]. Enfin, la radio nationale de langue française diffuse des contenus divers depuis le début des années

---

1 En raison du poids démographique des francophones au Nouveau-Brunswick, c'est dans cette province que l'on trouve le plus grand nombre d'institutions francophones. Cet essai s'attardera davantage aux francophones de cette province qu'à ceux des deux autres, même si une partie importante du chapitre « Authenticité, mise en scène, profits » sera consacrée aux francophones de la Nouvelle-Écosse. Cette dernière province est considérée comme le centre de l'Acadie historique, premier territoire à être colonisé en Acadie.

2 Le terme « homogène » renvoie ici au caractère *francophone* de l'établissement ; avant la mise en place d'institutions de ce type, les établissements étaient bilingues, mais presque tout se passait en anglais. On a donc érigé des établissements « homogènes », terme qui prête à confusion puisqu'il laisse croire au rejet de l'hétérogène, ce qui n'est pas le cas.

3 On y trouve un département d'anglais avec des cours de littérature, et aussi des cours de langues en anglais, en espagnol et en allemand et quelques cours donnés en anglais le soir dans un programme appelé « éducation permanente » ; ce programme est destiné à des personnes qui sont déjà sur le marché de l'emploi.

4 Système selon lequel chaque unité administrative de la province a des composantes francophone et anglophone où la langue de travail est le français et l'anglais respectivement et où les services de coordination et d'appui technique sont bilingues. À ce jour, seul le ministère de l'Éducation fonctionne ainsi.

5 L'inverse est aussi vrai. Dans la région de Moncton au Nouveau-Brunswick, l'hôpital principal offre des services en français aux patients, du moins dans certains secteurs et selon le degré de bilinguisme de son personnel.

1950 sur tout le territoire des provinces maritimes à partir de son siège social à Moncton ; la télévision de langue française, elle, est en ondes depuis 1959. Il existe quelques stations de radio privées de langue française au Nouveau-Brunswick et, depuis 1991, dix radios communautaires. Celles-ci sont regroupées dans l'association ARCANB (Association des radios communautaires acadiennes du Nouveau-Brunswick). Depuis 1990, il existe trois radios communautaires en Nouvelle-Écosse et à l'Île-du-Prince-Édouard, et un projet de mise en œuvre d'une radio communautaire est en cours.

Au Nouveau-Brunswick, un autre événement charnière dans l'histoire de l'Acadie est l'adoption de la *Loi sur les langues officielles du Nouveau-Brunswick* en 1969, première reconnaissance de l'existence juridique de deux communautés linguistiques ; cette adoption fait du Nouveau-Brunswick la seule province officiellement bilingue du Canada. Cette loi prévoit que l'anglais et le français sont les deux langues officielles de la province et qu'elles ont toutes deux un statut égal. Elle oblige donc la publication simultanée des textes gouvernementaux dans les deux langues, tout en accordant le droit au citoyen de se faire servir dans la langue de son choix. Cependant, dans la pratique, c'est loin d'être le cas, comme l'a bien montré Matthieu LeBlanc (2008 : 2014). Les francophones restent minorisés, et ce, à tous les échelons. De plus, l'idéologie du bilinguisme à l'œuvre dans la province masque le rapport de pouvoir entre les deux groupes ; en effet, s'il est vrai que depuis que la province est officiellement bilingue, les francophones ont acquis certains droits, il n'en demeure pas moins que le discours sur le bilinguisme – très présent dans les discours publics, gouvernementaux et autres – occulte la minorisation du groupe francophone.

Par ailleurs, conséquemment à l'émergence du phénomène de la mondialisation[1] et des mouvements migratoires, les « communautés » anglophones et francophones sont moins homogènes qu'elles ne l'étaient il y a trente ans. En effet, l'afflux des immigrants dans la province du Nouveau-Brunswick et dans la communauté francophone en particulier (à travers l'Université de Moncton), même si elle est beaucoup moins importante en nombre qu'ailleurs au Canada, a forcé les membres des

1 J'alternerai entre l'usage des termes *mondialisation* et *globalisation*, les deux étant essentiels à mon propos. J'explique la différence définitoire opérée entre les deux par Cécile Vigouroux et Salikoko Mufwene (2014) au chapitre « Authenticité, mise en scène, profits ».

communautés à se redéfinir, non plus sur le plan ethnique, mais sur le plan civique : faut-il avoir des parents qui ont vécu la déportation pour pouvoir se dire Acadien ? Est-ce qu'il faut du sang acadien pour se définir ainsi ? Peut-on être Acadien et autre chose à la fois ? L'arrivée des immigrants a suscité un débat qui dure encore et ce débat touche aussi aux langues en présence sur le territoire[1]. Plusieurs des immigrants arrivent au Canada avec leur langue d'origine et parlent déjà l'une des deux langues officielles du pays d'accueil, mais quand ils s'installent et constatent le poids de l'anglais, quelle langue choisissent-ils de privilégier, si tel est le cas ? Quelles écoles fréquenteront leurs enfants ? Quel rapport entretiennent-ils avec les vernaculaires français ? Ces changements reconfigurent les communautés francophones et font en sorte que les signes distinctifs (foi et langue) reliant les Canadiens français, déjà remis en question dans les années 1960, volent en éclat depuis les années 1990 et ne sont plus considérés comme les seuls référents identitaires de ces derniers. Revenons donc à ces années 1960 et aux débuts des recherches dûment institutionnalisées en linguistique.

LES ANNÉES 1960 ET SUIVANTES

Au Canada français, la langue française et la religion catholique ont été pendant deux siècles les socles sur lesquels se sont construites les collectivités québécoises et acadiennes. Étant donné l'importance de la langue dans la construction des collectivités, il était normal que des linguistes s'intéressent au fonctionnement du français dans les deux espaces, à son statut, à sa qualité et à son autonomisation par rapport au français parlé en France.

Depuis le milieu du 20e siècle, les recherches sociolinguistiques ont connu un grand essor au Québec grâce au renouveau politique et social qui a marqué cette période et qui a entraîné avec lui l'investissement de sommes importantes dans la recherche, sommes provenant du fédéral (qui avait intérêt à garder le Québec dans la confédération) et du provincial (qui voulait moderniser le français québécois : traduction des termes anglais en usage, création de néologismes pour désigner les particularités québécoises, description du vernaculaire québécois). C'est l'époque des

1 Voir Isabelle Violette (2010) dont la thèse de doctorat est riche en informations sur la question.

grands projets linguistiques : l'Office de la langue française (OLF), la banque de terminologie du Québec, le Trésor de la langue française au Québec (TLFQ), et j'en passe.

En Acadie, c'est essentiellement à partir de la fin des années 1960 que les études sur la langue (son statut surtout) prolifèrent : celles d'historiens, de sociologues, de géographes, de littéraires (Ali-Khodja et Boudreau 2009a pour une synthèse), mais ce n'est qu'à partir des années 1980 que l'Université de Moncton va offrir une formation en linguistique. Cette jeune université créée avec peu de moyens financiers avait comme objectif « d'offrir une éducation supérieure en langue française aux Acadiennes et aux Acadiens[1] » (c'était alors ainsi formulé), et ce n'est qu'à partir de cette date que les études produites par des linguistes vont être diffusées plus largement.

Avec la création de l'Université, les groupes de recherche se multiplient (ils existaient avant, mais n'étaient pas aussi structurés), et, avec eux, le développement de liens avec d'autres universités canadiennes et étrangères. Les professeurs de l'Université de Moncton ont développé avec le temps des contacts avec des linguistes venus d'ailleurs – du monde francophone surtout : France, Suisse, Belgique, certains pays africains comme le Maroc et le Togo – et aussi avec des linguistes formés en anthropologie aux États-Unis. Sans tradition académique (le savoir était conçu ailleurs et par d'autres), les chercheurs « natifs » nouvellement formés ont donc eu un accès de première main aux théories développées dans ces différentes parties du monde, et plusieurs furent appliquées d'emblée à l'Acadie (même si des différences importantes auraient dû faire en sorte qu'elles auraient pu être écartées ou plutôt remodelées à l'épreuve du terrain). Aujourd'hui, les études réalisées sur le français en Acadie et sur la situation linguistique dans son ensemble sont assez abondantes et multiformes. Des linguistes s'intéressent à la description du français parlé (à la phonétique du parler acadien[2], à sa morphologie et à sa syntaxe (Péronnet 1977 ; 1995), aux emprunts (Flikeid 1989 ;

1 Avant la création de l'Université de Moncton, la plupart des Acadiens qui poursuivaient des études supérieures – ils étaient très rares – se dirigeaient vers l'Université Laval au Québec (les plus fortunés) ou vers les universités anglophones des provinces de l'Atlantique.

2 Le français acadien renvoie à différentes pratiques selon les locuteurs ; généralement, les recherches ont porté sur le « français acadien dit traditionnel » tel que défini par la dialectologie (voir Arrighi 2014).

1994), à l'enseignement du français, au vocabulaire[1] et à l'aménagement du français (Phlipponneau 1991 ; 1994).

Pour ma part, je me suis très vite intéressée aux idéologies et aux représentations émanant des métadiscours sur la langue, démarche qui m'a paru essentielle pour comprendre l'insécurité linguistique (et ses manifestations) que j'avais décelée chez de nombreux Acadiens, sentiment que je partageais et que je comprenais de l'intérieur. Je reviendrai plus loin sur le positionnement du chercheur du « dedans » dans la construction du savoir et sur le nécessaire « travail sur soi » à accomplir (Bourdieu 1984 : 48) puisque le chercheur participe à la construction du savoir avec son habitus, ses intérêts, et les « cécités » qui lui sont associées (*ibid.* : 48). Abondant dans le même sens, Carl Lindahl (2009) ajoute que le chercheur se découvre lui-même en découvrant « l'autre » (dans ce cas-ci, c'est un autre moi que je découvrais), qu'il se transforme au fur et à mesure que sa compréhension du terrain s'approfondit, et que cette connaissance l'amène à se remettre en question et à se prémunir contre sa propre subjectivité. Cette attitude ne suggère pas de faire fi de sa subjectivité, mais de l'assumer et d'en tenir compte, ce qui rend la recherche d'autant plus valable que le rapport à soi, toujours présent, ne reste pas, dans ce cas-là, masqué.

Ces préalables étant établis, je passe à la construction d'un espace de savoir académique en Acadie, aux défis qu'il suppose et aux enjeux qui en découlent pour la sociolinguistique.

L'ANCRAGE DE L'IDÉOLOGIE DU STANDARD : POUVOIR ET SAVOIR

L'Université de Moncton a vu le jour en 1963. Les courants dominants de la linguistique francophone des années 1960 étaient alors le structuralisme et le fonctionnalisme. Aux États-Unis se développe dans ces mêmes années la sociolinguistique autour de William Labov, de Dell

1 Voir les travaux de Gisèle Chevalier et Lise Rodrigue (2009) sur le glossaire destiné aux médecins de la province et surtout aux médecins venant d'ailleurs pour réduire le fossé entre les différents vernaculaires en usage.

Hymes, de John Gumperz et d'autres, discipline qui se divisera plus tard dans divers courants (sociolinguistique variationniste, sociolinguistique interactionniste, ethnographie de la communication, ethnosociolinguistique, sociolinguistique critique, etc.) qui insistent tous sur l'étude de la dimension sociale de la langue.

J'ai eu le bonheur d'avoir pu fréquenter l'Université en 1966, quelques années à peine après sa fondation. Je me suis inscrite au baccalauréat ès arts (d'abord en service social puis en lettres), et comme les autres étudiants de la spécialisation en études françaises, j'ai suivi un cours d'introduction à la linguistique (le seul cours qui était donné à l'époque) ; je ne me rappelle rien du cours sauf les fonctions du langage de Jakobson et l'exemple donné pour expliquer la fonction poétique et phatique : *I like Ike.* C'en était resté là. En plus des cours de littérature (ceux sur Sartre, Gide, Mauriac, Proust, Camus et Flaubert[1]), les cours qui m'avaient alors interpellée étaient les cours de sociologie, de philosophie et de philosophie politique. Ces cours, enseignés par des professeurs versés dans la critique des modèles dominants, nous aidaient à voir la mainmise de la religion catholique dans toutes les sphères sociales, ce qui n'était pas une mince affaire puisque l'Acadie s'était construite sur le lien entre la langue et la foi depuis la fin du 19e siècle. D'apprendre que les croyances étaient multiples et diversifiées, d'apprendre ce que l'on appelait alors la « relativité des choses » – ce qui parait tellement aller de soi[2] – était pour nous une révélation, et l'on passait des nuits à discuter de ce nouveau paradigme du savoir qui ouvrait à des perspectives jusqu'alors inexplorées (en Acadie).

Les étudiants de l'Université de Moncton ont fait la grève en janvier 1968 pour demander un gel des droits de scolarité et pour obtenir du bilinguisme à l'hôtel de ville de Moncton. C'était la première manifestation du genre à Moncton (plus de 2000 francophones qui marchent dans la ville pour obtenir des droits linguistiques). Ces luttes, largement

1 La littérature française était à l'honneur. J'ai étudié les auteurs québécois quelques années plus tard à l'Université Laval où j'ai obtenu une licence en lettres « canadiennes » ; on les renommera plus tard les lettres *québécoises*, changement lourd de signification.

2 Si cela allait de soi dans la plupart des pays occidentaux, au Québec et en Acadie, les gens ont vécu ce que d'aucuns ont appelé la « grande noirceur », où tout était contrôlé par la religion catholique jusque dans les années 1960. La plupart des ouvrages littéraires étaient à l'index et devaient avoir reçu l'*imprimatur* du pape pour être lus. La « relativité » n'existait donc pas : il existait « une » vérité, « une » réponse, « une » voie et « une » langue.

menées par les étudiants des sciences humaines et sociales (du moins à Moncton), s'inscrivaient dans les événements qui secouaient alors l'Occident. Nous lisions Frantz Fanon (*Les damnés de la terre*), Albert Memmi (*Portrait du colonisé*) et Pierre Vallières (*Nègres blancs d'Amérique*), lectures qui donnaient sens à notre action. Nous avions l'impression de sortir de notre silence atavique, de nous affirmer, de briser les chaînes de notre asservissement, d'avoir le droit et le devoir de le faire. Nous lisions Sartre (*L'existentialisme est un humanisme*) et Gide (*Les nourritures terrestres*), lectures qui nous incitaient à nous libérer sur le plan individuel et à délaisser les valeurs du passé. La revendication pour les droits linguistiques participait de cette libération. Si nous voulions nous affirmer comme francophones et Acadiens, il fallait rompre avec cette idéologie du « bon-ententisme », règle d'or de l'élite acadienne de l'époque qui avait adopté une démarche marquée par l'accommodement avec les anglophones, ce qui supposait de ne jamais faire de vagues ni d'aborder sur la place publique des questions conflictuelles entre les deux groupes (voir le chapitre sur *L'Acadie, l'Acadie ? ! ?*). La volonté de procéder ainsi, patiemment, afin d'arracher un à un les droits linguistiques à force de travail dans l'ombre et dans les coulisses, était fortement remise en question. Ce questionnement sur la place du français en Acadie était accompagné du questionnement sur la « qualité de la langue ». Il régnait alors une conception essentialisante de la langue, considérée comme détachée des pratiques des locuteurs. C'était l'époque du structuralisme, courant qui analysait le système de la langue ; les vernaculaires étaient rarement étudiés. Au Canada, par exemple, tout ce qui tranchait avec les pratiques des Français – mis à part quelques canadianismes dits de bon aloi – était déconsidéré.

C'est à l'Université que j'ai appris que notre langue était « en danger ». Les professeurs en sciences humaines, dont une bonne partie était alors des coopérants français, arrivaient avec leur bagage de connaissances ; leur conception du français nous était transmise par osmose. Ces professeurs étaient en majorité très ouverts à la culture acadienne tout en se montrant très critiques de certaines politiques qui maintenaient les francophones dans des structures de domination ; s'ils étaient tous venus en Acadie en pensant apprendre la langue anglaise ou du moins apprendre à s'en servir au quotidien, plusieurs d'entre eux ont changé de position lorsqu'ils ont constaté les rapports de domination exercés par les anglophones à l'égard des francophones. Ils se sont immédiatement rangés du côté des francophones, refusant souvent de parler anglais dans les endroits publics, de façon à montrer la présence française en Acadie[1]. Ces professeurs étaient pour la plupart engagés dans les luttes menées à l'époque pour moderniser l'Acadie et l'Université était l'un des outils privilégiés de cette émancipation. Sur le plan linguistique, les Français incarnaient cet idéal de la langue française qui avait nourri notre imaginaire depuis la fin du 19e siècle et les sociologues nous amenaient aussi à réfléchir aux rapports de domination que nous subissions comme francophones et qui avaient des conséquences directes sur notre statut linguistique et sur notre façon de parler. Or, les débats sur les relations entre les deux langues reconnues officiellement par le gouvernement du Canada et le gouvernement du Nouveau-Brunswick faisaient rage et le « bilinguisme » était alors fortement remis en question parce que considéré comme le principal responsable de l'assimilation des Acadiens. Le bilinguisme était également ressenti comme responsable de la « piètre » qualité du français des francophones vivant en milieu minoritaire et plus particulièrement dans la ville de Moncton ; on disait de ces derniers qu'ils ne « pouvaient parler ni anglais ni français » et qu'ils étaient par conséquent des handicapés sur le plan linguistique[2]. Cette indigence linguistique était liée, croyait-on, à la déculturation des francophones, imprégnés de la culture américaine et même englobés par elle. J'ai été moi-même très sensible à ces discours, d'autant que je m'étais nourrie de musique américaine depuis mon enfance (en plus des folklores acadiens et des classiques français de l'époque : Bécaud, les Frères Jacques, etc.). C'est alors qu'avec quelques amis de la Faculté des arts, nous nous sommes mis avec ardeur à la découverte des chansonniers[3] français et québécois et que nous avons pour un temps rejeté notre culture américaine, tentant alors de construire notre identité comme

---

1 Ils ont adopté cette attitude chez les marchands anglophones, même si ces derniers sont très ouverts avec les Européens de différentes langues qui ne parlent pas anglais, ouverture qui ne se traduit pas auprès des Acadiens dont le bilinguisme est connu. La demande de service en français des Acadiens est plus souvent mal accueillie que celle des Français ou des Européens, reconnaissables par leur accent.

2 Ces discours étaient très répandus et on peut les entendre dans les films de l'époque dont *L'Acadie, l'Acadie ? ! ?* et *L'Éloge du chiac*, où les protagonistes font état de la situation. En menant plusieurs entretiens récemment, j'ai pu constater que ces discours circulent encore aujourd'hui,

3 Le terme « chansonnier » n'a rien de péjoratif et renvoie à des chanteurs de renom tels Léo Ferré, Jean Ferrat, Georges Brassens, Gilles Vigneault, Robert Charlebois, etc.

monolingue et monoculturelle, ce qui a fini par créer une confusion et un malaise identitaire dont on n'a pas encore fini de mesurer les conséquences tant personnelles que collectives. En fait, il fallait en finir avec ce qu'on appelait le semi-linguisme[1], ce bilinguisme soustractif qui caractérisait les minoritaires du Nouveau-Brunswick (Landry 1981). Pour certains, la volonté de « sortir » de son milieu passait par le « redressement » de son français ; il s'agissait de se démarquer, de se distinguer – pour utiliser le concept bourdieusien – en essayant de se corriger, et surtout d'en finir avec les anglicismes. Les étudiants « de gauche » qui écrivaient dans les journaux étudiants du campus manifestaient une ambivalence à l'égard du bilinguisme institutionnel : d'une part, ils étaient révoltés contre le peu de place laissé à la langue française dans la ville de Moncton et d'autre part, ils trouvaient que le principe même du bilinguisme n'était qu'un masque servant aux dominants et au pouvoir en place. C'est d'ailleurs ce mythe que critiquait Luís Aracil (1973). Le sociolinguiste catalan récusait l'idéologie du bilinguisme lorsque utilisée pour voiler les conflits entre deux populations ; il affirmait que la promotion du bilinguisme auprès de ces populations a comme objectif (inconscient peut-être) d'amener la population dominée à croire qu'il est à son avantage de connaître deux langues (ce sont presque toujours les dominés qui sont effectivement bilingues) sans en connaître les effets réels qui, à son avis, peuvent mener, à plus ou moins long terme, à la substitution de la langue dominée par la langue dominante :

> *The rhetorical insistance on bilinguism partly conceals and partly betrays a state of real conflict of which, on the other hand, there is no dearth of empirical evidence. In a country where two languages are constantly jostling and one is steadily driving out the other, the enthronement of « bilinguism » as a supreme value unmistakably aims at neutralizing (at least in fantasy) the tensions and uncertainties inherent in the situation. « Bilingualism » is a compromise, and to praise it is the simplest possible way to make two opposite attitudes compatible* (Aracil 1973 : 523).

Cette problématique a animé les linguistes qui ont théorisé la diglossie conflictuelle, concept sur lequel je reviendrai. Michel Doucet, juriste très engagé dans la défense des droits des francophones au Canada et en Acadie, a dénoncé en 1995 dans un essai politique et juridique l'illusion créée par l'idéologie officielle du bilinguisme :

1 Voir Suzanne Romaine (1995 : 260-273) pour une discussion sur le concept.

> Il est clair que le Nouveau-Brunswick a opté pour une forme de bilinguisme institutionnel minimal et que la dualité se limitera, en tant que mal nécessaire, au domaine scolaire. La langue devient un moyen de communication et non un instrument de développement culturel, social et économique [...]. Même les Acadiens les plus nationalistes semblent prêts à s'abandonner aux charmes ensorcelants d'une société où tous les citoyens seraient bilingues, grâce notamment aux classes d'immersion, et qui garantirait ainsi, selon la mythologie officielle, une meilleure compréhension des uns et des autres. Ils sont prêts à troquer la dualité pour le bilinguisme. Ils en acceptent la logique, au risque d'y perdre leur identité. Le bilinguisme s'imbrique de façon sournoise dans la société acadienne et se substitue à l'appartenance à une communauté culturelle d'expression française (Doucet 1995 : 176-177).

Cette vision de la situation est encore présente chez une partie de la population acadienne, mais le lien entre langue et identité, fortement relié à une forme de nationalisme étatique, sera remis en question à partir des années 1990. Cependant, la question de l'inégalité sociale entre les différents groupes linguistiques reste tout aussi actuelle. Si les francophones de la région ont maintenant acquis une reconnaissance sur le plan national et provincial, si plusieurs des droits des minorités sont inscrits dans la *Charte canadienne des droits et libertés*, il reste que les francophones sont toujours dominés dans de nombreuses situations. Dès qu'un unilingue anglophone est présent, tout le monde parle en anglais.

QUAND LA VARIATION LINGUISTIQUE EST ABSENTE DE L'IMAGINAIRE

Les questions qui mobilisaient les étudiants et la population à l'époque se cristallisaient autour du statut des deux langues, mais celles gravitant autour de la « qualité » de la langue n'étaient pas pour autant absentes. En fait, elles étaient fortement imbriquées dans les interrogations entourant le bilinguisme. Il faut dire aussi que la conception du français qui était alors dominante était celle de son unicité : l'idéologie du français unique battait son plein. La « qualité du français » soulevait *polémiques et passions*, pour reprendre le titre du livre de Marie-Anne Paveau et Laurence Rosier (2008), et l'idée qui prédominait était celle de la pureté de la langue ; le « chiac » parlé à Moncton en constituait l'image inversée et les personnes qui le parlaient étaient considérées comme étant assimilées à l'anglais et complètement acculturées. De tous les temps, les emprunts aux langues étrangères ont été déconsidérés (voir Crépon 1996 ; Walter 1989 ; Laforest 1997), et en 1968, à Moncton, dans la foulée des événements où le nationalisme québécois gagnait en popularité, le chiac était alors considéré comme un repoussoir et constituait l'incarnation même de pratiques linguistiques à éviter si l'on ne voulait pas assister à une « louisianisation » de la francophonie au Canada.

C'est donc habitée par cette idéologie du français « pur » et du rejet du bilinguisme – alors que j'étais bilingue et que je ne parlais surtout pas un français « pur » – qu'une fois mon baccalauréat terminé à l'Université de Moncton, je me suis inscrite en lettres canadiennes à l'Université Laval à Québec. J'avais alors suivi un cours sur Jules Fournier, journaliste et essayiste québécois du début du 20e siècle et auteur de *Mon Encrier*, recueil de textes qui traitent d'un ensemble de sujets, politiques surtout, où il aborde également la littérature et la langue. C'était le cours qui m'avait le plus inspirée. Dans une longue lettre de plus de vingt pages, écrite alors qu'il était sénateur et intitulée *La langue française au Canada*, il entend répondre au livre de M. Louvigny de Montigny qui porte le même titre, et qui pourfend le français parlé au Canada. Bien qu'il veuille remettre en question ce jugement, Fournier va encore plus loin et explique la situation (qu'il juge aussi problématique) par la présence d'une *mentalité* de *l'à peu près* qui caractérise le peuple Canadien français, mentalité forgée par le climat, l'isolement et l'éducation :

> Le mal est ailleurs. Il est en nous. Il est à la racine même de notre être, et l'incorrection de notre langage n'est qu'une de ses manifestations, entre combien d'autres ! Nous en sommes pénétrés tout entiers et de toutes les façons : intellectuellement, moralement, physiquement. Marquant de son signe tous les gestes de notre activité, il déforme à la fois notre démarche et notre pensée, notre langage et notre conscience, notre conception du savoir-vivre et notre religion. C'est le grand mal canadien, le mal de *l'à peu près*[1]. […] Qu'il nous arrive pourtant d'apercevoir un jour par hasard, se faisant vis-à-vis, un Français ordinaire et un Canadien de la moyenne, nous serons

1 Cette idée sera reprise par Jean-Paul Desbiens, *alias* le Frère Untel soixante ans plus tard (1960). Voir aussi Georges Dor, essayiste et chansonnier québécois (1996, 1997, 1998, 2001). Le premier essai a provoqué une vive polémique au Québec. Marty Laforest, linguiste québécoise (1997), a répondu aux critiques de Dor par un plaidoyer en faveur de la variation.

> tout de suite saisis du contraste. Malgré nous, la comparaison s'établira dans notre esprit entre l'allure dégagée, nette, précise de l'Européen, et celle de notre compatriote ; entre la parole aisée, distincte du premier, et l'élocution pâteuse du second ; entre la correction de l'un, enfin, et le débraillé de l'autre (Fournier 1965 [lettre de 1917] : 323 ; c'est l'auteur qui souligne).

Il considère cependant que les Français n'ont aucun mérite de parler aussi bien le français parce que, selon lui, ils l'apprennent comme ils respirent et n'ont pas à fournir d'efforts pour en connaître les subtilités et les nuances, ce qui correspond bien à une idée essentialiste de la langue. Il avance même l'idée qu'il est impossible pour un Canadien (entendu ici comme le Canadien français) de parler « un langage précis et correct » parce que leurs cerveaux sont « paresseux, nonchalants, relâchés » (*ibid.* : 337). Malgré le sentiment d'indignation que je peux ressentir aujourd'hui quand je relis ces passages, j'avais alors adoré ce cours et la lecture de ce texte, dont les idées correspondaient en tout point aux idéologies cultivées alors au Canada français concernant la pureté de la langue et le rejet du bilinguisme. J'avais adhéré aux croyances voulant que les Canadiens français parlaient mal le français, le parleraient toujours mal, étant donné cette « mollesse » dont ils faisaient preuve, idée qui était le corollaire de l'autre discours voulant que les Français soient les seuls à s'exprimer correctement ; cette croyance, je l'avais également retrouvée chez Alexis de Tocqueville dans *De la démocratie en Amérique* (édition de 1963) où il traitait de *la pensée entravée* des Nord-Américains (de Tocqueville 1963 : 153 et suivantes) et de leur difficulté à s'occuper ou à se préoccuper des choses immatérielles[1]. Ces textes, alliés aux discours de l'époque dans les milieux intellectuels au Québec et en Acadie, contribuaient à mon insu à construire chez moi un sentiment d'illégitimité à l'égard de ma langue et de ma qualité même de francophone, même si à ce moment-là, je ne percevais pas les mécanismes idéologiques à l'œuvre et les représentations négatives qui en découlaient.

Le sentiment d'impuissance qui découle de ces discours secoue même le grand poète québécois, Gaston Miron, qui dira en 1970 au critique français Yves Berger :

---

1 Je lirais plus tard un texte de Tocqueville qui dit que la langue du Canadien français est « mêlée d'anglicismes et de tournures étrangères » ; il ajoute « je n'ai encore vu dans le Canada aucun homme de talent, ni lu une production qui en fût preuve » (cité dans Bouthillier et Meynaud 1972 : 140).

> Je n'écris plus parce que j'ai peur de mal écrire. Parce que je perds de plus en plus la maîtrise de ma langue. Parce que, à chaque fois que je prends la plume, je dois me référer aux dictionnaires où je passe un temps de plus en plus long. Parce que chaque jour, un peu plus m'échappe le sens des mots et des constructions syntaxiques. Je sens encore ma langue, mais je ne sais plus m'en servir (Nepveu 2011 : 545 ; l'auteur cite une entrevue menée par Yves Berger publiée en 1970 dans le n° 47 du *Magazine littéraire*).

Pierre Nepveu, critique et essayiste québécois, qui a écrit une biographie de Miron dans laquelle se trouve cette citation, explique que ce dernier avait lu Jules Fournier et comme bien des intellectuels et des artistes québécois de l'époque, il était paralysé par « la peur de faire des fautes ! », par « la terreur des dictionnaires et des grammaires ! » (Nepveu 2011 : 545).

LA FRANCE : ENTRE INTIMIDATION ET ÉMERVEILLEMENT

En janvier 1968, à la suite du célèbre discours de Charles de Gaulle à Montréal où il prononce la phrase « Vive le Québec libre » de 1967 qui a fait couler beaucoup d'encre, quatre Acadiens se sont rendus en France pour réclamer en quelque sorte une reconnaissance du peuple acadien. Ils estimaient normal de recevoir leur juste part des redevances de la France qui avait abandonné l'Acadie à son sort au 17e et au 18e siècle (voir Pichette 1994 pour un compte rendu détaillé de la question). Les délégués étaient membres de l'Ordre de Jacques Cartier, « communément appelé la Patente, fondée à Ottawa en 1926 par des fonctionnaires fédéraux avec mission de faire avancer, en secret, les légitimes revendications des Canadiens français » (Pichette 1996 : 113). Cette organisation était composée d'hommes[1] francophones de partout au Canada, y compris de beaucoup de Québécois. L'organisation a été dissoute au milieu des années 1960 à la suite de dissensions internes entre les membres (Robitaille 2009). Les quatre Acadiens ont été reçus par le général et ont obtenu plusieurs fonds de bourses, dont un fonds

1 L'Ordre n'était pas ouvert aux femmes.

important permettant à des étudiants acadiens de partir étudier en France. Il y avait alors une vingtaine de bourses octroyées par année[1].

En 1971, je recevais une bourse France-Acadie et je quittais le Québec pour me rendre à Aix-en-Provence[2] où j'ai continué mes études en lettres. Partir étudier en France relevait du rêve ; je partais vers le lieu de l'excellence, de la distinction linguistique et culturelle (du moins, c'est ainsi que je l'avais imaginé). Le structuralisme battait son plein et on ne parlait que de « l'immanence du texte » ; rien n'existait à l'extérieur de celui-ci. *Quid* des conditions particulières de sa production, *quid* du parcours de l'écrivain, *quid* de son milieu social ? Le texte se suffisait en lui-même. J'ai donc réalisé une étude sur le dédoublement dans *Kamouraska* d'Anne Hébert – en partant du texte seulement – étude qui a constitué mon mémoire de maîtrise et que je n'ai pas relue depuis.

C'est en France que j'ai vraiment éprouvé un sentiment d'étrangeté culturelle et linguistique, sentiment que je ne pouvais alors nommer et encore moins analyser ; au contraire, je ressentais les différences comme la confirmation de mon infériorité. Partie du Canada, je pensais dans mon imaginaire y retrouver ma « patrie d'avant », une civilisation empreinte de finesse et de culture[3] que je me languissais de connaître. Dès mon arrivée à Paris, je me suis trouvée plongée dans un autre monde et j'ai très vite compris que je ne parlais pas le « même langage » que les Français, mais je ne savais pas objectiver cette découverte – car c'en était une – et lui donner sens. Tout était différent. Alors que je croyais trouver une culture à peu près semblable à la mienne – ne nous avait-on pas appris qu'à une langue correspondait une culture ? –, j'avais l'impression de n'en rien connaître ni de savoir agir comme il le fallait. Je devais apprendre à

1 Le Consulat général de France pour les provinces de l'Atlantique est établi à Moncton depuis 1964. Je ne sais pas si l'organisme a joué un rôle dans la réception des quatre Acadiens à l'Élysée.

2 Il m'aurait alors été impensable d'étudier en anglais ; malgré leur réputation, les universités de langue anglaise ne présentaient pour moi aucun intérêt. C'est ce qui explique que je ne me suis intéressée que très tard aux études produites aux États-Unis, hormis les études classiques de William Labov et de quelques autres incontournables ; mes influences et mes références académiques ont été francophones et surtout françaises jusque dans les années 2000 où j'ai commencé à m'intéresser davantage aux études produites par les anglophones.

3 J'avais été empreinte d'un discours célébrant la France dès mon plus jeune âge, dans mes cours de l'école élémentaire, cours donnés en grande partie par des religieuses dont certaines vénéraient la « mère-patrie ».

dire « bonjour » en entrant dans les magasins ou « messieurs dames », à dire « au revoir » en sortant. Puis, il fallait apprendre les codes – quand faire la bise, quand tutoyer. Surtout montrer une certaine assurance. À cette époque, je ne saisissais pas que même si on parlait tous le français, nous n'avions pas du tout la même culture. J'avais peur de prendre la parole et à chaque fois que je devais m'adresser à un Français, je sentais une angoisse sourde m'envahir. J'avais aussi l'impression d'être soumise à des tests de connaissance ; si certaines de mes références étaient les mêmes que celles de Français, la plupart étaient différentes et mes conversations avec eux augmentaient mon déficit de légitimité. Ce qui frappait en France, c'était cette abondance de « culture » que je voyais partout – je venais d'une ville où il n'y avait qu'une petite librairie de langue française – et qui ne faisait qu'exacerber le sentiment de manque qui me taraudait et que j'entretenais sans doute inconsciemment.

Au début de mon séjour, soit on s'attardait à mon accent « charmant », soit on me faisait répéter tout ce que je disais en m'apprenant le mot qu'il fallait ; je découvrais alors que dans les magasins, il ne fallait pas demander du « ruban gommé », mais du « scotch », pas des « souliers », mais des « chaussures », pas un « chandail brun », mais un « pull marron », pas des « espadrilles », mais des « baskets » (des « BASKETS », c'était inouï !), on n'avait pas un « tapis », mais de la « moquette », on ne « dînait » pas, mais on « déjeunait », le « premier étage », c'était le « rez-de-chaussée », etc.[1] Bref, je ne connaissais pas ma langue. J'ai peu à peu appris le « code » légitime tout en développant une insécurité paralysante. Je n'analysais pas ces différences à partir de théories sociolinguistiques qui m'auraient aidé à comprendre, ni sous la loupe de la variation géographique et sociale, je tenais plutôt pour acquis que les Canadiens ne savaient pas nommer correctement les objets qui les entouraient et que conformément aux paroles de Jules Fournier, les Canadiens français ne connaissaient pas leur langue « maternelle », que les Français parlaient naturellement « bien » et qu'il était normal qu'ils corrigent nos expressions[2]. C'était ainsi, voilà

---

1 Ces variations sont le propre de toutes langues. Ce qui me paraît important ici, c'est que ces variations n'étaient pas enregistrées pour ce qu'elles étaient, des différences sémantiques qui sont le propre de la variation diatopique, mais qu'elles alimentaient le sentiment de dépossession qui m'habitait de plus en plus.

2 Mon médecin aixois me faisait répéter mon nom « Boudreau » en me montrant à grasseyer le « R » de mon patronyme, estimant que je le roulais trop ; je n'ai jamais retenu cette « leçon ».

tout ; j'avais intériorisé le réflexe du minoritaire, je ne comprenais pas les mécanismes d'assujettissement à l'œuvre et même je les endossais. La possibilité de remettre en question « ce qui semblait aller de soi » ne s'était jamais posée à moi tellement cette idée ne faisait pas partie de mon « habitus ». Je faisais partie de cette catégorie d'individus dominés « qui ratifient la domination » (Éribon 2009 : 52) en participant à mon insu à la perpétuation de cette domination. Je ne savais pas non plus que j'entrais dans un univers culturel bien plus différent que ce que j'avais pu imaginer. En fait, j'ai cru que la culture française était « notre culture véritable » et que celle que j'avais connue et dans laquelle j'avais grandi s'était sans doute altérée ou plutôt « dégénérée » avec le temps ; notre pensée et notre langue étaient devenues molles et marquées par *l'à peu près* comme l'avait bien souligné Jules Fournier. Je comprendrai bien plus tard que je vivais là des malentendus culturels (Gumperz 1989) et que mon désarroi provenait du fait que j'ignorais que j'avais affaire à une culture différente. N'avais-je pas tenté d'éliminer bien naïvement tout ce qui était rattaché au fait que j'étais une francophone nord-américaine et non une Française ? Le fait de partager une langue commune brouillait tout. Quand je ne comprenais pas le code, je ne pouvais pas dire que c'était parce que j'étais étrangère ; avoir le français pour langue maternelle compliquait considérablement les choses. Je vivais comme une humiliation le fait de ne pas me faire comprendre dans certaines situations[1]. Je pense à Nancy Huston qui dans *Nord perdu* écrit : « ici l'expatrié est le dindon de la farce, le dernier à comprendre. Ce qui est évident pour tout le monde, il le découvre dans la stupeur blessée » (Huston 1999 : 22)[2].

Je me rappelle du jour où mon directeur de mémoire m'a rencontrée pour dresser la liste de mes fautes de français. Je suis restée muette pendant toute la séance – qui m'a paru très longue – parce que je ne

1 J'ai compris aussi bien plus tard que je parlais tout bas, dans les espaces publics français, pour ne pas me faire remarquer, mais ce chuchotement entraînait justement le contraire de l'effet désiré. On me faisait répéter pour comprendre, alors que je pensais que l'on faisait exprès de ne pas entendre.

2 Je rejoins aussi Nancy Huston qui affirme dans le même ouvrage : « Plus la situation est formelle et intimidante, plus je suis susceptible d'avoir la langue qui fourche, me faisant dire un mot pour un autre ou commettre d'ahurissantes fautes de grammaire » (Huston 1999 : 38), d'autant plus que je n'ai pas l'excuse de dire, comme l'auteure, que le français n'est pas ma langue maternelle. En effet, l'auteure qui vit en France depuis près de quarante ans est née à Calgary au Canada de parents anglophones et a été socialisée en anglais pendant son enfance et son adolescence.

savais pas de quoi il parlait. Les impropriétés de langues qu'il avait soulignées, je ne les connaissais pas. Ce jour-là, je n'ai rien enregistré sauf ce sentiment d'impuissance, de honte et d'humiliation ; j'étais francophone, j'avais le français comme langue maternelle et je ne connaissais pas ma langue. Je n'étais pas une personne qui avait appris le français comme langue étrangère et donc je n'avais pas d'excuse pour expliquer que je ne connaissais pas ces « fautes ». Je parlais « quoi » finalement ? Cette rencontre est restée gravée dans ma mémoire sans doute parce que « seule une mémoire humiliée avait pu me les [*cf.* souvenirs] faire conserver », comme le dit si bien Annie Ernaux dans *La place* (Ernaux 1983 : 72) en revisitant sa jeunesse.

RETOUR AU QUÉBEC

De retour au Canada, plus précisément au Québec, j'ai occupé un poste de recherchiste à la banque de terminologie du Québec tout en suivant un cours de VIF (Voix et Images de France[1]) le soir à l'Université Laval. Je savais que des postes d'enseignants de français langue seconde allaient être ouverts dans le Canada entier à la suite des mesures entreprises par le gouvernement fédéral pour rendre bilingues ses fonctionnaires. Ces mesures résultaient de la *Loi sur les langues officielles* du Canada adoptée en 1969 qui garantissait aux citoyens canadiens de se faire servir dans la langue de leur choix pour tout ce qui relevait des services gouvernementaux. Comme c'était et ce sont encore les francophones qui étaient majoritairement bilingues, il allait de soi qu'il faudrait enseigner le français à un nombre important de fonctionnaires fédéraux (et provinciaux pour ce qui était du Nouveau-Brunswick). Je pouvais donc m'assurer un emploi dans l'enseignement de la langue, d'autant plus que le diplôme de lettres récemment obtenu – de surcroît en France – m'avait accordé un capital linguistique et symbolique non négligeable et que le métier d'enseignant m'attirait.

1 Le gouvernement canadien a mis en place des cours de langue « seconde » dans les années 1970 reliés à la méthode *Dialogue Canada* qui accordaient une place assez importante aux régionalismes et qui présentaient un contexte culturel canadien. À l'Université de Moncton où j'allais enseigner à partir de 1975, on a adopté la méthode *De vive voix* (CRÉDIF), imprégnée de la culture française. C'est à se demander pourquoi.

L'Université de Moncton avait alors développé un programme d'immersion en langue française et on m'a offert un poste de professeur au Secteur langue du Département de traduction et des langues en 1975. J'ai enseigné le français à des anglophones pendant une dizaine d'années, expérience très enrichissante ; puis, j'ai eu l'occasion d'enseigner un cours de mise à niveau aux Acadiens en première année à l'Université présentant certaines difficultés en français et j'ai adoré l'expérience. J'ai commencé alors à me poser des questions sur la norme, sur son fonctionnement, sur les valeurs accordées aux régionalismes par l'institution, par les professeurs, par les étudiants. Je voyais devant moi des élèves avides d'apprendre et je suis devenue peu à peu sceptique quant aux méthodes en vigueur qui relevaient de la théorie du déficit où l'on supposait que les étudiants ne savaient à peu près rien et qu'il nous fallait remplir des « cruches vides ». Au Département d'études françaises se donnaient alors des cours de linguistique et les linguistes du département apportaient un autre regard sur les pratiques linguistiques des élèves, regard plus généreux et moins teinté de jugements, ce qui a transformé le mien. Je côtoyais à la fois des puristes de la langue qui condamnaient toutes les expressions du milieu et des sociologues de la langue, plus ouverts, qui cherchaient à comprendre les conditions de production du langage. J'apprenais alors les rudiments de la linguistique – la variation, les parlers régionaux, l'aménagement linguistique – davantage à la lumière du terrain que par le prisme des théories. Un ami sociologue, avec qui je discutais de ces questions et qui était très sensible aux processus cryptés des rapports de domination, m'avait alors proposé de lire Pierre Bourdieu : « Lis *Ce que parler veut dire* et tu vas tout comprendre ! » Il avait raison. Bourdieu ne m'a pas quittée depuis.

RETOUR EN FRANCE

En 1987, profitant d'un congé sabbatique, je me suis inscrite au DEA en sciences du langage à l'université Paul-Valéry à Montpellier. J'ai eu la chance d'y arriver alors que l'école de praxématique dirigée par Robert Lafont était en pleine ébullition. J'ai eu aussi le bonheur de suivre des séminaires avec Henri Boyer sur la diglossie catalane et occitane, avec Jacques Bres en sociolinguistique, avec Pierre Dumont sur le français en Afrique et d'assister à des conférences données par Robert Lafont et Françoise Gardès-Madray. Tous les cours gravitaient autour du praxème[1] (unités de production du sens qui se matérialisent dans des unités discursives), de l'action de l'individu ou de la collectivité sur le monde (agentivité) et de la diglossie occitane et catalane avec au cœur, le conflit linguistique.

Dans son article intitulé « Sauver la langue ? Deux siècles de renaissantismes linguistiques en Provence », James Costa discute des différents moyens d'aborder la revitalisation d'une langue et revient sur les travaux de l'école occitane :

> Dernier changement enfin, l'invention d'une sociolinguistique occitane interventionniste, qui, s'inspirant des travaux de Fishman sur la diglossie, cherche explicitement à en renverser les mécanismes en en analysant les mécanismes et les logiques en termes de répartition de pouvoir. Dans le même temps, il s'agit de proposer une démarche anti-essentialiste, posant la revendication nationaliste comme un piège (Lafont 1989), et prônant une attention aux processus économiques affectant les habitants du sud de la France (Lafont 1954). La revendication linguistique est à cette époque posée comme une demande d'égalité, non comme la revendication d'une langue glorifiée. Comme l'écrit Lafont en 1971, il s'agit « non pas tant de reconquérir l'occitanophonie pour elle-même que libérer *une parole condamnée socialement* » (Lafont 1971 : 99), dans (Costa 2013b : 24 ; c'est moi qui souligne).

Le concept de diglossie intégré aux mouvements de reconquête de la parole condamnée socialement trouvait un écho chez moi et me permettait d'analyser la situation autrement mieux qu'avec le concept de bilinguisme, qui ne réussissait pas à rendre compte de la situation des minoritaires vivant en Acadie (et ailleurs, comme je pourrai le comprendre plus tard).

C'est le séminaire en sociolinguistique qui m'a le plus marquée. Ce séminaire portait principalement sur *Sociolinguistique* de William Labov paru en 1972 et traduit en français en 1976, et plus particulièrement sur les deux chapitres classiques de son livre : « Les motivations sociales

1 Le premier article que j'ai publié portait sur l'analyse d'une nouvelle de Milan Kundera, « Le jeu de l'auto-stop », tirée de *Risibles amours* (1986), réalisée à partir des concepts de l'école de praxématique – étude assez technique et sommaire, mais qui montre bien mes premières influences.

d'un changement phonétique » et « La stratification sociale de (r) dans les grands magasins de New York ». Le professeur, Jacques Bres, qui donnait son cours avec passion, avait davantage insisté sur le premier chapitre en mettant l'accent sur la force des liens communautaires dans le maintien de certaines formes linguistiques et sur le rôle de ces formes (souvent stigmatisées) dans la construction identitaire du groupe. Partant de ce modèle, Jacques Bres avait analysé ses enquêtes de terrain réalisées auprès des mineurs de Ladrecht qui avaient fait la grève pour obtenir de meilleures conditions de travail. Il avait montré que les mineurs adoptaient des ethnonymes différents pour se désigner et pour désigner les autres selon leur positionnement dans le conflit et surtout qu'ils désignaient les autres par des ethnonymes particuliers selon qu'ils étaient ou non du même bord qu'eux. Jacques Bres signe avec Françoise Gardès-Madray un texte sur son expérience auprès des mineurs de Ladrecht et présente par la bande les fondements sur lesquels repose la praxématique, courant qui ressemble par certains côtés à la sociolinguistique critique :

> Lorsqu'il analyse des productions de parole, le chercheur est confronté au problème du sens. Il ne saurait être question pour nous de le refouler dans les marges de l'analyse ou de le traiter comme un produit réifié, essentialisé et stable, envisagé hors des conditions de sa production. Si elle ne prend pas en compte la dynamique du sens, l'analyse des conflits linguistiques repérables dans toute production diglossique est au risque de traiter comme des faits linguistiques aisés à décrire et à interpréter des productions idéologiques qu'elle reproduit : le discours dévalorisant/survalorisant tenu sur les langues minoritaires par les usagers en est l'exemple le plus frappant. Comment expliquer que, dans la croyance des locuteurs, certaines langues soient bonnes à tout dire tandis que d'autres en seraient incapables ? La praxématique répond à cette nécessité : théorie linguistique de la production du sens, elle considère toute parole comme le résultat d'un compromis entre la pulsion communicative et les contraintes que lui impose le réglage du sens. Cette saisie dynamique du sens conduit à inclure dans l'analyse linguistique des praxèmes l'implication des sujets dans la communication et l'insertion de cette communication dans la réalité sociohistorique puisque ces deux facteurs constituent les pôles de réglage du sens (Bres et Gardès-Madray 1984 : 74).

Je vois dans cette citation une approche des études sociolinguistiques qui tient compte des conditions de production du langage ainsi que des idéologies qui les sous-tendent. On parle ici de productions *idéologiques*, vocabulaire peu en usage à l'époque où l'influence du structuralisme est dominante ; on fait également référence à l'analyse de la parole inscrite dans un discours lui-même incarné dans une réalité *sociohistorique*. Ce genre de réflexion me passionnait et c'est dans le cours de sociolinguistique reliant les théories aux enquêtes réalisées à Martha's Vineyard à celles des enquêtes auprès des mineurs de Ladrecht que j'ai compris toute la portée du politique et du social dans les pratiques linguistiques. J'ai compris pourquoi les mineurs dévalorisaient leurs pratiques, les conditions sociales qui expliquaient le phénomène et les stratégies en usage pour y faire face. J'ai compris pourquoi certaines formes dévalorisées étaient volontairement maintenues dans des milieux comme Martha's Vineyard, formes perçues comme archaïsantes par les personnes de l'extérieur de l'île ; ces différentes expériences me renvoyaient à l'Acadie où l'on retrouvait les mêmes phénomènes dans des villages côtiers. Ces phénomènes, je pourrai les expliquer plus tard en rajoutant aux études de William Labov celles de Lesley Milroy (1987) sur la force des liens communautaires dans les milieux aux liens serrés, et aussi celles d'Alexandre Duchêne et de Monica Heller (2012) sur les profits reliés à la mise en scène des traits régionaux représentant l'authenticité dans la nouvelle économie mondialisée où le terroir et tout ce qui lui est rattaché est source de profit, mais je n'en étais pas encore là. D'ailleurs, ce sera surtout le chapitre de William Labov sur les grands magasins new-yorkais qui va alimenter mes réflexions pendant de longues années, étant donné mon intérêt pour l'insécurité linguistique et le sentiment de dépossession linguistique qui était le mien.

Pendant que j'assistais assidûment à ces séminaires et que je les suivais avec intérêt, Jacques Bres m'a proposé de faire partie du groupe de recherche en praxématique qui se réunissait régulièrement pour discuter des théories et des problématiques reliées à ce que l'on appelait « une école de pensée » qui, on l'espérait, pourrait sortir des frontières occitanes et enrichir les études en sociolinguistique et en analyse du discours. J'ai décliné l'invitation, non par manque d'intérêt – au contraire, ces questions me passionnaient –, mais en raison de ce sentiment d'illégitimité qui m'habitait alors et que je ne savais pas nommer. Comment aurais-je pu participer à une conversation avec un groupe de théoriciens que j'entendais dans les séminaires, qui maniaient avec aisance les concepts les plus abstraits, et qui trouvaient *les mots* justes pour en discuter, sur-le-champ, dans le feu de l'action discursive ? Il en était de même dans les séminaires où je ne prenais jamais la parole et où je détestais me faire interpeller pour parler de la situation canadienne. Pourtant les concepts de diglossie conflictuelle et les rapports de domination entre groupes linguistiques, je les connaissais, mais je ne pouvais pas me décider à en parler *en France avec des Français*, trop consciente de ne pas parler comme eux et ayant intériorisé l'idéologie du standard à laquelle j'adhérais (inconsciemment) malgré les cours de sociolinguistique que je suivais. Il y a loin de la théorie à la conscientisation *in vivo*. Pourtant, quelques années plus tard, c'est vraiment la question des idéologies linguistiques reliées à celle des représentations et de l'insécurité linguistique qui occupera le plus fort de mes analyses, mais à ce moment-là, je n'étais pas prête à en parler de vive voix, de peur de mal dire. J'étais de plus « possédée » par cet habitus cultivé en milieu minoritaire se nourrissant de discours voulant que les locuteurs soient marqués par le manque sur tous les plans. Reprenant ces analyses en les appliquant à la situation linguistique, j'ai pu montrer plus tard avec mon collègue sociologue que les mêmes caractéristiques étaient employées pour définir la langue des locuteurs provenant de ces milieux :

> En effet, on déclinera facilement les pratiques des minoritaires sous le mode des manques et du déficit – accent à couper au couteau, fautes de grammaire et de syntaxe, pauvreté du vocabulaire –, ou encore sur le mode du pittoresque et sous la forme d'une *exotisation* des manières de parler – accent charmant, expressions savoureuses – et plus encore sur le mode de l'admiration nostalgique – « les derniers défenseurs de la langue française » (Ali-Khodja et Boudreau 2009b : 73).

Par ailleurs, les discours sur le vernaculaire acadien, je les « vivais de l'intérieur » si l'on peut dire, et en raison de cela, j'ai eu longtemps l'impression que les intellectuels issus des milieux minoritaires ne pouvaient se concevoir comme des théoriciens et devaient se contenter d'études empiriques pouvant fournir des données ou pouvant illustrer certains concepts déjà éprouvés. Bref, pour revenir au groupe de recherche montpelliérain, je n'y ai pas participé et je n'en ressens aucun regret parce j'étais alors dans l'impossibilité d'apporter quelque contribution que ce soit au groupe.

Comprendre la construction d'un habitus nécessite un retour dans le temps, ce que je ferai dans la prochaine section en exposant quelques éléments qui expliquent mes rapports ambigus et ambivalents à « mes » langues, à celles des locuteurs qui m'entourent, éléments qui me fourniront des clés pour enchaîner avec d'autres événements qui ont façonné mon parcours scientifique.

RETOUR À MONCTON

> Pouvait-on naître juste à temps ? Je me sentais, au contraire, tellement en retard sur la France, sur le Québec, sur ma propre Amérique. Peu importe où je posais mes yeux d'Acadienne-tout-juste-sortie-du-bois, j'éprouvais une démangeaison aux pieds de chausser les bottes de sept lieues pour enjamber les siècles qui avaient fait l'histoire sans moi.
> Antonine MAILLET, *Le Chemin Saint-Jacques.*

J'ai donc grandi à Moncton au Nouveau-Brunswick, ville majoritairement anglophone où vivent 33 % de francophones dont la majorité est bilingue et parle anglais couramment[1]. Jusque dans les années 1970, la majorité des patrons étaient anglophones et il existait une domination de classe exactement comme c'était le cas au Québec à la même période (sauf qu'au Québec, les francophones étaient majoritaires). Mon père était fonctionnaire pour le gouvernement provincial et son patron était anglophone, ce qui fait qu'il parlait plutôt anglais au bureau, mais comme il était employé au ministère de l'Agriculture, il visitait les fermes de la province pour vérifier la qualité du lait et il rencontrait beaucoup d'Acadiens. À la maison, on discutait beaucoup des rapports de domination entre les deux groupes linguistiques et mon père ne cachait pas son indignation à l'égard de la situation. Il faisait d'ailleurs partie de l'Ordre de Jacques Cartier, mouvement secret voué à la défense des francophones dont il a précédemment été question. Il n'en avait

1 La ville de Dieppe, en banlieue de Moncton, est composée de plus de 75 % de francophones (population de 25 000 personnes).

jamais parlé à la maison. Je l'ai appris bien plus tard ; il ne m'en aurait jamais parlé puisque pendant les années 1960, l'Ordre était la cible principale des étudiants de l'Université de Moncton et représentait tout ce que ces derniers détestaient : les réunions secrètes pour obtenir des droits, l'exclusion des femmes du mouvement, l'élitisme, les méthodes détournées pour atteindre ses fins. Avec le recul, je me rends compte que mes parents ont dû souffrir de la hargne des étudiants prétentieux que nous étions devenus, reniant de façon brutale les valeurs du passé et voulant nous inscrire dans la « modernité » nouvellement découverte, sans tenir compte des avancées précédentes et dans la cécité totale quant aux mouvements sociaux, qui sont faits autant de continuité que de ruptures. Les stratégies de l'Ordre étaient certes très problématiques, et engagés dans une ère de renouveau et de rupture avec les valeurs du passé (la ruralité comme seul idéal, la religion catholique comme seule croyance possible, la soumission comme seule attitude devant l'injustice), les étudiants que nous étions n'ont pu voir dans le mouvement que ses aspects négatifs, sans mesurer la portée de ses gestes, qui constituaient alors une forme d'action pour lutter contre les rapports de domination existants : « l'OJC a servi comme base pour la création d'une vie institutionnelle et associative qui a joué un rôle de premier plan dans le discours modernisant, et qui existe jusqu'à nos jours » (Heller 2003 : 152).

Ces rapports de domination s'exprimaient dans les magasins où il était impensable dans les années 1950 et 1960 de demander des services en français[1]. De plus, je me souviens que très petite, alors que j'allais magasiner avec ma mère, cette dernière traduisait en anglais mes propos aux commis de peur de manquer de politesse à leur égard. En effet, il était considéré comme impoli de ne pas parler la langue de la majorité ; cette pratique semblait aller de soi et nous nous y conformions. Ma mère était originaire de la ville de Moncton et avait davantage intériorisé les mécanismes de domination que mon père, qui venait de la campagne et qui avait grandi dans un milieu monolingue. Il se pliait aux exigences des anglophones au travail, mais maintenait son esprit critique à la maison (même si sa timidité était grande et qu'il ne se serait jamais révolté en public).

1 Une tentative dans ce sens avait été faite au milieu des années 1940 et s'était soldée par un échec. En effet, même les francophones avaient boycotté un mouvement lancé par une institution francophone incitant ces derniers à privilégier les commerçants qui offraient un service en français.

À peu près tous les événements culturels de l'époque se déroulaient en anglais. À Moncton, par exemple, les films présentés dans les cinémas commerciaux étaient américains et les quelques films français que l'on pouvait voir dans des salles paroissiales – un par semaine – ne suscitaient que peu d'intérêt comparativement à l'attrait des films anglophones. Voir un film dans un cinéma avec beaucoup de monde avait une portée autre que de regarder un film dans une petite salle avec une poignée de camarades de classe, film choisi aussi dans une perspective pédagogique et qui nous paraissait ennuyant. Le « vrai monde » culturel se passait en anglais.

Aujourd'hui, la situation a changé – il existe davantage de lois garantissant une égalité aux deux groupes linguistiques officiellement reconnus, ce qui suppose plus de fonds tant fédéraux que provinciaux pour la mise en place d'institutions et d'organismes francophones ou encore le développement de ceux déjà installés, structure sociale qui a favorisé l'éclosion d'activités artistiques en français –, mais la situation demeure complexe. De plus, l'offre de services[1] dans les deux langues est basée sur la demande et les francophones doivent faire usage du français s'ils veulent profiter de leurs droits et s'ils veulent que cette langue occupe une plus grande place dans l'espace public. Ces derniers font donc des choix en fonction de leur degré de militantisme, d'indignation ou d'indifférence – les trois attitudes pouvant se trouver chez les mêmes individus selon les jours et selon les situations. Comme près de la totalité des francophones est bilingue, ces derniers s'expriment en anglais lorsqu'il le faut ou s'ils le veulent.

Un francophone ne sait jamais dans quelle langue s'exprimer dès qu'il est dans l'espace public. S'il décide de parler en anglais, il ne fait pas valoir ses droits. Ou encore, il peut tomber sur un francophone qui parle anglais – ce qu'il pourra constater au cours de l'entretien en décelant peu à peu l'accent acadien – et là, s'il est quelque peu militant ou engagé dans « la cause », il peut regretter son choix. Une personne rencontrée lors d'entretiens ethnographiques résume bien la situation :

1 Dans la fonction publique fédérale et provinciale, les employés doivent pratiquer ce qu'on appelle « l'offre active », c'est-à-dire accueillir les gens par la double formule « Hello, Bonjour » pour montrer que les services sont offerts dans les deux langues officielles. Cette façon de faire a été mise en place à la demande des militants francophones ; sans elle, une majorité de francophones prend la parole en anglais.

> j'étais en train de manger un sous-marin / c'était une belle journée c'était au printemps / il y a un gars qui rentre pis qui dit / « le menu a l'air bon » / « *it looks good here what do you have today ?* » / pis tu sais il parlait fort pis de bonne humeur / un jeune pis tu sais / il demande à la serveuse « ah ça ç'a l'air bon je peux-tu avoir ça ? » / pis moi je me suis dit *well* il vient pas de Moncton ce gars-là / même un anglophone ferait pas ça / il y a plus personne qui s'éclate vraiment / à voix haute à Moncton / parce qu'on sait pas dans quelle langue s'éclater à voix haute / pis on sait pas comment ça va être reçu / (...) (rires) comment-ce tu vas parler à un inconnu dans un ascenseur / pour qu'il sache que bon t'es francophone d'abord, mais que tu peux lui parler anglais si t'es fine ce jour-là pis que t'as envie là (Corpus CREFO)[1]

Choisir de parler en anglais n'exige pas le même investissement que choisir de parler en français ; dans le premier cas, le locuteur est assuré d'obtenir une réponse et un service de qualité ; la situation n'entraîne pas de tension et les deux locuteurs s'entretiennent dans la sérénité. S'il parle en français, la situation est plus problématique : il peut « ouvrir » en français (ici le choix de langue est indicateur de l'identité de ce dernier[2]) et obtenir une réponse dans sa langue ; il peut aussi se faire répondre « I don't speak French » avec toute la gradation des formules qui sont autant d'indicateurs de l'état d'ouverture de la personne à l'égard de la situation linguistique : « I'm sorry, I don't speak French but I wish I could », « I don't speak French », « NO, I don't » ou encore pire « No ». Le locuteur francophone peut s'accommoder de la situation et recourir à l'anglais (ainsi la conversation se poursuit) ou au contraire insister pour avoir un service dans sa langue, ce qui ne manque pas de créer une situation tendue. Comme l'explique un francophone de la région de Moncton en 2012, vivre en français à Moncton relève d'un choix politique :

> Oui ah constamment je veux dire... faire le choix de vivre en français au Nouveau-Brunswick c'est un choix politique puis c'est un choix qui demande de l'énergie je veux dire c'est pas / c'est pas simple de choisir de vivre en français ça demande de l'énergie. Un anglophone / un anglophone a pas à se

1 Le Corpus CREFO a été constitué entre 1997 et 2004. Il comprend des entretiens réalisés au Nouveau-Brunswick, en Nouvelle-Écosse et à l'Île-du-Prince-Édouard et s'insère dans les projets de Prise de parole (*cf.* p. 146 *sqq.*). L'entretien cité a été réalisé en 1998.

2 Dans un milieu où la question langagière est conflictuelle, il est rare que des dominants usent de la langue des dominés, même si cela arrive : les premiers peuvent vouloir montrer leur multilinguisme, ou encore manifester de la solidarité envers les dominés, mais ces situations demeurent singulières.

> soucier a pas à se poser des questions « est-ce que je vais avoir le service en français si je vais là ? » Si la personne est vraiment bête avec moi qu'est-ce que je fais je m'en vas-ti <Um-hum> ou je m'engueule / ou je parle / je lui parle en anglais ? Fait que c'est sûr que c'est un choix politique moi je pense que tu le fais peut-être pas consciemment, mais je pense que toute personne qui décide de faire le choix de vivre en français d'élever sa famille en français c'est un choix qu'est carrément politique (Corpus GTRC)[1].

L'alternance de codes est très fréquente, mais elle se fait de manière unidirectionnelle. Ce sont les francophones qui alternent parce que la situation sociale fait en sorte qu'ils sont obligés de le faire. Cette domination est intériorisée et il paraît normal aux deux groupes que les francophones s'adaptent. Ne sont-ils pas bilingues ? Pourquoi faudrait-il que les anglophones parlent le français ? Ce discours est très répandu. Je l'ai entendu dans des entretiens réalisés avec des anglophones de la région, je le lis dans les journaux et je l'entends à la radio dans des émissions où les locuteurs sont appelés à donner leur opinion. La langue française paraît moins importante que la langue anglaise, et ce, partout au Canada, comme l'avait d'ailleurs montré Wallace Lambert au début des années 1960 ; j'y reviendrai au chapitre 5.

UNE DOMINATION PLUS SUBTILE

En plus de cette domination par le groupe anglophone majoritaire, il était une autre domination plus subtile, plus pernicieuse, plus difficile à nommer, omniprésente, et elle aussi admise comme allant de soi. « Les francophones de Moncton parlaient mal », discours entretenu par les francophones eux-mêmes. Les Acadiens adhéraient au discours voulant que leur langue soit déficiente. Aussi loin que mes souvenirs me ramènent, j'ai l'impression d'avoir été habitée par cette croyance. Mes cousins québécois qui venaient nous visiter deux fois par année nous taquinaient gentiment – en se moquant de notre accent, de nos

1 Le Corpus comprend des entretiens réalisés avec des « personnalités » publiques en 2013. Le GTRC (Grands travaux de recherches concertées) est dirigé par France Martineau de l'Université d'Ottawa et intitulé *Le français à la mesure d'un continent : un patrimoine en partage.*

expressions anglaises mêlées au vernaculaire, des archaïsmes aussi ; ces taquineries s'imprégnaient dans notre habitus, comme quoi on parlait un français boiteux. Pour ma part, je réussissais plutôt bien à l'école et j'aimais rédiger – ce qu'on appelait à l'époque « faire des compositions » –, mais dès mon plus jeune âge, j'étais convaincue que je réussissais bien parce que nous étions dans une petite ville et que dès que j'en sortirais[1], ce serait différent. Cette idée a été renforcée par l'arrivée d'une Française au collège où j'étudiais au secondaire. C'était la première Française à ma connaissance à y avoir étudié et tout le monde – les enseignants surtout – l'attendait avec impatience. Dès son arrivée, les enseignants et les élèves se sont extasiés sur sa façon de parler – « on dirait un ruisseau qui coule » m'avait dit une enseignante, « de vrais bijoux qui sortent de sa bouche », m'avait dit une autre[2].

Je suis devenue amie avec elle et ses parents ont invité les miens à manger chez eux. Malgré toute la gentillesse de nos hôtes, j'ai encore le souvenir de mes parents, fortement intimidés, osant à peine prendre la parole et essayant « d'être à la hauteur de la situation ». Ma mère était pourtant « bonne en français » – je l'ai appris après sa mort lorsque j'ai trouvé plusieurs documents attestant de ses excellents résultats dans la matière –, mais elle était comme paralysée, se limitant à des phrases brèves. Mon père lui, restait muet. Cet épisode est resté gravé dans ma mémoire ; le sentiment de dépossession qu'ils exprimaient n'était aucunement lié à l'attitude des parents de mon amie – mes parents étaient déjà très nerveux avant d'arriver sur les lieux –, mais provenait d'une intériorisation d'un sentiment d'infériorité qui les privait de tous leurs moyens. Cette disposition de mes parents à subir la « hontologie[3] » sociale et bien plus encore linguistique n'était jamais aussi présente que dans leurs contacts – rares – avec les « Français de France », comme on les appelait. Cette attitude est sans doute liée à différents facteurs familiaux et sociaux, mais également au discours mythique sur la France

1 J'avais gagné un prix provincial de composition dans les années 1960, mais cela n'a eu aucun effet sur ma prédisposition à me penser inférieure.

2 Dans un entretien avec Lise Gauvin en 1993, Gaston Miron raconte que sa mère disait quand elle écoutait des Français : « Mon Dieu, qu'ils parlent bien ! » et il rajoute : « Ma sœur sortait avec un Français au début des années 1950. Quand il y avait un élément de comparaison, les gens constataient qu'ils parlaient mal. C'est plutôt la facilité avec laquelle les Français s'exprimaient qu'ils admiraient » (Miron 2014 : 276).

3 Didier Éribon use de l'expression dans *Retours sur Retour à Reims* (Éribon 2011 : 43).

en circulation depuis la Déportation et repris lors des Conventions nationales acadiennes à la fin du 19e siècle – j'y reviendrai – et entretenu avec force jusque dans les années 1960.

Ce discours a modelé les représentations que les Acadiens se font de leur langue, comme le montre bien le passage suivant tiré d'un discours de Pascal Poirier, homme politique et écrivain, publié dans le journal *Le Moniteur acadien* en 1889 :

> L'amour de la France est resté un objet de culte pour les Acadiens. Son nom est musique à leur cœur ; et son souvenir, grandissant dans la fantasmagorie du passé, s'élève jusqu'au ciel, semblable à un sommet étoilé. Après Dieu et son Église, c'est la France la première. À la confédération des provinces, dont la plupart des Acadiens ne se souciant [*sic*] guère, plusieurs pensaient toujours « qu'elle reviendrait ». Plusieurs le pensent encore, s'appuyant sur des péripéties que l'aïeul raconte à ses petits-enfants. On est résigné, on est fidèle à l'Angleterre ; mais on aime la France. Il est si naturel, il est si doux d'aimer sa mère, même quand elle n'est plus là, même quand elle ne doit plus revenir (cité dans Pichette 1994 : 35).

On peut imaginer que ce genre de discours, entendu par mes parents à de nombreuses occasions, ait façonné en quelque sorte leur imaginaire – le culte de la France était partout présent – et dans le même temps, la France étant liée à l'image d'un français « parfait », il était et il est encore difficile pour des francophones issus de régions où il est minoritaire de ne pas sentir le poids de leurs différences linguistiques ; en fait, on finit par ne voir que ces différences. Mes parents n'étaient pas seuls à ressentir de la sorte leurs pratiques linguistiques ; ce sentiment est partagé par un bon nombre de locuteurs francophones de la ville de Moncton.

MONCTON, LES LOCUTEURS FRANCOPHONES ET LEUR(S) LANGUE(S)

Je l'ai dit, il est facile pour un anglophone de vivre en anglais à Moncton. Tout l'environnement de la ville atteste de son existence : les affiches sont majoritairement en anglais, les devantures des magasins aussi et partout dans les services publics, les gens vont vous adresser la parole en anglais d'abord à moins d'aller dans un organisme francophone. L'anglais domine partout, comme c'est le cas en Amérique du Nord, hormis au Québec et dans certains États des États-Unis où l'espagnol est de plus en plus visible. Pourtant, le francophone qui vit à Moncton peut se socialiser « en français » de la petite enfance jusqu'à la fin de ses études secondaires s'il fréquente les écoles françaises et s'il habite dans des quartiers plutôt francophones ; même s'il vit « en français », il participera à des activités sociales en anglais, sera bilingue et fera usage de ses deux langues pour avoir accès aux avantages offerts par les marchés linguistiques de la ville. Son français porte nécessairement les traces de cette cohabitation, que ce soit sur le plan phonétique, lexical ou morphosyntaxique. Ces particularités sont évidentes pour la personne de l'extérieur en Acadie ; elles sont moins visibles pour les locuteurs eux-mêmes – c'est à travers les yeux et les oreilles de « l'autre » que l'on découvre sa singularité – sauf qu'ils sont à peu près tous conscients des anglicismes qui parsèment leur langue, ces derniers ayant été au centre des discours tenus sur la langue depuis un siècle.

Les pratiques linguistiques des francophones de Moncton varient sur un continuum entre l'usage du français standard (le standard canadien) et un français très anglicisé. Le vernaculaire de la région porte plusieurs noms, mais c'est le terme « chiac » qui caractérise de plus en plus le français populaire de la région. Les locuteurs eux-mêmes font la distinction entre ce qu'ils appellent le français acadien, le chiac et le français standard, ce dernier prenant aussi les noms de français international ou de français universel. Tout ce qui peut se rattacher au français dit standard est assorti de valeurs positives. Le « français acadien » est lui aussi favorablement connoté parce qu'interprété comme la langue de l'origine, fortement apparentée à celle des colons arrivant de France, alors que « le chiac », associé au mélange est fortement dévalorisé, bien que des mouvements de contre-légitimité soient de plus en plus visibles, particulièrement chez les jeunes et les artistes. Le terme « chiac », peut également référer au « vieux parler acadien », au français mélangé avec l'anglais, ou aux deux à la fois, c'est-à-dire un vernaculaire marqué par les archaïsmes et des emprunts à l'anglais (Perrot 2007).

Ce français a été particulièrement stigmatisé en Acadie, et ce, depuis le début du 20e siècle (Boudreau 2011). Dans les journaux, on a comparé systématiquement et favorablement le français parlé dans les milieux ruraux à celui de la ville, marqué par les emprunts à l'anglais, ce qui le déconsidérait d'emblée. Ainsi, les Acadiens de Moncton avaient du mal à se dire les fidèles représentants du parler tel qu'importé par les ancêtres, puisque les traces plus ou moins visibles de leur bilinguisme étaient constamment soulignées[1]. C'est dans la ville de Moncton que se concentre une majorité d'institutions acadiennes et, pour cette raison, la région du Grand Moncton est devenue pour l'Acadie un lieu de (re) définition des normes acadiennes. La ville est le lieu de luttes discursives liées aux interrogations portant sur la constitution d'un locuteur légitime de français ainsi que sur le ou *les* français qui peut ou peuvent être considérés comme légitimes. Qui peut prétendre être francophone ? Est-on francophone si on parle le chiac ? La ville est devenue à la fois l'emblème et le stigmate du mélange et de l'hétérogénéité linguistique et culturelle.

En effet, cette hétérogénéité ne coïncide pas avec l'idée que l'on s'est faite des espaces reliés de près ou de loin avec une conception étatique des nations. Même si l'Acadie n'a jamais été un État indépendant, elle s'est construite au 19e siècle autour de symboles nationalitaires (une langue, un drapeau, une fête nationale, un chant national) qui faisaient en sorte qu'elle soit imaginée comme unique (Anderson 2002 [1983]) et, conformément à la création des nations distinctes, les archaïsmes étaient valorisés comme preuve d'un ancrage mémoriel à un passé (glorieux) et les emprunts rejetés puisqu'ils représentaient l'acculturation et l'assimilation. Ainsi que l'a montré Marc Crépon (1996) en s'appuyant sur Leibniz et Herder, ces procédés de conservation de la langue d'origine étaient nécessaires à la création de mythes entourant le travail sur la langue dans les nouvelles nations. Mais quels ont été les discours qui ont fait que les francophones minoritaires en Acadie ont développé une telle conscience de parler une langue qui n'était pas adéquate ? Comment en est-on arrivé là ?

La conservation de la langue française en Acadie a été perçue et construite comme un garant de la légitimité du groupe, et ce, depuis la fin du 19e siècle. C'est ainsi par exemple que Pascal Poirier produira

---

1 Les emprunts n'étaient pas et ne sont toujours pas intégrés phonétiquement dans le français monctonien, ce qui les rend plus saillants et immédiatement reconnaissables. Il est facile de les pointer du doigt alors que dans les régions où l'intégration est accomplie, les anglicismes passent inaperçus.

alors quelques ouvrages pour montrer la filiation du français acadien avec le français parlé par les premiers colons arrivés de France. Il insistera sur les traits régionaux que l'on trouve répertoriés dans les grammaires de l'époque en France[1]. Pascal Poirier a néanmoins conscience que la légitimité du français acadien est déjà mise à mal – a *broken French patois* – expression répandue pour désigner le français parlé en Acadie et ailleurs au Canada. C'est donc par le recours à l'histoire de l'Acadie que l'auteur va tenter de légitimer les pratiques des Acadiens, comme on peut le constater dans cet extrait d'un article publié dans un journal acadien en 1870 :

> Mais j'entends nos détracteurs saisir avec joie ce que j'avance à propos du langage. Je me souviens encore de leurs insultes amères et de leurs sarcasmes [...]. Qu'est-ce que conserver sa langue ? Est-ce suivre par inspiration un idiome altéré depuis, ou conserver le dialecte qu'ont transmis les ayeux ? Le langage que nous parlons n'a certainement pas la perfection qu'il reçut sous Louis XIV – mais comment l'aurait-il ? Nos ancêtres sont venus de France sous Henri IV et Louis XIII, et ils n'étaient ni citadins ni académiciens, ils étaient de nobles, braves, et pieux cultivateurs. Or personne n'ignore que la langue de Henri IV ni de Louis XIII, n'avait pas, pour les paysans surtout, le fini de l'idiome actuel. Et comment des émigrés venus avant cette époque pouvaient-ils apporter la perfection d'une langue que Racine et Bossuet devaient plus tard fixer ! Par quel miracle auraient-ils pu l'apprendre ensuite, puisque sous le règne même de Louis XIV, nous passâmes sous l'Angleterre, et que depuis notre sujétion, jusqu'en 1864, lorsque le Révd. P. Lefebvre fonda le Collège que vous voyez, nul moyen ne fut donné aux Acadiens d'apprendre une langue perfectionnée. Pendant 180 ans, nous avons été condamnés à vivre entourés d'hommes parlant l'anglais, à subir leurs lois, à recourir à eux pour la jurisprudence et le commerce, sans avoir pendant ce temps, je ne dirai pas un collège, mais une petite école où l'on put raisonner la langue française [...]. Ce n'est pas que je cherche à autoriser ces altérations de langage, ni à légitimer ces termes étrangers mêlés aux mots pour du Français : à Dieu ne plaise, que je travaille à notre perte. Mais j'ai seulement voulu montrer qu'on peut répondre à nos ennemis, j'ai voulu exposer à nos critiques là où nous sommes dignes de louanges et de blâme, et faire voir le fiel de ces vainqueurs qui, n'ayant pu changer ni notre Foi, ni notre langue ni nos mœurs, veulent au moins se dédommager d'une infamie qu'ils n'ont pu faire, en répondant à l'étranger qu'ils l'ont faite. (Pascal Poirier, « Discours pour la Saint-Jean

1 Pascal Poirier a écrit un essai sur les origines du français acadien et un glossaire, dans lesquels il souhaitait rapporter les traits régionaux à des variétés perçues comme plus prestigieuses, notamment la langue littéraire d'auteurs français du 17e siècle ou des variétés de français de certaines régions de France.

> Baptiste [prononcé par Pascal Poirier, élève du collège de Memramcook] : L'union fait la force », *Le Moniteur acadien*, 8 juillet 1870)

Ainsi, les archaïsmes sont valorisés puisqu'ils attestent du lien à la France, alors que les emprunts à l'anglais sont considérés comme la manifestation de l'assimilation à la culture anglophone du continent nord-américain. Afin de réhabiliter le vernaculaire décrié par ses adversaires politiques, il va le comparer « à une relique d'un grand prix », à des « bijoux », à « des épis d'or » (Boudreau 2009), discours de réhabilitation des archaïsmes et de l'authenticité linguistique qui sera repris par d'autres membres de l'élite acadienne. Il est intéressant d'examiner dans la perspective d'une sociolinguistique critique cette insistance sur les liens entre le français parlé en France et en Acadie. Cette affiliation à la mère-patrie s'insère justement dans les mouvements de type nationalitaire où l'idée de « peuple distinct » est très importante et où il faut pouvoir désigner des éléments distinctifs. Le discours est donc tout en tension entre une volonté de légitimation, une volonté de reconnaissance dans la francophonie et une volonté de distinction. Ainsi, comme le soulignait Marc Crépon (1996 : 132), la valorisation de l'originaire « se nourrit de l'idée que plus une langue est originaire, plus elle témoigne que le peuple qui la parle est doué d'une antique et profonde culture ». La chasse aux mots étrangers découle de la même logique : ils sont perçus comme coupant la langue de son origine et lui enlevant sa pureté[1]. Cette condamnation des anglicismes est très présente dans les journaux de l'époque, comme dans cet extrait :

> Puisque la conservation de notre idiome national est une condition, « sine qua non » de l'existence de notre nationalité, voyons aux moyens à prendre pour en éviter la décadence. [...] Parlons et écrivons aussi correctement que possible, évitant les anglicismes et les locutions anglaises ; car anglifier notre langue, c'est la trahir, l'asservir, la dépouiller de son cachet national. (G. Mayrand, « La langue française au Canada », *L'Évangéline*, 8 avril 1896)

Il n'est donc pas surprenant que les représentations entretenues à l'égard du français parlé en Acadie soient ambivalentes et il n'est pas non plus étonnant que les locuteurs qui pratiquent le chiac ou un

1 Voir Boudreau et Perrot (2010 : 61-62) pour un aperçu du vocabulaire en usage dans la presse pour qualifier les anglicismes ; les métaphores de la guerre, de la maladie, de la mauvaise herbe sont récurrentes.

français qui est mélangé à l'anglais soient très sévères à l'égard de leurs pratiques. Depuis les années 1970, les discours sont plus différenciés et le profit distinctif, culturel et économique rattaché à la mise de l'avant de la dimension plurielle du français fait lentement son chemin.

Par ailleurs, les représentations négatives entourant le français à Moncton sont aussi entretenues par les anglophones de la région. J'ai pu le vérifier alors que j'enseignais le français langue seconde au début des années 1970 – les anglophones voulaient apprendre le français parisien, celui qu'ils entendaient dans les bandes magnétiques de la méthode VIF (Voix et images de France) – et j'ai pu le constater très souvent lors de manifestations pour obtenir des services en français – « pourquoi cette demande puisque les francophones sont bilingues et parlent un *lousy French.* » Je me rappelle du séjour d'un jeune Français, Bertrand, un copain de mon fils qui était venu passer un mois à Moncton. Alors que nous étions dans une boutique d'un centre touristique, la vendeuse s'est adressée en anglais à Bertrand qui n'a rien compris et donc qui n'a pas réagi. Craignant que ce geste soit mal interprété, j'ai expliqué à la vendeuse qu'il venait de France et ne parlait pas anglais. Après s'être montrée très enjouée et contente d'avoir devant elle un petit Français, elle m'a demandé : « But, tell me : how does he understand YOUR French ? ». Je lui ai demandé si son anglais était compris des gens de Grande-Bretagne et elle m'avoua n'avoir jamais réfléchi à la question. Cette anecdote en dit long sur les représentations que se font les anglophones du français parlé dans la région. Aujourd'hui, les représentations changent en raison du dynamisme de la sphère culturelle francophone à Moncton et donnent lieu à de nombreux reportages positifs dans les journaux anglophones locaux et provinciaux.

Après cette longue incursion contextuelle pour expliquer les dynamiques langagières de la région de Moncton, je reviens sur mon parcours académique.

LE FRANÇAIS AU PLURIEL

De retour au Canada après mon année en sociolinguistique à Montpellier, en France. où j'ai obtenu un DEA (Diplôme d'études approfondies) en sciences du langage, j'ai développé un tout autre rapport à la situation linguistique acadienne, aux locuteurs et à leurs pratiques. Je suis devenue très consciente que les discours dévalorisants qui sont tenus sur la langue en Acadie, presque semblables à ceux tenus sur les francophones de la Louisiane « White Trash » (Sara Le Menestrel 1999 : 42), rejaillissent sur les locuteurs. C'est ainsi que peu à peu, je vais m'intéresser à l'analyse du discours et que j'y consacrerai une bonne partie de mes recherches.

Dans les cours que j'ai enseignés à mon retour de Montpellier, j'ai constaté que les étudiants acadiens issus des milieux minoritaires prenaient beaucoup moins la parole que ceux des milieux majoritaires[1]. Ma collègue Lise Dubois, qui enseignait à des étudiants en traduction, avait observé le même phénomène. Nous avons alors décidé d'entreprendre ensemble une recherche auprès des adolescents de la province pour examiner les rapports qu'ils entretenaient avec leur langue, avec l'intention de comparer le discours des jeunes des milieux minoritaires et des milieux majoritaires. Ce fut là le début d'une collaboration d'une dizaine d'années qui nous a conduites progressivement à travailler sur l'insécurité linguistique, concept qui sera à la base de ma thèse de doctorat que je soutiendrai en 1998 à Nanterre. Ce diplôme revêtira une portée symbolique particulière pour les raisons évoquées plus haut, mais je ne le comprendrai pleinement que plus tard.

J'ai eu la chance de suivre les activités du Centre de recherche en linguistique appliquée (CRLA). Fondé en 1987[2], le CRLA accueillait des linguistes d'ailleurs intéressés par les parlers régionaux, les questions de

1 Les régions majoritaires du Nouveau-Brunswick sont composées de plus de 80 % de francophones et se trouvent dans le nord-est de la province (communément appelé la Péninsule acadienne) et le nord-ouest. Une majorité est bilingue, mais le français y est nettement dominant, contrairement aux régions minoritaires. En Nouvelle-Écosse, la région de la Baie Sainte-Marie est majoritaire ainsi que celle de Chéticamp.

2 De 1987 à 1996, le CRLA a été dirigé par Louise Péronnet et Catherine Phlipponneau. Ces linguistes ont reçu des chercheurs au CRLA pour des séjours prolongés (ou plus

normes et d'aménagement linguistique. L'Université de Moncton, très jeune, présentait sans doute un attrait pour des chercheurs étrangers parce qu'elle était, malgré sa petite taille, la plus grande université canadienne de langue française à l'extérieur du Québec – elle l'est toujours.

Au début des années 1990, Michel Francard, linguiste belge, qui travaillait alors sur les représentations linguistiques des jeunes de la Wallonie, est venu au CRLA présenter des conférences et faire part des recherches menées par son laboratoire VALIBEL (VAriétés LInguistiques du français en BELgique)[1]. Il a donné plusieurs conférences à l'Université de Moncton sur les variétés de français parlées en Belgique. Il illustrait avec maints exemples les différentes pratiques linguistiques des locuteurs francophones en Belgique tout en expliquant les représentations entretenues par les Belges à cet égard. Il a montré le rôle joué par l'école dans le développement de l'insécurité linguistique chez les Wallons, concept sur lequel il avait beaucoup travaillé. Le géant français tout à côté tenait lieu de norme. Quelques grammairiens célèbres étaient Belges, dont Maurice Grevisse et André Goose, et Francard montrait les liens entre la passion de la langue en Belgique et les multiples ouvrages sur le sujet qu'il attribuait en partie à l'insécurité linguistique.

Michel Francard a également participé à une journée d'étude organisée par les professeurs qui enseignaient les cours de langues. L'objectif de la journée était de voir comment « classer » les types d'erreurs trouvées dans les copies d'étudiants. Un professeur a donné comme exemple d'anglicisme : la fille *que je sors avec* est gentille. Francard a alors déclaré que ce genre de phrase pouvait se trouver dans le français populaire en Europe, mais qu'il n'y avait pas d'anglophones dans ces lieux. Pourquoi parler d'anglicisme ? Cette remarque a fait réfléchir l'auditoire et a été pour moi le début d'un questionnement sur la façon dont a été construit notre rapport à l'autre, à l'anglophone, à sa langue, etc.

---

courts), et ont organisé des colloques nationaux et internationaux qui ont permis de faire connaître la situation linguistique acadienne.

1 Michel Francard a également présenté son film *Ces Belges qui parlent français* au public acadien, film qui a eu une résonance particulière dans le milieu. Le fait de présenter les différentes variétés de français parlées en Belgique et de montrer aussi le « platt », vernaculaire germanique parlé dans l'Est de la Belgique, a mis en relief le fait que les emprunts à une autre langue par les adolescents était un phénomène assez répandu dans la francophonie, ou du moins qu'il n'était pas limité à l'Acadie, ce qui peut paraître aller de soi, mais qui ne l'est pas pour les raisons déjà expliquées.

La plupart des professeurs avaient été formés dans la pensée structuraliste, courant fondé sur la langue comme système et qui avait mis entre parenthèses le *sujet* des énoncés (Todorov 2002 : 114). Les énoncés étaient étudiés en étant détachés du contexte de leur production sociale. En Acadie (comme c'était sans doute le cas partout au Canada français), la plupart des « fautes », surtout les structures morphosyntaxiques, étaient associées à l'environnement anglais[1]. S'il n'est pas question de nier l'influence de l'anglais dans les pratiques écrites des Acadiens, il est aussi significatif de voir à quel point le rapport à l'anglais transcendait les autres facteurs dans l'étude des rédactions écrites des élèves. Les étudiants, reprenant leurs copies pleines de rouge, ne comprenaient pas toujours[2] leurs « erreurs » et entretenaient un rapport très difficile à l'égard des deux langues qu'ils pratiquaient, cultivant un rapport souvent affectif au français et un rapport d'attirance-répulsion envers l'anglais, langue responsable des difficultés dans la langue « maternelle ». Ce rapport n'a pas été problématisé à partir des théories sociales mettant l'accent sur la production de la différence à partir d'idéologies nationales et linguistiques qui en découlent, mais bien plutôt à partir d'une conception statique et essentialiste de la langue et des peuples. Il n'est donc pas surprenant de constater que dans plusieurs des enquêtes réalisées, l'ambivalence est un élément récurrent caractérisant les propos des individus à l'égard de leurs pratiques.

Cette ambivalence, je l'avais moi-même maintes fois ressentie alors que j'entendais parler les gens en chiac et que je me retrouvais en compagnie de personnes qui représentaient la norme du français parlé. Même si j'expliquais avec ardeur « pourquoi on parle comme on parle » et que j'insistais sur l'histoire de la collectivité et sur la nécessité de prendre en compte les conditions particulières qui président aux pratiques linguistiques, je ne pouvais contenir chez moi une certaine « honte » lorsque j'entendais des personnes parler en chiac devant des francophones de l'extérieur. Je me suis aperçue que j'aurais voulu qu'ils paraissent plus francophones, qu'ils donnent une impression plus favorable de la situation linguistique en Acadie. J'ai éprouvé le même sentiment de gêne

1 Le phénomène est très répandu dans la francophonie. Les « fautes » des Alsaciens, des Belges et des Suisses sont baptisées *germanismes*. C'est toujours le rejet du mélange qui est exprimé (voir Gadet 2008a : 8).

2 J'exclus de mes propos les fautes de grammaire que les étudiants reconnaissent aisément.

lorsque des gens du sud-est de la province prenaient la parole dans les médias régionaux et nationaux et qu'ils se laissaient aller en parlant LEUR chiac.

Par exemple, les artistes acadiens du sud-est de la province sont presque toujours interrogés sur leurs pratiques linguistiques dans les interviews qu'ils accordent aux médias locaux et nationaux. Lassés de ces questions où finalement ils semblent réduits à discuter davantage de langue que de leur production, ils ont adopté et adoptent encore une attitude de contre-légitimité linguistique en affichant de façon très ostentatoire les traits les plus stigmatisés de leurs pratiques, comme pour donner un *coup de pied à la France* (Gueunier 1978), et en refusant de se plier aux diktats des voix d'autorité qui laminent les pratiques linguistiques en voulant les homogénéiser et les unifier (Bourdieu 1982). J'ai été à la fois ravie et inquiète de leurs prestations; *comment les personnes de l'extérieur vont-elles percevoir les francophones de l'Acadie? Vont-ils généraliser à l'ensemble de la population les pratiques linguistiques de ces derniers?* Pourtant, malgré cette ambivalence, j'ai toujours essayé d'expliquer ces pratiques tant à la radio et à la télévision que dans mes textes, ne pouvant supporter les discours dévalorisants dont on affublait ces locuteurs et pouvant ressentir de l'intérieur la portée de propos condescendants. Sans doute que les sentiments de révolte que m'inspirent aujourd'hui les discours sur le français unique et sur le mauvais français parlé par les Acadiens de Moncton trouvent leurs sources dans ces expériences où j'ai vu des personnes humiliées en raison de leur français. J'ai eu conscience des ravages que pouvaient faire ces humiliations sur la constitution de la personne. Ce sentiment, Bourdieu l'a bien exprimé en parlant de son trajet heuristique du retour vers son enfance, qui a « quelque chose d'un parcours initiatique » :

> C'est toute une partie de moi-même qui m'est rendue, celle-là même par laquelle je tenais à eux et qui m'éloignait d'eux, parce que je ne pouvais la nier en moi qu'en les reniant, dans la honte d'eux et de moi-même. Le retour aux origines, s'accompagne d'un retour, mais contrôlé, du refoulé (Bourdieu 2004 : 82).

Il est bien évident que des mécanismes d'exclusion opèrent au sein même de la communauté francophone. Les débats sur la qualité du français sont récurrents et sont la plupart du temps soulevés par des personnes qui ont acquis un capital linguistique et qui ont « oublié » les efforts requis pour « parler comme ils parlent ». En effet, l'accès à ce capital est lié à de nombreux facteurs (situation de minoritaire ou de majoritaire, famille, scolarisation, influence des pairs, classe sociale, poste occupé), mais les conditions de production du langage font partie d'un habitus acquis dans une trajectoire, si bien qu'elles sont occultées et considérées comme allant de soi ; cette cécité fait en sorte que d'anciens dominés deviennent les nouveaux dominants.

Les exclus du capital symbolique, victimes de la violence symbolique opérée par les dominants, ne comprennent pas toujours la loi de formation des prix sur le marché officiel des langues ni les stratégies en œuvre qui font qu'ils sont les cibles d'un débat auquel ils ne peuvent participer, son objet étant l'élément même qui les exclut et qui risque d'aggraver la situation s'ils prennent la parole. Ainsi, le dominé linguistique ne prendra pas la parole pour « défendre » ou pour « expliquer » ses pratiques puisque c'est dans cette défense même qu'il risque de trébucher. Il ne fait pas partie du débat ; sa parole est absente parce qu'inexprimable à ses propres yeux et aux yeux des autres. Il est sans voix. C'est d'ailleurs la raison pour laquelle certains francophones vont changer d'identité quand cela les arrange (ils vont se dire anglophones par exemple) pour se prémunir des jugements portés sur leur langue.

L'ACADIE ET LA MONDIALISATION (DU SAVOIR)

L'arrivée de chercheurs de l'Europe francophone en Acadie dans les années 1990 venant nous expliquer les pratiques linguistiques avec des arguments « scientifiques[1] » pour penser autrement les « fautes de français » constituait une sorte de libération, d'autant plus qu'on ne pouvait soupçonner ces derniers de ne pas connaître leur langue. Pouvait-on imaginer un Européen francophone qui parle mal ? Impensable !

Quelques années après la venue de Michel Francard, Françoise Gadet, sociolinguiste de l'université Nanterre à Paris, est invitée à l'Université de

1 Déjà Louise Péronnet avait fait un travail semblable, ainsi que d'autres linguistes qui ont surtout travaillé sur la Nouvelle-Écosse (Flikeid 1984, 1989, 1994 ; Geddes 1914).

Moncton pour donner des conférences sur le français populaire. Elle est reconnue pour avoir publié deux ouvrages célèbres : *Le français populaire* (série *Que Sais-je ?*) en 1992 et *Le français ordinaire* en 1989. Elle décrit alors les variations du français parlé dans différents coins de la francophonie et plus particulièrement dans diverses régions de la France ; certaines structures qui sont mises de l'avant et illustrées dans les énoncés repris dans ces livres ressemblent beaucoup à celles en usage dans le français populaire acadien (*quand c'est que vous venez ? Donne-moi z'en, il voira, j'ai resté toute la semaine au lit, il a mouru*, les verbes pronominaux conjugués avec *avoir* : *je m'ai trompé, etc.* – p. 54 et 55 du *Que sais-je*[1] *?*). Le fait de retrouver ces énoncés consignés dans deux *Que sais-je ?* écrits par des Français donnaient vraiment une légitimité au français parlé en Acadie. En remerciant la conférencière, Louise Péronnet n'a pas manqué de faire allusion à la crédibilité rattachée aux propos d'une personne d'autorité en la matière, soulignant implicitement du même coup le manque de reconnaissance attribué aux chercheurs de l'intérieur. « Il faut qu'une Française vienne montrer que certaines structures morphosyntaxiques trouvées en Acadie soient le propre du français populaire pour qu'on accorde une valeur à mes travaux ».

Dans *Le français ordinaire*, Françoise Gadet raconte que, lassée d'entendre ses étudiants rire en écoutant des enregistrements de locuteurs défavorisés, elle leur a demandé de s'enregistrer eux-mêmes pour qu'ils constatent qu'ils ne parlaient pas comme ils le croyaient. Les rires ont cessé dès qu'ils se sont écoutés eux-mêmes (Gadet 1989 : 13). Elle souligne :

> Le rire est peut-être la manifestation extrême d'un jugement de valeur qui accueille implicitement les productions linguistiques des locuteurs illégitimes, expression d'un jugement social qui ne se donne pas comme tel. En tout cas, il révèle quelque chose de suffisamment fort pour que se pose la question : si tout le monde sait comment il est « bien » de parler, pourquoi continue-t-on à utiliser des formes stigmatisées ? Pourquoi y a-t-il de la variation ? (*ibid.* : 14).

J'enseignais alors un cours d'*Introduction à la linguistique* et je commençais toujours mon cours en écrivant au tableau les différentes

---

1 Dans la première édition du *Que sais-je ?* écrit par Guiraud, on trouve toute une liste de verbes qui ont disparu avec le temps (*bailler* pour « donner » ; *faillir* pour « manquer » ; *quérir* pour « chercher »), termes encore en usage en Acadie et qui, lorsque lus dans un *Que sais-je ?*, contribuent à donner une reconnaissance à ces termes considérés par certains locuteurs comme inventés de toutes pièces – il s'agit souvent des Acadiens eux-mêmes qui portent de tels jugements.

façons d'exprimer un énoncé – par exemple, *je regarde un film, je garde un film, je watche un film, je watche un movie* – pour amener les étudiants à prendre conscience de la variation et à s'interroger sur l'acceptabilité des différents énoncés et sur les jugements sociaux qu'ils soulèvent. Je continuais en expliquant les raisons politiques et sociales des différentes productions orales et je leur montrais que l'oral n'était pas un calque de l'écrit. Je leur demandais souvent de m'écrire la phrase suivante : *mèque*[1] [*mais que*] *j'arrive, je te téléphonerai.* Ils commençaient par reconnaître la structure, puis par dire que c'était là une expression inventée, farfelue, et que c'était bien la preuve que les gens parlaient n'importe comment ; ils le faisaient sans méchanceté en s'incluant dans « ces gens », étant d'ailleurs déjà persuadés en arrivant à l'Université – pour une majorité d'entre eux – qu'ils parlaient de façon peu acceptable. Ils n'adoptaient pas du tout l'attitude des étudiants de Françoise Gadet. De plus, lorsque je leur expliquais l'origine de l'expression et que je la rattachais au parcours des premiers colons arrivés en Nouvelle-France, ils étaient tout surpris et commençaient à envisager la langue autrement.

Ces phénomènes sont certes répandus partout dans la francophonie et ailleurs, dans toutes les sociétés qui valorisent l'écrit. Les locuteurs ne reconnaissent pas les expressions de l'oralité facilement et sont souvent surpris de leur production orale, mais ce qui est différent ici, c'est que ces particularités sont senties d'emblée comme originales, uniques et fautives. Lorsque les locuteurs prennent conscience que ces expressions figurent ailleurs dans la francophonie, c'est tout un autre imaginaire qui se met en place et qui change la perception qu'ils ont de leur langue et de leur personne : peut-être qu'ils peuvent aussi se dire francophones « à part entière après tout ». Cependant, les structures provenant de la langue-mère ou de la langue d'origine ont été et sont toujours plus faciles à légitimer que celles rattachées à l'anglais. En effet, les étudiants n'avaient pas le même regard ouvert à l'égard des anglicismes qu'ils condamnaient vertement même s'ils en faisaient largement usage.

Ce sont les recherches de Marie-Eve Perrot sur le chiac qui vont jouer un rôle dans ce sens-là. Avant d'écrire sa thèse de doctorat, elle

---

1 L'usage de la locution adverbiale *mèque* (*mais que*) ayant le sens de « lorsque » est très fréquent chez les Acadiens et les Québécois, mais ne se trouve dans aucun dictionnaire moderne. Attestée au Canada français depuis 1609, cette locution était usuelle en français jusqu'au 17e siècle et on la relève encore dans les parlers de France (v. l'entrée MAIS QUE dans le volume de présentation du *Dictionnaire du français québécois*, Poirier 1985).

a passé quelques mois en Acadie à plusieurs reprises à partir de 1991 et a réalisé des enregistrements dans une école secondaire de langue française à Moncton pour y décrire le vernaculaire mixte d'adolescents francophones. Je l'ai rencontrée lors de son deuxième séjour en 1992. Nous avons sympathisé dès notre première rencontre. De mon côté, c'était la première fois que je discutais avec une « Parisienne » qui s'intéressait au chiac et qui portait un regard généreux et ouvert sur les pratiques langagières des jeunes. Même si elle s'intéressait principalement au système de la langue, elle cherchait à comprendre le contexte d'émergence des phénomènes qu'elle avait identifiés pour sa recherche. Elle trouvait tout intéressant. Le jour, elle passait son temps au CRLA, à la bibliothèque et au Centre d'études acadiennes (CEA), et le soir, elle explorait la ville. Elle assistait aux spectacles et aux soirées de poésie, rencontrait les gens, s'immergeait complètement dans le milieu des artistes et des intellectuels. J'avais rarement rencontré quelqu'un d'aussi enthousiaste sur l'Acadie. Quand je lui exprimais mes réserves et mes craintes à l'égard de la situation, elle me proposait un point de vue qui venait ébranler mes constructions intellectuelles et émotives ; nous avons passé de longues heures à discuter. Et avec elle, je ne ressentais pas le moindre rapport de domination. Au contraire, Marie-Eve Perrot adoptait une posture d'ethnologue et elle laissait les autres parler. Aucune posture de surplomb. Aucun savoir à exhiber. Ce n'est que bien plus tard que j'ai appris qu'elle était diplômée de l'École normale supérieure de Saint-Cloud, information qu'elle conservait discrètement et qu'elle n'évoquait jamais. Son regard sur les pratiques linguistiques de la région, sur les gens de la région, sur Moncton, a modifié le mien. J'avais lu des textes sur le mélange de langues, mais ils ne m'avaient pas intéressée ; on ressortait le plus souvent une variable en essayant d'en expliquer l'origine. Les travaux de Perrot s'inscrivaient dans le même paradigme, mais avec une perspective plus large. Mon propre regard sur le chiac se transformait. Il est tout à fait banal de dire que la personne se construit dans le regard de l'autre, dans le regard de plusieurs autres, mais quand cet autre provient du lieu imaginaire où le français est perçu comme sans failles – je suis bien consciente de verser dans le stéréotype, mais c'est ainsi que plusieurs Acadiens se l'imaginent – et quand de surcroît ce regard est bienveillant, il se passe quelque chose.

C'était la première fois qu'une Française s'intéressait à l'objet stigmatisé par excellence en Acadie, le chiac. Elle a soutenu sa thèse en 1995. Lorsqu'elle est venue donner une conférence publique intitulée *Le chiac est-il une langue ?* en janvier 1996 à l'Université de Moncton, l'amphithéâtre était bondé ; des sièges supplémentaires ont dû être placés dans les allées et des personnes ont dû se contenter d'écouter la conférencière dans les couloirs. De plus, des journalistes, mis au courant de la présentation, ont assisté à la conférence et se sont précipités pour interviewer la conférencière après la période de questions. Ce qui intéressait visiblement les gens, c'était que cet objet honni, le chiac, était décrit par une Française. Inutile de dire que jamais une thèse n'avait suscité autant d'intérêt. C'est dire les passions qui sont suscitées par le chiac ! Honni ou admis comme variété, il ne laisse personne indifférent.

Le corpus de Marie-Eve Perrot, élaboré en fonction d'un objectif de description linguistique, s'est aussi avéré extrêmement intéressant pour des analyses de discours métalinguistiques spontanés, non expressément sollicités. Ce corpus a permis de vérifier l'extrême prégnance des discours sur la langue en milieu minoritaire, même chez les adolescents en situation relativement informelle et entre pairs (Perrot 2001) et c'est à partir des discours sur la langue que nous allons commencer à travailler ensemble, collaboration qui dure toujours.

Presqu'en même temps, en 1995, le poète Gérald Leblanc publie un recueil de poèmes intitulé *Éloge du chiac*, plaidoyer pour l'acceptation des différences culturelles et linguistiques. Il écrira un poème après avoir entendu la conférence de Marie-Eve Perrot (Leblanc 1999 : 24) dont voici un extrait :

> sur le campus à midi
> j'écoute une professeure de France
> parler du chiac intelligemment
> un discours savant
> sur notre singularité
> nos inventions langagières
> la way qu'on parle

Au milieu des années 1990 donc, différents événements ont fait que la langue était analysée sous un autre jour. C'est au milieu de tous ces événements que j'ai rencontré une deuxième fois Françoise Gadet revenue à Moncton donner des conférences.

La rencontre avec la sociolinguiste française a été décisive. Lors de sa deuxième visite, nous avons bien discuté. Je l'avais rencontrée l'année précédente, et fort impressionnée, j'avais peu parlé, fidèle à mes habitudes, me contentant de lire soigneusement plusieurs de ses livres et de ses textes et de m'imprégner de cette vision du français ordinaire que je vivais sur le mode de la libération : libération de la pensée, de la langue, d'une parole qui ne demande qu'à se dire. Je ressentais une affinité de pensée et une sympathie à son égard. Elle m'incita alors fortement à écrire une thèse, projet que j'avais mis sur les tablettes, et elle m'encouragea à prendre comme « objet » les enquêtes sur lesquelles je travaillais à l'époque avec Lise Dubois tout en mettant l'accent sur les représentations des adolescents. Françoise Gadet s'intéressait aux pratiques langagières dans la francophonie, moi je m'intéressais plus particulièrement à l'insécurité linguistique résultant des représentations – sujet qui *a posteriori* me paraît fortement lié à des motivations que je ne pouvais alors identifier clairement – et donc nos intérêts étaient complémentaires. Elle me proposa de travailler sous sa direction.

Ma première réaction a été de penser qu'elle avait été polie ; mais le lendemain, elle m'a redemandé si j'avais considéré sa proposition. J'étais à la fois honorée et paniquée ! Comment la jeune fille élevée dans un milieu social dévalorisé et dont le français a été stigmatisé de tout temps pouvait-elle penser écrire une thèse à partir d'une université parisienne et de surcroît en linguistique, en fait travailler sur le matériau même qui l'avait constituée comme personne minoritaire en manque de légitimité pendant toute sa vie ? N'ayant rien à perdre, j'ai accepté. J'ai accepté d'autant que mon père venait de mourir, que ma mère était à l'agonie et que j'en avais discuté avec elle avant sa mort. Faire un travail comme celui que me proposait Françoise Gadet, c'était une façon de venger la honte et l'humiliation qu'avaient subies ceux qui n'avaient pas pu s'exprimer avec les mots qu'il fallait dans certaines situations et qui avaient dû se résigner au silence. Pas tant parce qu'ils ne possédaient pas ces mots, mais surtout parce qu'ils pensaient ne pas les avoir. La phrase suivante de Bourdieu, que je ne cesse de citer, illustre magistralement cette violence symbolique exercée par les tenants de la langue légitime qui veulent faire sentir aux dominés leur infériorité sur le plan linguistique. C'est en étant conscients d'une norme légitime dont ils se sentent dépossédés que les dominés sont les plus susceptibles de

« buter » sur leurs performances linguistiques, et, ce, indépendamment de leurs compétences linguistiques réelles :

> Mais elle [la violence symbolique] n'est jamais aussi manifeste que dans toutes les corrections, ponctuelles ou durables, auxquelles les dominés, par un effort désespéré vers la correction, soumettent, consciemment ou inconsciemment, les aspects stigmatisés de leur prononciation, de leur lexique (avec toutes les formes d'euphémisme) et de leur syntaxe ; ou dans leur désarroi qui leur fait « perdre tous leurs moyens », les rendant incapables de « trouver leurs mots », comme s'ils étaient soudain dépossédés de leur propre langue. (Bourdieu 1982 : 38)

C'est ainsi que j'entrepris la rédaction d'une thèse que je devais soutenir moins de trois ans plus tard.

Si je raconte ces événements, c'est bien pour dire que je n'étais pas simple spectatrice dans le « savoir » que j'ai pu construire, que j'étais tout autant ébahie de mes « découvertes » que les participants aux enquêtes, que j'étais inscrite « en dedans » de ces démarches tout en étant parfois du « dehors », une démarche engagée et dont je prenais conscience lentement. Je me reconnais tout à fait dans cette phrase de Tzvetan Todorov tirée de *Devoirs et délices* :

> On ne progresse pas vraiment dans la connaissance de l'humain sans s'y impliquer en profondeur, avec tout son être. Autrement on risque de produire, dans le meilleur des cas, une variation sur ce qui existe déjà, en y ajoutant de nouvelles informations, ou une prestation plus brillante. J'aime citer une formule de Simone Weil à laquelle j'adhère : *L'acquisition des connaissances fait approcher de la vérité quand il s'agit de la connaissance de ce qu'on aime, et en aucun autre cas.* [...] La pensée est un combat contre ses propres habitudes mentales ; leur transformation change l'identité même de notre être (Todorov 2002 : 179 ; en italique dans le texte).

Dans *Homo Academicus*, Bourdieu traite de la difficulté d'objectiver les faits et en même temps des périls liés à cette objectivation qui fait d'un savoir savant le savoir expert qui regarde « son objet » avec distance et avec complaisance. J'ai essayé d'éviter ces deux pièges, ce qui m'amène au prochain chapitre sur le positionnement du chercheur.

POSITIONNEMENT DU CHERCHEUR ET CONSTRUCTION DU SAVOIR EN MILIEU MINORITAIRE

> [La problématisation], c'est l'attachement au principe que l'homme est un être pensant, jusque dans ses pratiques les plus muettes, et que la pensée, ce n'est pas ce qui nous fait croire à ce que nous pensons ni admettre ce que nous faisons ; mais ce qui nous fait problématiser même ce que nous sommes nous-mêmes.
> DREYFUS et RABINOW, *Michel Foucault : Un parcours philosophique.*

> De la naissance à la mort, de la mort à la naissance, nous ne cessons, par le souvenir, par le rêve, d'aller comme l'un vers l'autre, à notre propre rencontre, alors que croît entre nous la distance.
> Gabrielle ROY, *La Détresse et l'enchantement.*

LE POSITIONNEMENT DU SOCIOLINGUISTE

OU COMMENT « TRAVAILLER LE TERRAIN[1] » DU DEDANS ET DU DEHORS

« La recherche n'est jamais neutre », nous rappelle Monica Heller (2002 : 21) et « nous acceptons tout savoir, y inclus celui produit par la recherche, comme foncièrement subjectif, partiel, et socialement

1 C'est le livre *Working the Field, Accounts from French Louisiana* (Henry et Le Menestrel 2003) qui a inspiré cette expression.

situé et intéressé » (*ibid.* : 23). Elle rajoute : « ma tâche est de décider qu'est-ce qui comptera comme données et pourquoi, de saisir les limites des arguments que je formule, et de rendre tout cela explicite » (*ibid.* : 24). Le chercheur est responsable du savoir qu'il construit, d'autant plus que la production du savoir constitue une forme d'action, et pas n'importe laquelle, mais une action qui structure le social : « *The production of knowledge is action, just as it determines future action* » (Duchêne 2008 : 26). À la suite de Michel Foucault, Alexandre Duchêne réaffirme le lien entre pouvoir et savoir : « *No knowledge can occur without power. Knowledge is the result of power, and power is omnipresent, thus undercutting the idea that power issues are only situated in the sphere of politics* » (*ibid.* : 25). Abondant dans le même sens, Adèle Petitleclerc précise :

> Pour le CDA [Critical Discourse Analysis], le discours n'est pas seulement idéologique, il est également un des lieux privilégiés du pouvoir et un moyen de reproduction des inégalités. Partant de ce constat, la CDA, en tant que science *critique*, se dote d'une visée *émancipatrice* et *militante* dans la continuité de la CL [Critical linguistics] : l'analyse du discours doit permettre la démystification des aspects idéologiques du discours, non transparents, en les révélant au plus grand nombre et ainsi conduire à la transformation des pratiques discursives (Petitleclerc 2012 : 70 ; c'est l'auteure qui souligne).

Cette approche qui tient compte de la posture du chercheur est particulièrement prégnante en sociolinguistique critique. Josiane Boutet et Monica Heller (2007) expliquent que cette sociolinguistique « met au centre de ses préoccupations non pas la langue comme système », mais « les pratiques sociales pour ce qu'elles peuvent nous dire sur les manières dont les locuteurs construisent le sens dans le cadre de la construction des rapports de pouvoir », et que « toute interaction se place dans une toile d'interactions liées dans le temps et dans l'espace par les trajectoires des participants » (Boutet et Heller 2007 : 312). Le chercheur est donc imbriqué dans ces histoires avec lesquelles il doit construire du sens, et son propre parcours est à prendre en compte dans l'analyse des données, autant que faire se peut. Le chercheur détient un certain pouvoir par son savoir et doit être conscient de la portée de ses recherches, même s'il ne peut pas contrôler les interprétations qu'en feront les autres – scientifiques, grand public, médias.

Philippe Blanchet (2012 [2000]) souligne que « la plupart des sociolinguistes travaillent sur des situations qu'ils vivent ou côtoient personnellement et la plupart des spécialistes des minorités linguistiques en sont issus ou y sont profondément intégrés, et pour cause ! » (*ibid.* : 47). L'auteur revient aussi sur le fait que l'observation participante va presque de soi : « dans un champ de recherche comme le nôtre, portant sur des pratiques linguistiques diglossiques souvent "tabou" et prises, avec les locuteurs, dans des enjeux psycho-sociaux lourds, on comprendra que l'observation participante y occupe une place élevée » (*ibid.* 47). Si cela est vrai partout, cela est encore plus vrai dans les milieux minoritaires où la langue est le bastion de l'identité et où le français est considéré comme un bien collectif.

En Acadie, toutes les questions qui touchent à la langue intéressent grandement les médias, et ce, tant au niveau national qu'au niveau régional. Les linguistes et surtout les sociolinguistes sont constamment sollicités pour intervenir sur les sujets touchant à la langue, qu'il s'agisse de la langue de l'affichage commercial, du français enseigné dans les écoles, du vouvoiement ou du vernaculaire et de sa place dans la sphère publique ; ils sont également interpellés lors des polémiques culturelles entourant la langue des artistes acadiens, débat qui revient régulièrement, comme en 2012 (*cf.* chapitre p. 252 *sqq.*). La plupart du temps, ces linguistes sont interviewés dans des émissions radio où la cote d'écoute est élevée ou encore au téléjournal qui dessert les provinces atlantiques, émission qui jouit également d'une grande cote d'écoute – et il en est de même en Louisiane par exemple (Henry et Le Menestrel : 2009). Cette *grande* présence médiatique des linguistes est propre aux milieux exigus où la langue sur laquelle s'est construite la collectivité est considérée comme le cœur de la communauté, langue qui est présentée comme en danger ou menacée d'assimilation. Une question qui se pose est de savoir si un chercheur « natif[1] » peut produire un savoir qui soit valable et exempt d'une trop grande subjectivité. Le sujet a été souvent débattu en anthropologie, comme l'ont souligné Jacques Henry et Sara Le Menestrel (2009 : xxi-xxv).

1 J'entends ici par chercheur natif celui qui est originaire de l'endroit où il travaille. Il peut avoir été longtemps absent – pour le travail, les études ou pour toute autre raison – mais pour les gens de la région, il est toujours « quelqu'un de la place ». En revanche, une personne qui a longtemps travaillé dans un milieu mais qui est née ailleurs sera souvent considérée comme étrangère, comme l'a montré Régine Robin (2011).

Le chercheur « natif » possède une connaissance du milieu qui procède d'un long processus de socialisation, ce qui fait qu'il peut « saisir » le non-dit, l'implicite, les dessous des propos énoncés qui pourraient échapper à des personnes non familières de l'endroit ; d'un autre côté, il y a danger d'une trop grande identification avec les personnes, ce qui lui enlèverait cette distance nécessaire que les anthropologues appellent « a distanced gaze » : « *Empathy is essential to communicate with the people studied, but it must remain as a part or a process of understanding, not of identification* » (*ibid.* : xxii). Ils proposent alors de reconnaître la multiplicité des identités, « a mutiplex identity », et d'être à la fois de l'extérieur (dans la mesure du possible) et de l'intérieur (quand il est nécessaire de témoigner de la connivence ou de montrer une connaissance en profondeur de la situation étudiée), posture que j'ai essayé de mettre en pratique, même si je reste foncièrement *du dedans* étant donné que j'assume mon rôle de chercheur engagé dans la communauté.

Cela étant, je m'inscris dans un processus conditionné par la situation, dans une alternance qui fluctue selon les circonstances et selon les enjeux – le chercheur peut être perçu du dedans ou du dehors par différentes personnes à différents moments, perceptions qu'il endosse ou non pour diverses raisons. Parfois mon statut de chercheur du dedans peut être instrumentalisé : *elle est Acadienne ; elle va dire comme nous*, ou au contraire, *comment une Acadienne peut-elle prendre telle ou telle position dans telle ou telle situation* ? Parfois, c'est mon statut du dehors qui le sera, comme lorsqu'on considère que je devrais condamner les emprunts. Le chercheur de l'extérieur est confronté dans une moindre mesure au même dilemme. Quand vaut-il mieux pour lui de dire qu'il fait partie de la communauté ? Quand et pourquoi veut-il ou peut-il user de son statut du dehors pour se distancer de certains propos ou éviter de prendre position (*cette question doit être réglée par les Acadiens ; je ne me prononce pas*) ? Quand va-t-il user du pouvoir que lui confère son statut du dehors pour discuter de sujets « tabous », comme l'usage des anglicismes par exemple ? Les prises de position sur ces sujets seront évaluées différemment selon qu'elles proviennent d'un chercheur francophone européen, par exemple, ou d'une personne issue du milieu.

Même dans les interactions banales, j'oscille dans ma posture du dedans et du dehors. Si je dis « bye » ou « salut » en quittant quelqu'un, je me situe en dedans. Si je dis « au revoir », je marque clairement une distance et me situe à l'extérieur. Idem pour « bonjour », locution qui me situe à l'extérieur, alors qu'« allô » me situe à l'intérieur. Jamais mes amis de longue date de « l'intérieur » ne vont m'écrire un courriel en me disant : « Bonjour Annette » ; ils diront *Allô* ou *Salut*, jamais « Bonjour ». Par ailleurs, je suis aussi consciente de l'effet que je peux provoquer en disant « au revoir », formule marquée d'un profit de distinction en Acadie : « Elle vient de l'extérieur ; c'est une vraie francophone ; elle est éduquée ». La question du positionnement est donc à examiner dans son mouvement, une fluidité qui dépend des situations, des enjeux, des intérêts des uns et des autres et d'une certaine nécessité : nécessité d'appartenir – ou au contraire nécessité de prendre ses distances – avec toute la gamme des positions entre les deux.

Comme l'a bien dit Milan Kundera dans *Les testaments trahis*, les petites nations n'ont pas le bonheur d'avoir été là ; elles ont du mal à se faire reconnaître – *leur existence est question* – et pour cette raison, elles sont souvent assujetties au pouvoir des Grands qui les confinent dans une position de subalternes. Dans un article intitulé *Essai sur les figures de l'intellectuel et du savant en milieu minoritaire* paru en 2013, Mourad Ali-Khodja soutient que les auteurs de différentes disciplines en Acadie « s'épargnent de *penser*, laissant à d'autres le soin de penser pour nous, car, suppose-t-on à tort, c'est seulement à l'ombre des grandes Traditions intellectuelles que nos savoirs peuvent trouver leurs justifications, et nos communautés intellectuelles, leur autorité et leur légitimité » (Ali-Khodja, 2013 : 45). Il ajoute qu'une « telle impasse ne fait qu'évacuer l'historicité de nos savoirs, leur spécificité, leur originalité, les difficultés extrêmes dans lesquelles ils ont émergé » (*ibid.* : 45). Le rapport de sujétion à tout ce qui vient de l'extérieur est en effet très présent en Acadie. Mourad Ali-Khodja écrit dans un autre article que l'Acadie est souvent pensée comme « un espace hors de l'histoire, *en retard*, et toujours rapporté à ses propres manques » (Ali-Khodja 2007 : 205). Dans le même esprit, Jan Blommaert (2010) affirme que le chercheur qui travaille sur les normes de groupes situés à la périphérie s'apercevra que ces normes sont souvent considérées comme déviantes, marginales et peu étudiées justement parce que considérées comme dans les marges et offrant peu d'intérêt scientifique :

> *This is a classic problem of hegemony in social science : emphasis on a limited number of categories and notions make other categories and notions invisible, even if they might be crucial for an accurate understanding of the very social processes of exclusion and*

> *erasure that make them invisible* (*cf.* Irvine and Gal 2000). *Investigating deviation is therefore (in an echo of Foucault) an investigation of power* (Blommaert 2010 : 81).

Cette propension à laisser à d'autres le soin de penser à notre place est reliée, me semble-t-il, à cet habitus collectif fortement ancré qui fait que les très petites cultures[1] ont du mal à s'imaginer pouvoir produire du savoir (théorique) et encore plus du savoir qui pourrait sortir du milieu. Je ne pense pas ici à la théorisation stérile et uniquement cérébrale qui n'aurait aucun intérêt, mais plutôt à une théorisation qui proviendrait des expériences empiriques, empiriques pouvant ici tout aussi bien signifier des expériences concrètes que des expériences existentielles, mais qui peuvent s'élargir aux minoritaires partout dans la francophonie[2].

C'est dans cet espace marqué par le manque où le français est très stigmatisé qu'une personne francophone venant de l'extérieur va jouir d'une légitimité immédiate dans le milieu professionnel ou le milieu universitaire. L'inverse est tout aussi vrai pour la personne du milieu qui prend un accent différent et qui est taxée de « parler en grandeur » et qui peut être perçue comme suspecte ou peu digne de confiance (Bourdieu 1982 ; Labov 1976). Les expériences suivantes serviront à illustrer ces deux cas types et me permettront d'enchaîner sur le statut de chercheur en milieu minoritaire.

---

1 Pour François Paré, littéraire québécois vivant en Ontario, et auteur des *Littératures de l'exiguïté*, publié en 1992, l'exiguïté caractérise quatre formes de littérature : « les littératures minoritaires, les littératures coloniales, les littératures insulaires et les *petites* littératures nationales » (Paré [2001] 1992 : 26 ; c'est l'auteur qui met *petites* en italiques). Il classe les littératures acadienne et québécoise dans le premier groupe. Il définit les petites littératures comme « s'étant exténuées dans le morcellement et la diversité ». Il ajoute : « Cette diversité, vécue comme un effritement de leur être dans la Littérature, est d'ailleurs devenue très vite, au sein des discours du savoir, une de leurs conditions d'existence » (*ibid.* : 25), et « le symbole de leur refus de disparaître » (*ibid.* : 26). Il sera question des littératures minoritaires au chapitre sur les productions culturelles en Acadie.

2 Luc Lacourcière, ethnologue québécois, dans une émission rediffusée le 28 juillet 2013 au réseau national de Radio-Canada, regrettait que les Québécois aient pensé que leur histoire était moins importante que celle d'autres nations occidentales. Ce regard de subalterne sur soi était lié selon lui au fait que les Canadiens français s'étaient fait dire toute leur vie : « on est né pour un petit pain », phrase que j'ai entendue à maintes reprises dans mon enfance et qui signifie que les grandes réalisations, c'est pour les autres.

TU FAIS PARTIE DE « NOUS » QUAND TU PARLES DE MÊME ?

Il y a une dizaine d'années, alors que j'enseignais un séminaire de 2e et 3e cycles sur l'insécurité linguistique à l'Université de Moncton, une étudiante acadienne originaire du nord-est du Nouveau-Brunswick, région très majoritairement francophone et qui avait enseigné dans les écoles de cette région, a raconté qu'une petite recherche avait été réalisée dans la Péninsule acadienne portant sur les représentations des Acadiens à l'égard des pratiques linguistiques de groupes différents. On aurait demandé à une Française de lire un texte où l'on avait intentionnellement inséré des fautes de grammaire et de syntaxe, puis on aurait fait lire le même texte, mais sans faute, par une Acadienne. La personne chargée de l'enquête a alors demandé à des étudiants de 18 ans d'évaluer les compétences linguistiques des deux personnes. Dans 100 % des réponses, c'est la Française qui a été indiquée comme celle n'ayant fait aucune faute de français. Cette expérience en dit long sur le prestige rattaché à l'accent valorisé – parce que c'est l'accent que l'on entend ici – et sur le fait que la personne de l'extérieur (et encore davantage la Française) jouit d'emblée d'un préjugé favorable ; sa légitimité est acquise, peu importe sa compétence.

Le second exemple est relié au travail de l'une de mes étudiantes qui suivait un cours de sociolinguistique de 3e année à l'Université. L'étudiante, originaire d'un village du sud-est, ayant comme langue sociomaternelle le chiac, s'est très vite intéressée à l'expérience de Martha's Vineyard (Labov 1976) et à celles décrites par Lesley Milroy (1987) et James Milroy (1992)[1] sur les contraintes linguistiques exercées dans les communautés à liens serrés ; elle a voulu réaliser une petite enquête sur le sujet dans un autre village éloigné du sien, mais où elle connaissait plusieurs personnes pour avoir travaillé avec elles l'été précédent. Elle se destinait à l'enseignement du français et s'interrogeait beaucoup sur les différentes normes sociales, sur les usages prisés dans la francophonie et sur la perception qu'en avaient les gens dans les petits milieux qu'elle connaissait où, selon elle, il était très difficile de faire admettre l'utilité

1 Elle s'était inspirée du chapitre « Social Change and Speaker Innovation » dans *Language Variation and Social Change* et *Linguistic Change* sur la force des liens communautaires dans le maintien de formes stigmatisées par les autorités, mais qui revêtent un sens tout autre pour les locuteurs (Milroy 1992).

de formes standard du français – les personnes extérieures au milieu pouvaient en faire usage, mais surtout pas les gens du milieu. Elle s'était concentrée pour son enquête sur une variable du français populaire : le [e] qui apparaît dans certains substantifs où l'on aurait [è] selon la norme du standard, comme dans mon *fr[é]re*, mon *p[é]re*, ma *m[é]re*, marqueur identitaire très puissant. L'étudiante s'en va donc dans le village choisi et se met à discuter avec ses anciennes collègues de travail. Elle fait exprès d'insérer le [é] dans la conversation qui se déroule comme suit : dans un premier temps, après une dizaine de minutes, elle parle de « son père » – elle se rend immédiatement compte d'un malaise. Dix minutes plus tard, elle réutilise le trait choisi dans un autre contexte et elle ressent un silence inconfortable et lourd ; la troisième fois, elle se fait remettre à l'ordre : « parle comme du monde ! »

Trois semaines plus tard, elle a exposé le résultat de sa recherche en classe et elle en a été très émue. Elle se sentait prise dans un étau. En effet, comment pouvait-elle penser enseigner dans les écoles de la région si on la considérait comme une « étrangère » dès qu'elle traversait la frontière linguistique et s'autorisait à faire usage de pratiques plus standardisées, pratiques considérées légitimes sur le marché plus officiel des langues (l'école), mais illégitimes pour une personne du milieu. Il y a ici transgression des normes dans le sens inverse et le prix émotif à payer est très lourd. L'étudiante a bien montré que la loi de formation des prix sur les marchés francs (ou les marchés populaires) est tout aussi importante, voire implacable, que sur les marchés officiels des langues. Son désarroi a été partagé par les étudiants de la région. Elle a bien illustré les propos de James Milroy, à savoir que les sanctions imposées aux membres d'une collectivité qui ne suivent pas les pratiques linguistiques « autorisées » dans la communauté sont aussi fortes que celles que les dominants peuvent faire sentir aux dominés en situation d'échange formel dans les situations décrites par Pierre Bourdieu :

> *We have argued that the use of the vernacular cannot be seen simply as a relaxation of tension, a temporary absence of domination of the standard, as Bourdieu posits. Indeed much of the argumentation of this book has suggested that standard languages are not "normal" states of affairs, and that variability is normal and primary. A major reason for rejecting Bourdieu's assumptions about the standard is that much sociolinguistic work (including our own) has shown that, just as there is strong institutional pressure in formal situations to use varieties approximating to the standard,*

so also effective sanctions are in force to promote "vernacular" use in non-standard domains (Milroy 1992 : 210.)

Karin Flikeid, qui a surtout étudié le parler acadien de la Nouvelle-Écosse, a trouvé cette même attitude du rejet d'un français autre que celui de la communauté dans l'ensemble de la population qu'elle a observée :

> On assiste dans ces communautés au maintien de formes disparues ailleurs, maintien renforcé par la pression des normes vernaculaires fortement ressenties dans un milieu empreint de cohésion et de solidarité interne. (Comme l'exprime une informatrice du corpus de la Nouvelle-Écosse : « **si t'essayes à parler le bon français le monde va croire que tu t'en fais, là : quoi-ce qu'al essaye à *prover?*** tu sais ») (Flikeid 1994 : 293 ; c'est moi qui souligne.)

Ce genre d'expérience a été décrit par différents auteurs dans différents lieux et de différents points de vue : par Pierre Bourdieu qui retourne dans le Béarn (2004 : 82-83), expérience qu'il décrit aussi dans le documentaire produit sur lui en 2001, *La sociologie est un sport de combat* ; par Tzvetan Todorov qui dans *L'homme dépaysé* (1996) décrit son retour en Bulgarie où l'attendent des compatriotes qui cherchent la personne d'antan alors qu'il n'est plus le même ; par Didier Éribon dans *Retour à Reims* (2009) et surtout par Annie Ernaux dans *La place* (1983) où elle montre tout le poids « identitaire » rattaché à une certaine façon de parler : « tout ce qui touche au langage est dans mon souvenir motif de rancœur et de chicanes douloureuses, bien plus que l'argent » (p. 64). Tout le roman d'Ernaux – comme l'essai d'Éribon – traite des liens entre pratiques sociales (qui comprennent les pratiques langagières) et milieu populaire.

Il est ici possible de transposer les expériences racontées en milieu populaire au cadre des milieux minoritaires que je suis en train de décrire. En effet, lorsqu'Annie Ernaux évoque l'enfance de son père et qu'elle dit « Quand je lis Proust ou Mauriac, je ne crois pas qu'ils évoquent le temps où mon père était enfant. Son cadre à lui, c'était le Moyen-Âge » (*ibid.* : 29), renvoyant à la distance de classe entre sa famille et les familles bourgeoises françaises, elle me rappelle un peintre acadien qui utilisait l'image suivante pour marquer la différence sociale et historique entre la société française et la société acadienne : « Pendant que Picasso peignait les Demoiselles d'Avignon, mon père plantait des pommiers à Memramcook ». Mais revenons à la posture du chercheur et à la construction du savoir en milieu minoritaire.

CONSTRUCTION DU SAVOIR EN MILIEU MINORITAIRE : CHERCHEUR ET ENGAGEMENT

Je l'ai dit, le chercheur est responsable du savoir qu'il construit et indirectement de l'image qu'il projette du milieu tout autant que des généralisations qui ressortent de ses recherches. Or cela est particulièrement vrai pour le chercheur issu du « milieu », puisque ses recherches (ou du moins les aspects les plus tangibles de celles-ci) vont immédiatement créer des expectatives. Comme *savoir* et *pouvoir* sont interreliés et que les acteurs sociaux (les agents[1]) des milieux minoritaires en sont conscients, de grands espoirs sont fondés sur les recherches effectuées *dans* et *sur* le milieu. Cette tension est particulièrement forte pour les chercheurs en sciences humaines et sociales de l'Université de Moncton. En effet, s'ils travaillent sur des questions politiques et sociales « de la région » ou « de la place » – et les questions linguistiques sont souvent au cœur de celles-ci –, les gens de la collectivité s'attendent à voir les résultats de la recherche rapidement et, surtout, s'attendent à ce que ces recherches « changent » les choses. Il peut exister une dissymétrie entre les objectifs de recherche et les résultats tangibles espérés.

La responsabilité du chercheur linguiste est donc énorme : il travaille à déconstruire les idées reçues sur la langue et les idéologies qui les construisent et, en même temps, il doit répondre constamment à la demande sociale qu'il a contribué à construire. Les chercheurs produisent donc un *discours d'autorité* sur la langue, et ce que j'aimerais interroger brièvement, c'est la légitimité du discours construit en milieu minoritaire et la légitimité du chercheur linguiste issu de ce milieu pour les raisons que je crois avoir expliquées. Je commencerai par traiter de deux aspects de la situation qui n'ont pas du tout la même réception dans le milieu.

Les questions reliées au statut des langues et au bilinguisme sont au cœur de tous les débats au Québec et en Acadie depuis le milieu du 19e siècle. Comment vivre avec les anglophones sans être assimilé ? C'est la question de fond qui traverse toutes les discussions, question qui a

1 Laura Ahearn définit l'« agency » comme une volonté d'agir sur le monde qui prend différentes formes selon les groupes sociaux tout en étant socialement « déterminée » ; l'individu n'agit pas de façon complètement libre (Ahearn 2000 : 12-13).

favorisé l'implantation de la *Loi sur les langues officielles* au Canada en 1969 et au Nouveau-Brunswick la même année, question qui a permis que l'on reconnaisse l'existence des deux « communautés » officielles de langue, question qui a justifié la mise en place d'écoles autonomes en langue française au Nouveau-Brunswick, en Nouvelle-Écosse et à l'Île-du-Prince-Édouard. En Acadie, les études linguistiques qui portent sur le bilinguisme individuel et social intéressent la collectivité dans son ensemble. Il est facile d'avoir accès aux médias ; en effet, les journalistes francophones, très militants eux aussi, sont aux aguets et prêts à couvrir la question linguistique sous tous les angles. Il existe une sorte de connivence tacite entre le milieu journalistique, celui des intellectuels et celui des organismes et institutions francophones pour revendiquer les droits des francophones. Il est relativement facile d'obtenir un consensus sur les rapports de domination d'un groupe par rapport à l'autre[1]. Mais sur les rapports de domination dans le même groupe, c'est une autre histoire.

En effet, la question des idéologies linguistiques est plus difficile à traiter que celle reliée au statut du français, et ce paradoxe tient à plusieurs raisons. La langue française est le socle sur lequel s'est construite l'identité acadienne. Elle est en quelque sorte vénérée, considérée comme une religion – comme c'est le cas ailleurs –, d'autant plus que la religion catholique ne joue plus le rôle fédérateur qu'elle a joué jusque dans les années 1960. Les débats sur la qualité du français ont lieu de façon récurrente ; on revient toujours sur la piètre qualité du français, sur le niveau qui baisse, sur l'assimilation imminente des francophones. L'exemple suivant me paraît aller dans ce sens.

Depuis 1994, des Congrès mondiaux acadiens sont organisés aux cinq ans[2], et comprennent des événements (spectacles, conférences, débats, réunions de familles) qui se déroulent pendant une quinzaine

1 Je parle ici de façon générale. Lorsque des conflits éclatent, il n'est pas rare que des francophones se rangent du côté des anglophones en prétextant qu'il n'existe aucun problème, qu'eux sont bilingues et qu'ils peuvent parler anglais. Ils pensent que la revendication de droits n'est pas nécessaire et va engendrer un climat difficile.

2 Le Congrès de 2014, appelé *L'Acadie des terres et des forêts*, rappelle que l'Acadie n'est pas réduite à la mer, le thème maritime étant omniprésent pour symboliser l'Acadie. Ce dernier Congrès a réuni trois régions – celle du Nord-Ouest du Nouveau-Brunswick, celle du Témiscouata au Québec et le Nord de l'État du Maine aux États-Unis, régions limitrophes où habitent des francophones ayant des racines acadiennes. Les Congrès sont des événements à plusieurs volets, dans lesquels les réunions de familles occupent une

de jours. En 2014, tout comme dans les Congrès précédents, le statut du français et sa qualité ont fait partie des interventions de spécialistes (sociologues, politologues et linguistes). Le 15 août 2014 (jour de la fête nationale des Acadiens), une Acadienne et un Québécois participant au Congrès sont invités à une émission de *Radio-Canada Première* de grande écoute, *Médium large*[1], diffusée quotidiennement à travers le pays et qui, chaque vendredi, consacre une période au *lavage de la semaine*, où les invités doivent choisir une tache qui, pour être nettoyée, doit passer au lavage. L'Acadienne, directrice du collège communautaire du Nouveau-Brunswick – campus d'Edmundston et sociologue de formation, critique d'abord la position du Canada en matière de politique internationale (dans ce cas-ci le conflit Russie-Ukraine), puis comme deuxième tache, elle choisit le personnage d'*Acadieman*, et la chanteuse Lisa LeBlanc[2]. *Acadieman, super héros acadien* est un personnage de bande dessinée, blasé et drôle, qui pratique une forme d'autodérision et qui s'exprime en chiac ; Lisa LeBlanc, chanteuse acadienne qui parle le chiac, connaît un grand succès au Québec et en Acadie depuis 2012. Je reproduis ici un extrait tiré des propos de cette invitée lors de son passage à l'émission :

> C'est avec beaucoup beaucoup de tristesse que je vais mettre [dans la laveuse] ce qu'on appelle ici *Acadieman* que vous connaissez peut-être moins au Québec qui est un personnage de bande dessinée dans la région de Moncton en particulier et qui parle le nouveau chiac qu'ils appellent qui est un franglais souvent plus anglais que français et je suis obligée d'associer à *Acadieman*, bien que de nature très différente, Lisa LeBlanc que j'adore comme personne, que je veux aimer [...]. Dans un contexte où le français est toujours fragile sans parler de d'autres enjeux de développement, Lisa LeBlanc, je pense qu'elle a un potentiel absolument extraordinaire, et j'ai le sentiment que plus elle avance dans sa carrière, plus elle sent le besoin d'inclure toutes sortes d'anglais, [....] et ça me met terriblement mal à l'aise [...] ; quand elle chante en français, y a beaucoup beaucoup d'anglais il y a presque autant d'anglais que de français et ça, ça envoie des messages dans le contexte comme le nôtre, et j'inclurais l'Amérique du Nord et ça vaut aussi pour le Québec [...], et donc ça me dérange beaucoup parce que c'est une personne extrêmement intéressante qui a un potentiel d'impact sur l'Acadie qui est très très grand.

---

place privilégiée, c'est-à-dire que les familles aux mêmes patronymes se rencontrent pour célébrer leur survivance (en référence à la Déportation).

1 ici.radio-canada.ca/emissions/medium_large/2014-2015/chronique.asp?idchronique=346324 (consulté le 17 août 2014).

2 Au dernier chapitre, je reviens sur les réactions suscitées, tant en Acadie qu'ailleurs, par des personnes qui font usage du chiac et qui se produisent à l'extérieur de l'Acadie.

Elle ajoute que « le chiac acadien est absolument savoureux, mais quand le nouveau chiac devient le franglais avec l'accent acadien, là, ça devient problématique ». Lorsque l'animatrice lui demande si elle est choquée du fait que Lisa LeBlanc chante également en anglais, elle répond qu'elle n'a « aucun problème avec ça », que c'est le mélange qui la dérange.

Trois éléments ressortent de ces propos. D'abord, le discours puriste semble exacerbé lors d'événements politiques nationaux, surtout lorsque les « autres » francophones sont présents, lorsque des images de soi sont projetées à l'extérieur et que des enjeux de reconnaissance (en tant que francophones) leur sont liés. Au Canada, comme ailleurs, où la chasse aux anglicismes est l'objet de polémiques permanentes et où le mélange est particulièrement stigmatisé – surtout le mélange qui s'entend[1] – la crainte de ne pas compter comme francophones ou de ne pas être perçus comme de vrais francophones fait partie de ces enjeux. Ensuite, pour expliquer la variation linguistique, laquelle est pourtant valorisée dans le discours commun souvent désincarné, il faut trouver une cause. La plupart du temps, elle est temporelle (la langue des ancêtres, la Déportation) ou diatopique (l'isolement d'avec les autres francophones) ; mais dans le cas du franglais, il faut trouver autre chose – des boucs émissaires. Pendant longtemps, ce sont les anglophones qui étaient ciblés comme responsables, ou le fait de vivre dans des communautés mixtes, ou encore les francophones eux-mêmes (leur mollesse, leur manque de fierté), mais dans le cas évoqué, ce sont les artistes qui sont désignés. Pas n'importe quels artistes, mais des artistes de plus en plus connus à l'extérieur de l'Acadie et qui rencontrent un certain succès, ce qui tend à confirmer que c'est le jugement de « l'autre » qui soulève des craintes – que va-t-on penser de nous ? Tant que ces derniers se produisent en Acadie et qu'ils ne sont pas connus ailleurs, la question linguistique est rarement soulevée. Finalement, dans l'extrait cité, la prise en compte de la dimension sociale est exclue de la réflexion. Pourtant, Lisa LeBlanc est issue d'un milieu populaire et parle la langue de sa région ; il est vrai qu'elle en retire un certain profit dans le monde du spectacle comme on le verra plus loin, mais la langue qu'elle parle reflète son milieu.

1 Les emprunts à l'anglais ne sont pas intégrés phonétiquement dans les régions minoritaires, ce qui fait qu'ils sont « entendus », alors que dans les régions majoritaires, les emprunts sont intégrés phonétiquement, ce qui peut les rendre beaucoup moins repérables.

Deborah Cameron (2002 [1995]) lie le phénomène de volonté d'action par les individus sur les langues (agentivité) à celui d'« empowerment ». Dans les régions où le français est perçu comme étant « en danger », les agents sociaux se font les défenseurs de la langue, mais la plupart du temps, ils ne tiennent pas compte des conditions sociales de production du langage. Les différences sociales sont en effet effacées et la vision du français monolithique revient en force, malgré que le discours soit parsemé de références à la diversité.

Il est donc malvenu pour le linguiste de déconstruire l'unicité du français et le pouvoir de distinction qui en découle depuis la fin du 18e siècle. Expliquer que des rapports de domination peuvent être exercés par les personnes parlant la même langue est difficilement admis – *les gens n'ont qu'à apprendre le standard* ! L'idéologie du standard est acceptée comme allant de soi ; son analyse est reçue avec méfiance même chez certains linguistes et surtout chez les personnes qui ont acquis un capital linguistique prestigieux, mais qui ont oublié comment ils l'ont acquis. J'ai pu le constater lors des quelques conférences que j'ai données dans des congrès réunissant des collègues d'autres disciplines. Mes propos ont été dans certains cas peu compris ou, si oui, accueillis avec un sourire amusé ou ironique. Quel intérêt sauf pour un nombre restreint d'intellectuels qui pourraient en discuter entre eux[1] ?

Pourtant l'idéologie du standard crée des catégories entre les locuteurs du français – entre ceux qui parlent bien et les autres – et si l'exclusion de ces derniers se fait sentir de façon subtile et non déclarée, elle est tout de même bien présente. Comme l'affirme Kathryn Woolard (1998 : 19), c'est souvent à travers le jugement sur les vernaculaires que se produisent les exclusions, procédé masqué des rapports de pouvoir à l'œuvre. Elle explique que si la discrimination est interdite à l'égard des groupes minoritaires en Amérique du Nord, les Noirs ou les Asiatiques par exemple, elle peut se produire de façon plus subtile par les jugements sur leurs accents ou leurs vernaculaires. Cette question du standard bien ancrée chez les intellectuels m'amène à traiter du linguiste issu du milieu minoritaire.

Jacques Henry et Sara Le Menestrel s'attardent à ces éléments de la proximité du chercheur à son terrain qui sont porteurs d'autant d'avantages que d'inconvénients :

1 C'est le commentaire donné par une personne qui a fait la synthèse d'un colloque pluridisciplinaire à Québec auquel j'ai participé. J'étais la seule linguiste présente.

> *As scholars, we have all become adept at or wary of « the quote » requested or extracted from our work. Similarly, people let us know in person via letters to the editor how they receive our research. The question is even more acute for the insider anthropologist (Cerroni-Long 1995). After all, he or she is also one « of them », remains within the group, and most likely has to deal with social implications and stake of the research. In this case, informants and collaborators, neighbors, relatives, and friends do share their opinions on the work. It can be exhilarating or devastating* (Henry et Le Menestrel 2009 : xxvi).

Lorsque Marc David, lui-même Louisianais qui a travaillé en Louisiane, raconte son histoire sur le terrain, il n'occulte pas la dimension subjective de la participation de tout locuteur « natif » ; au contraire *il en prend acte* (David 2007 : 82), revient sur la dimension réflexive du chercheur – quelles questions poser ? pourquoi celles-là ? quelles en seront les conséquences possibles pour les locuteurs, pour la collectivité ? –, assume sa subjectivité et tient compte de la dimension dialogique de tout travail de terrain :

> *The challenge is to begin to think about how one might objectify these conditions, that is how to make our simultaneous belonging/not-belonging part of what is reflected upon in an ethnographic project, and so work back and forth along the social fissures that we occupy/straddle to produce insight [...]. The task is to render this work as explicit as possible, and to fold its results into the project itself* (David 2009 : 82).

Rendre explicite son propre positionnement : ne pas le masquer dans un semblant d'objectivité. C'est le propre de tout travail ethnographique et cela vaut pour le linguiste qui travaille dans cette perspective. Son savoir sera nourri par les personnes qu'il rencontre sur le terrain, comme ces dernières vont souvent se réapproprier ce savoir dans différents discours – réinterprété suivant la posture des uns et des autres. Le chercheur aura à problématiser son travail dans ce dialogisme constant entretenu avec le terrain. L'une des particularités des milieux minoritaires, c'est que le savoir produit de « l'intérieur » doit souvent être validé par une instance « extérieure » qui peut prendre différentes voix.

Partir du milieu minoritaire pour proposer de nouvelles façons de problématiser à partir du terrain spécifique paraît normal – le terrain est roi pour les linguistes qui travaillent dans une perspective constructiviste et interprétative –, mais la tâche est ici difficile, même si elle paraît tomber sous le sens. Elle est difficile pour des raisons que l'on pourrait qualifier de « colonialisme interne » (Hechter 1999), qui se résument à des croyances voulant que le pouvoir soit extérieur à soi et donc que les recherches du chercheur « indigène » sont soit tenues pour vraies sans remise en question, soit délégitimées d'emblée. En effet, comment un chercheur peut-il être légitime en étant lui-même issu des « marges », là où le savoir n'est pas l'héritage d'une tradition, et ne reçoit pas ou peu de reconnaissance ? Est-ce que le « terrain » étudié est digne d'intérêt ? Comment concevoir ce lieu ? Comme un lieu où circulent les gens et le savoir, mais quand même comme un lieu ancré dans un espace géographique précis ? Est-ce que les problèmes linguistiques des minoritaires d'un lieu à peu près inconnu peuvent susciter l'intérêt, comme le peuvent des centres connus des francophones ? Est-ce que les problématiques conçues dans des milieux acadiens peuvent être transposables à d'autres situations ?

Bien que ce soit d'un autre ordre, il me paraît pertinent de revenir sur les propos de Jean-Baptiste Marcellesi, qui rappelle que la sociolinguistique « de » Rouen a été à ses débuts presque ignorée en partie parce que hors des centres et plus particulièrement hors de « Paris ». Dans la même veine, avec *Perspectives alterlinguistiques*, Didier de Robillard montre que l'histoire des groupes minoritaires est souvent occultée lorsqu'il est question de leurs pratiques linguistiques et que la dimension identitaire l'est tout autant (de Robillard 2008 : 125). Il argumente la nécessité de tenir compte des rapports dominants-dominés dans l'explication des phénomènes, dimension laissée de côté par ce qu'il appelle les « technolinguistes ». Ces derniers décriraient presque toujours les phénomènes à partir de leurs perspectives centristes (*ibid.* : 91, 125), d'où l'assujettissement continu à des conceptions considérées comme universelles.

Une autre question très sensible concerne le chercheur issu lui-même du milieu en déficit de légitimité, et qui ne fait pas partie de ceux « qui parlent bien naturellement », c'est-à-dire que le linguiste du milieu minoritaire doit posséder un capital linguistique qui montre nettement qu'il est « sorti » de son milieu, mais pas trop, parce qu'alors il risque d'être considéré comme traître ou snob ; en même temps, s'il use du vernaculaire de la région dans certaines situations plus ou moins formelles[1], il peut être considéré comme un incompétent. Cet inconfort est

1 Au Canada, les différences de pratiques linguistiques opérées par les locuteurs en situation formelle et informelle de communication existent bien évidemment, mais elles me

vrai pour tous les locuteurs qui, après un séjour ailleurs, ont à justifier leur façon de parler (c'était le cas dans l'expérience de mon étudiante citée plus tôt), mais pour un linguiste, les enjeux me semblent encore plus grands et cela tant au niveau local (où il doit à la fois montrer qu'il connaît de l'intérieur les pratiques linguistiques du milieu et montrer en même temps qu'il a acquis le savoir « expert » après avoir étudié à l'extérieur – la compétence est sanctionnée ailleurs), qu'au niveau international (où c'est un parler jugé légitime qui doit être mis de l'avant). Le chercheur venu d'ailleurs, surtout d'Europe – que ce soit la France, la Belgique ou la Suisse, lieux qui sont d'emblée considérés comme légitimes pour ce qui est du français parlé au Canada –, peut prendre des libertés avec sa langue puisque les profits associés à son insertion dans le « milieu » sont d'un autre ordre ; rien à prouver sur le plan linguistique. Pierre Bourdieu a très bien exprimé ce rapport différent dans l'une des formules dont il est le champion :

> le *consacré* [*condescendant*] choisit délibérément de franchir la ligne : il a le privilège des privilèges, celui qui consiste à prendre des libertés avec son privilège. C'est ainsi qu'en matière d'usage de la langue, les bourgeois et surtout les intellectuels peuvent se permettre des formes d'hypocorrection, de relâchement, qui sont interdites aux petits-bourgeois, condamnés à l'hypercorrection. [...] Celui qui est sûr de son identité culturelle peut jouer avec la règle du jeu culturel, il peut jouer avec le feu, il peut dire qu'il aime Tchaïkovski ou Gershwin, ou même, question de « culot », Aznavour ou les films de série B (Bourdieu 2001 : 184-185).

Si je transpose ces paroles dans le domaine de la linguistique en milieu minoritaire, on peut dire que celles d'un linguiste « légitime » (perçu comme tel principalement parce qu'il provient d'un lieu estimé comme un centre de la francophonie[1]) seront presque immédiatement considérées comme vraies, ce qui n'est pas le cas du chercheur provenant d'un milieu où, justement, la langue est stigmatisée. Ce dernier n'a pas *le privilège des privilèges à prendre des libertés avec son privilège*, et pourrait perdre toute sa légitimité, même fragile, aux yeux de son propre « milieu » s'il se permet

paraissent moins marquées qu'en France. Il n'existe pas de rupture nette entre les deux marchés (F. Mougeon 1999).

1 Cela ne veut pas dire qu'une personne sera reconnue d'emblée parce qu'elle provient d'un lieu consacré comme francophone – je pense à la France par exemple – mais comme je l'ai expliqué dans le premier chapitre, c'est souvent le cas.

de jouer de la langue comme le ferait une personne de l'extérieur. Pour l'Acadien, l'usage de traits stigmatisés, volontaire ou pas, aura toutes les chances d'être perçu comme un acte manqué, comme une faille, comme une preuve d'incompétence. Pour le « consacré » ce sera perçu au mieux comme un acte de connivence, ou au pire, comme un acte de condescendance, mais peu importe, il sera différemment interprété. Pour paraphraser Pierre Bourdieu, il peut dire qu'il aime le chiac sans que sa compétence soit remise en doute une seconde. Sa compétence est instituée et son « autorité » est admise d'emblée. Muni de son capital symbolique et de l'autorité qui y est rattachée, il est *autorisé* à *autoriser* ou le contraire. Il sera entendu.

Par ailleurs, le linguiste, contrairement à ce que l'on pourrait penser, ne parle pas *comme il veut* parce qu'il s'intéresse au fonctionnement du langage. *Il parle comme il peut*, avec l'accent qui est le sien, le vocabulaire qui est le sien et les formes qui sont les siennes, qu'il accompagne du bagage linguistique qu'il a pu acquérir au cours des années. Mais il reste que certains accents surtout et certaines formes seront plus valorisés que d'autres, ceux qui sont socialement reconnues. Comme l'idéologie du français unique reste très présente malgré le discours dominant sur la diversité et l'hétérogénéité du français, il est attendu que « le linguiste francophone » s'exprime d'une certaine façon et proche d'un standard conçu comme à peu près le même pour tous.

Ainsi un linguiste est venu me féliciter à Paris d'avoir donné ma conférence *avec mon accent*, de ne pas avoir cherché à le gommer. J'ai été très étonnée (et un peu vexée) de la remarque puisque la conférence, je l'avais donnée dans le français qui était le mien sans y penser davantage, en pensant m'exprimer dans le *standard acadien*. Devant de telles situations, plusieurs attitudes sont possibles : la stratégie pour sauver la face, traduite dans le métadiscours par *je parle le français ainsi pour telle ou telle raison* ; la stratégie défensive, *mais vous aussi vous avec un accent !* ; une attitude de soumission à la domination qui est celle de s'excuser (intégration de l'idéologie unitaire du français) ; et la dernière, beaucoup plus rare, l'adoption d'une contre-légitimation (*je parle comme je parle ; tough luck !*) qui peut dans certains cas légitimer le chercheur, même si cette stratégie peut au demeurant être périlleuse pour les raisons que je viens d'expliquer. Poser les questions de la domination, c'est également poser celles de la résistance, de la résilience et des façons de réagir aux aléas de l'histoire.

Ces interrogations se résument dans les propos de Didier Éribon qui raconte l'émotion qu'il a eue en lisant un texte de Pierre Bourdieu intitulé *Interventions* :

> Qui parle ? Qui peut parler ? Et qui ne parle pas quand d'autres parlent ? Mais aussi : que diraient ceux qui ne parlent pas s'ils avaient la parole ? La parole des dépossédés, n'est-elle pas très souvent, une parole qui tend à conforter leur dépossession ? Autant de questions et de thèmes complexes qui s'entrecroisent et définissent l'horizon des tâches que doit se fixer une pensée qui se veut critique et émancipatrice (Éribon 2013 : 147).

Cette mise au point sur le positionnement du chercheur m'a semblé nécessaire pour comprendre les défis et les enjeux qui s'imposent pour développer, comme le souhaite Didier Éribon, « une pensée qui se veut critique et émancipatrice ». Je suis bien consciente qu'un chercheur parle d'un « lieu », avec le bagage social qui est le sien, et s'intéresse à des phénomènes particuliers à différents moments de son histoire pour telle ou telle raison ; il importe de les saisir pour mieux comprendre ses propos.

Pour ma part, je me suis surtout intéressée aux discours qui circulent sur la langue, comme on le verra dans les prochains chapitres, discours qui ne sauraient être étudiés sans tenir compte de leurs conditions d'apparition et de croissance, c'est-à-dire en leur rendant leur épaisseur historique et sociale. Cependant, avant d'aborder ces discours, quelques réflexions sur les approches méthodologiques s'imposent.

LE TERRAIN EST ROI, MAIS POUR QUI ?

Quelles méthodes pour quel terrain ?

> Le terme de « linguistique de terrain » fait le plus souvent écho aux travaux des ethnolinguistes, des américanistes ou africanistes ; je crois utile de ne pas le réserver à des pratiques d'enquête et de linguiste liées à des langues peu ou pas décrites, et de l'étendre à toute pratique de linguiste qui prend en compte, méthodologiquement et théoriquement, les situations sociales dans lesquelles sont produits les matériaux de langage soumis à l'analyse.
> Josiane BOUTET, *Construire le sens.*

Philippe Blanchet, dans *Linguistique de terrain*, explique les différentes façons d'aborder les terrains et les diverses approches qui appellent des positionnements et des cadres épistémologiques divers. Ainsi l'approche hypothético-déductive est davantage en vigueur dans les sciences dites dures avec hypothèse préalablement établie et analyse de données présélectionnées pour valider la thèse de départ. La démarche empirico-inductive part du terrain, est rattachée au paradigme compréhensif, tient compte des conditions sociales et historiques des contextes desquels sont tirées les données. Le chercheur les interprète avec les connaissances qu'il a accumulées, mais sans faire l'impasse sur ce qui le constitue en tant que chercheur, d'où l'importance de la réflexivité et de la réflexion sur sa propre posture.

LES ENQUÊTES

J'ai pratiqué plusieurs formes d'enquêtes – enquêtes à partir de questionnaires fermés avec questions orientées, une façon de faire que j'ai remise en question par la suite –, mais surtout des enquêtes à partir d'entretiens souvent jumelées à des enquêtes de type ethnographique. J'ai pratiqué aussi des enquêtes écologiques (*les productions langagières dans des situations sociales ordinaires, dans différentes aires et contextes naturels*)[1] et j'ai réalisé des recherches dans les archives à partir d'articles de journaux pour comprendre comment les discours sur la langue et ses locuteurs s'étaient construits historiquement. Je traiterai de ces différents types d'enquêtes dans les chapitres suivants, mais il me semble nécessaire de m'arrêter aux entretiens et à quelques-unes de leurs facettes, puisque ces derniers ont été au cœur de toutes les enquêtes et que certaines conditions sont nécessaires pour qu'ils soient réussis. Le deuxième point sur lequel je voudrais m'arrêter est la transcription, parce qu'à défaut d'écouter la bande sonore, c'est le texte transcrit qui fait foi de tout et qui peut donner une représentation erronée de la réalité lorsqu'on établit une fausse équivalence entre l'oral transcrit et l'écrit.

ENTRETIENS

Les entretiens ont été réalisés à l'aide de questions semi-ouvertes ou encore d'une trame thématique avec comme objectif de placer le participant au centre de la discussion et de le suivre dans son récit tout en ayant en tête un objectif de recherche précis. Sur la quatrième de couverture de l'ouvrage de Jean-Claude Kaufmann (2004) intitulé *L'entretien compréhensif*, on peut lire : « la réflexion d'un sociologue praticien

1 Définition tirée du projet ANR CIEL-F (Corpus International Écologique de la Langue Française) dirigé par Françoise Gadet (université de Paris-10 Nanterre), Lorenza Mondada (université de Lyon 2, maintenant professeure à Bâle), Ralph Ludwig (universität Halle-Wittenberg) et Stefan Pfänder (univ. Freiburg im Breisgau).

sur sa propre méthode d'enquête ». J'ai été très inspirée par ce livre et je souscris tout à fait aux propos de l'auteur qui dit que « l'enquêteur s'engage activement dans les questions, pour provoquer l'engagement de l'enquêté ». Cette vision interprétative de la recherche est conforme à celle adoptée en sociolinguistique critique, modèle qui se démarque largement du modèle positiviste, lequel suppose des résultats précis sans laisser place à l'interprétation, inévitable, peu importe le positionnement du chercheur.

La plupart du temps, j'ai travaillé en groupe. Dans un des groupes interdisciplinaires avec lequel j'ai collaboré pendant plusieurs années et sur lequel je reviendrai plus tard, nous avons décidé de faire des entretiens à deux : avec un chercheur de l'intérieur qui connaissait bien la situation et qui pouvait rebondir sur une question pour « aller plus loin », sachant que cet élément constituait une clé importante pour comprendre l'un des objectifs que nous nous étions fixés, et un chercheur de l'extérieur, considéré comme étranger par les personnes interviewées. Cette formule a été très fructueuse parce que la personne interviewée en disait « plus » pour le chercheur de l'extérieur, lui racontant avec moult détails son parcours ; elle expliquait son histoire personnelle et sociale, l'histoire de sa communauté, les significations qu'elle accordait à différents événements. Elle n'aurait pas raconté ces « détails » pour la personne provenant de l'intérieur, craignant de dire des banalités, des choses connues ou de verser dans la redondance. Par ailleurs, il s'établissait souvent un rapport de connivence avec la personne de l'intérieur, ce qui réduisait toute forme de pouvoir symbolique qu'aurait pu instaurer un entretien avec des universitaires[1] et de surcroît des universitaires d'ailleurs. Cela permettait de limiter ce que Pierre Bourdieu appelle la dissymétrie sociale qui s'installe « toutes les fois que l'enquêteur occupe une position supérieure à l'enquêté, dans la hiérarchie des différentes espèces de capital, du capital culturel notamment » (Bourdieu 1993 : 1393). En Acadie du Nouveau-Brunswick, j'étais donc la personne de l'intérieur. Je me rappelle un entretien avec une personnalité haut

1 Avec la personne de l'intérieur, le tutoiement a facilité les échanges étant donné que les gens se tutoient facilement et presque immédiatement en Acadie. Didier Éribon raconte que le tutoiement avec les Arabes signifie immédiatement un rapport de domination (Éribon 2010 : 146) alors qu'en Acadie, ce n'est pas le cas. C'est plutôt le vouvoiement qui crée un malaise, en ce sens qu'il marque une distance sociale.

placée et dont j'ai raconté l'histoire dans un article[1] (Boudreau 2012a). La personne, originaire de Moncton et ayant parlé le chiac pendant la majorité de sa vie, occupait alors le poste de ministre de la Coopération internationale et celui de ministre responsable de la Francophonie au gouvernement canadien. Ma collègue Lise Dubois[2] et moi-même avions demandé à la rencontrer dans le cadre d'une enquête portant sur des personnalités originaires de la ville de Moncton et qui y avaient laissé leur marque. Étant donné son statut et son emploi du temps, son agente de communication nous avait autorisé 30 minutes. En tant que ministre de la Francophonie, elle avait à présenter une certaine image et à se présenter comme une personne « digne » d'occuper ce poste, et donc de se montrer à l'aise avec le « français légitime », d'autant qu'elle avait à prendre la parole sur le marché (très) officiel des langues au Parlement à Ottawa, dans les médias et avec les différents acteurs de la francophonie internationale qu'elle était appelée à rencontrer. Le début de l'entretien fut tendu et elle a manifesté de l'inconfort par les nombreuses hypercorrections qui venaient troubler la fluidité de son propos. Nous avions l'impression d'une parole contenue, brimée. Ressentant ce malaise, je suis intervenue pour dire que j'étais aussi originaire de Moncton, que j'avais habité dans tel quartier, que je connaissais le chiac et que je le parlais. L'entretien changea du tout au tout ; elle nous accorda près de deux heures d'entretien en renvoyant à deux reprises son agente, venue cogner à la porte pour lui dire qu'elle avait des rendez-vous, que des gens l'attendaient et qu'elle était en retard. Elle était ravie de se dire, de se faire entendre, de raconter son parcours, de nous raconter des anecdotes qui s'emboîtaient les unes aux autres. Elle n'arrêtait pas de faire des retours en arrière, de nous faire entendre en fait des voix de son milieu d'origine – très populaire – si éloigné de celui dans lequel elle était plongée. Elle était dans une parole débordante, *heureuse*. Nous

---

1 Si j'ai raconté son histoire publiquement, c'est parce qu'elle l'a racontée elle-même à la radio régionale en fin de carrière et aussi parce qu'elle m'a donné la permission de le faire ; *cf.* p. 188 *sqq.* pour plus de détails.

2 Lise Dubois, Franco-Ontarienne, habite en Acadie depuis près de trente ans, mais pour les gens qui parlent le chiac, elle reste une personne de l'extérieur en raison de sa façon de parler le français. De nombreux collègues (qui ne sont pas originaires de l'Acadie mais qui y séjournent depuis longtemps) m'ont raconté être constamment ramenés à la question de leurs origines. La situation est propre aux réseaux denses où les liens sont forts (Milroy et Milroy 1987).

étions en face d'une personne contente « de *s'expliquer*, au sens le plus complet du terme, c'est-à-dire de construire [son] point de vue sur [elle-même] et sur le monde [...] » (Bourdieu 1993 : 1407) et nous avons eu l'impression qu'elle éprouvait cette « sorte d'accomplissement » en expliquant le chemin parcouru avec les embûches rencontrées sur le plan linguistique ; « oui, tout en [elle] évoquait un *bonheur d'expression* » (*ibid.* : 1407 et 1408 ; en italique dans le texte).

Par ailleurs, si cet entretien précis a très bien marché, dans une autre situation, une trop grande complicité pourrait entraîner des « problèmes » d'un autre ordre, où le participant pourrait se censurer devant l'intervieweur qui « est du milieu », qui en connaît trop et qu'il pourrait soupçonner être de connivence avec des institutions ou des personnes de pouvoir que l'on n'oserait plus critiquer. Ces situations sont propres aux milieux exigus (Paré 1993) et peuvent être paralysantes. Il s'agit alors pour le chercheur d'en être conscient et de s'effacer si de telles conditions se présentent, de donner sa place à d'autres.

SUR LES QUESTIONS POSÉES

Si les entretiens constituent un élément clé des méthodes d'enquête en sociolinguistique, il est important de savoir quelles questions poser (Briggs 1997 [1986] ; Kaufmann (2004 [1996]) et surtout celles à ne pas poser, ce qui renvoie à la question du lien du chercheur avec le terrain. Dans les enquêtes que j'ai menées au tout début sur l'insécurité linguistique, j'ai conscience que le protocole adopté a connu des ratés dans quelques cas ; nous avions préparé un questionnaire destiné à l'ensemble des jeunes du Nouveau-Brunswick – le même – alors que les situations sont très différentes et que nous n'avions pas tenu compte de la diversité des représentations et de l'intensité des sentiments d'insécurité linguistique ressentis par certains des élèves d'une région, souvent ciblée comme lieu où les pratiques linguistiques « ne sont pas vraiment françaises ». Dans une école en particulier, située dans un village où les locuteurs sont très sensibles à l'égard des formes qu'ils emploient (le R anglais par exemple), les élèves ont affirmé *ne pas vouloir répondre aux questions* et aussitôt, nous avons pris conscience que nos questions étaient orientées et tout à fait inadéquates pour le genre d'enquête que nous voulions mener sur ce *terrain-là.* En fait, nous avions pris pour modèle le questionnaire élaboré par Nicole Gueunier, Émile Genouvrier et Abdelhamid Khomsi (1983) pour mesurer les attitudes des *Français devant la norme*, construit pour un public français habitant différentes régions de la France et hors de France métropolitaine (y compris à la Réunion). La recherche a été réalisée au cours des années 1973-1975. Ce questionnaire, s'il a fonctionné pour les locuteurs en milieu majoritaire et dans quelques terrains du milieu minoritaire – et dans certaines limites – a échoué à faire parler les jeunes issus de milieux où le français était dévalorisé pour la bonne raison qu'il contribuait à exacerber ce sentiment d'infériorisation. Demander à des gens quel est le modèle de *français à imiter*, alors qu'ils savent très bien qu'ils sont exclus d'emblée de ce palmarès – ils sont surtout pointés du doigt comme modèles à rejeter –relevait du non-sens et, de plus, n'engageait nullement le chercheur. Cette méthode du questionnaire fermé a été vite abandonnée pour laisser place à des entretiens beaucoup plus longs qui s'apparentent aux récits de vie, avec l'intention de créer *a communicative event*, selon les mots d'Aaron Cicourel dans la préface du livre de Charles Briggs, *Learning how to ask*, ce qui suppose l'engagement des différents participants à l'activité de communication où le sens émerge et se construit pendant l'entretien et où le chercheur se met en mode empathique pour « accueillir » la parole.

Si les entretiens cherchent à « faire dire » et à faire rejaillir une parole qui permet de comprendre une situation, cette parole va être transcrite de façon à la « donner à voir » et à la « faire entendre ». La transcription demande de longues heures de travail et de vérification, et les conventions choisies doivent avoir été privilégiées à la lumière des questions suivantes : *Que transcrire ? Comment transcrire ? Dans quels buts ? Selon quels objectifs ?* Et surtout, *avec quelles conséquences pour les locuteurs ?* Cette dernière question revêt ici une importance toute particulière. L'exercice de transcription et les choix qui sont faits constituent une étape essentielle de la recherche. Le travail d'interrogation qui l'accompagne permet de soulever une série de questions épistémologiques plus larges que celles reliées à la description de la variété en question. Il est clair que dans plusieurs cas, ce sont certains traits qui sont soulignés comme « caractéristiques » d'un groupe de locuteurs donnés et que l'on doit les décrire pour voir quel rôle ils jouent dans la catégorisation sociale des locuteurs, ce qui suppose de s'interroger sur les processus historiques qui ont fait en sorte que des locuteurs soient caractérisés à partir de ceux-ci. Par exemple, en Acadie, des structures morphologiques du type

« I avont » pour « ils ont » font partie de ces traits ; il en est de même avec « icit » pour « ici » au Québec et en Acadie.

Mary Bucholtz affirme qu'il n'existe pas de transcriptions désintéressées, mais que les chercheurs en sont rarement conscients, de même qu'ils n'envisagent pas les représentations qui se dégagent de leurs choix : « *Although the above examples suggest there is no such thing as a desinterested transcript, transcribers are not necessarily conscious of every interpretative choice and its representational consequences* » (Bucholtz 2000 : 1446). Elle ajoute que peu importe les choix des transcripteurs, le risque d'exotiser certaines pratiques ou encore de les gommer est toujours présent, ce qui entraîne des conséquences diverses :

> *Discourse analysts, no less than other transcribers, do not merely reproduce the spoken word in written form, but produce new texts that bear the mark of our authorship. My purpose in scrutinizing academic transcription is not, however, to distribute praise and blame nor to offer a definitive guide to « correct transcription practices » but to make researchers more aware of the complexity of the transcription process. Each transcriber must weigh these conflicting issues for herself or himself in the context of the specific goals of particular transcripts* (*ibid.* : 1453).

LES ENTRETIENS ÉCOLOGIQUES

C'est en 2010, alors que je participais au projet CIEL-F, que la question du *comment transcrire* s'est posée d'emblée. Le projet avait comme objectif de constituer un grand corpus des français parlés dans la *francophonie*, en privilégiant les espaces de la francophonie caractérisés par le contact marqué avec des langues ou des variétés de français, ce qui en fait les comprend toutes. Le corpus (http://www.ciel-f.org/) est constitué de données recueillies dans les différentes aires de la francophonie à partir des pratiques réelles des locuteurs dans des situations de communication comparables. Dans le volet acadien, dont j'étais responsable, nous voulions comprendre les différences entre les pratiques linguistiques des régions qui nous étaient assignées, en nous intéressant autant aux contextes sociaux qu'à l'histoire des locuteurs et à leurs réseaux.

L'équipe avec laquelle j'ai travaillé pendant trois ans s'est posé beaucoup de questions sur la transcription, d'autant plus que ce corpus recueilli dans des conditions « naturelles » de production du langage allait être comparé à des corpus d'autres lieux de la francophonie. En Acadie, nous avons recueilli des corpus dans trois sphères de la vie courante : repas de famille, réunions de conseils municipaux et radios (communautaires et publiques)[1]. Les corpus familiaux ne posaient pas problème; comparer des conversations familiales ne comportait pas d'enjeux de légitimation. Ce sont plutôt les corpus recueillis en contexte formel qui ont alimenté la discussion. Comment allaient-ils être perçus ? Quelles représentations allaient en résulter quant aux locuteurs interrogés et aux communautés choisies ? Allait-on conclure au déclin du français dans les régions ? N'allait-on pas préjuger de la forte anglicisation des participants, d'autant plus qu'à ce moment-là, on ne pensait pas possible de donner les extraits oraux des corpus étant donné la rigueur des comités d'éthique au Canada ? Conscients des préjugés portant sur les formes hybrides, même de la part de personnes averties, nous craignions que les chercheurs d'ailleurs en arrivent à la conclusion que les locuteurs acadiens étaient à la veille d'être assimilés, même s'ils s'expriment à peu près de la même façon depuis plus d'un siècle[2]. Comment allait « paraître » un membre d'un conseil municipal d'une région majoritairement anglophone et dont la langue regorgeait d'archaïsmes et d'anglicismes ? Et même avec une mise en contexte, est-ce qu'un passage montrant un vernaculaire très anglicisé ne pourrait pas favoriser le développement de représentations encore plus négatives à l'égard d'un français déjà fortement stigmatisé ?

Cette crainte était alimentée par la lecture de textes de différents ouvrages académiques où des auteurs considérés comme des autorités en matière de langue portaient des jugements sur différentes pratiques sans saisir la portée de leurs écrits pour les locuteurs concernés. De fait, les discours « savants » se donnent ou sont souvent reçus comme neutres, détachés de toute normativité et de toute subjectivité, comme je l'ai montré avec ma collègue Laurence Arrighi. Ils sont aussi souvent le fait de spécialistes venus de ce que d'aucuns considèrent comme le *centre* de la francophonie. Certains de ces ouvrages s'adressent à un lectorat plus vaste que la seule communauté universitaire et existent souvent en version « de poche », ce qui leur assure une diffusion plus importante

1 Ces trois « lieux » donnaient à voir des pratiques langagières diversifiées dans différentes situations de communication, les unes plus formelles (radio, réunions municipales), les autres très informelles (repas familiaux).

2 Voir Flikeid (1994) où il est expliqué que dans certaines régions de la Nouvelle-Écosse, le maintien des formes considérées archaïsantes ailleurs en Acadie constitue un phénomène identitaire puissant.

que les monographies sur un thème précis (Arrighi et Boudreau 2013). Dans ces textes, peu de place est accordée à l'examen des conditions sociales, politiques et économiques qui sous-tendent les pratiques linguistiques des minoritaires. Tout au plus signale-t-on l'obsolescence de leur langue ou alors on « épingle » des expressions dites *typiques* qui attestent de l'anglicisation des populations ; l'on met également au jour des structures particulières très souvent appréhendées sous le mode du manque et du déficit. Par exemple, lorsque l'on traite de la situation canadienne dans un ouvrage de linguistique qui a connu un certain succès populaire, on donne un inventaire d'expressions « entendues au Canada » et l'un des exemples est le suivant : « *Au magasin général, ils ont du butin à la verge* » (Walter 1988 : 207). Dans un manuel de sociolinguistique (Moreau 1997), Michel Blanc illustre le français parlé au sud-est du Nouveau-Brunswick ainsi : « *Des Mooses, ça USUALLY reste dans les SWAMPS* ». Énoncé qui tend à folkloriser et qui puise dans l'extrémité la plus anglicisée du continuum et ouvre la voie à toutes les généralisations. Ou encore cette phrase d'une linguiste française qui, dans un petit ouvrage intitulé *Catalogue des idées reçues sur la langue* (idées reçues qu'elle souhaite par ailleurs chasser), énonce – non comme une idée reçue, mais bien comme un fait objectif – que « le parler acadien du Nouveau-Brunswick, au Canada, bien que peu accessible aux locuteurs du français standard, est néanmoins considéré comme un dialecte du français » (Yaguello 1988 : 35). On apprend aussi dans l'*Histoire de la langue française* publiée en 1991, dans la dizaine de pages consacrées à la francophonie nord-américaine, que les Canadiens français vivant sous gouvernance anglaise ont vu leur langue s'angliciser et que « vers le milieu du 19e siècle [elle a] atteint le fond de la déchéance » (Picoche et Marchello-Nizia 1991 : 72).

Ces questions m'amènent à traiter de la confusion entre l'oral et l'écrit, qui est au cœur de la problématique soulevée. Cette confusion, fortement reliée aux représentations qui découlent de la transcription, exige donc de faire des choix quant à la façon de transcrire.

LA TRANSCRIPTION

L'ORAL ET L'ÉCRIT : À NE PAS CONFONDRE

Selon Josiane Bru, ethnologue française et spécialiste de contes populaires, « dans les sociétés pratiquant l'écriture, l'oral et le populaire sont inévitablement considérés inférieurs à l'écrit et aux formes instituées de la culture » (Bru 2010 : 36) ; elle ajoute que « les outils et la reproduction de la parole ne changent rien à l'échelle des valeurs qui infériorise l'oral » (*ibid.* : 37). En effet, « le parler ordinaire » transcrit semblera toujours boiteux pour des gens peu habitués à « lire » de l'oral, difficulté avec laquelle doivent composer tous ceux qui veulent donner à entendre des voix non aménagées pour l'écrit, quels que soient leurs objectifs de recherche. Il faut donc « mesurer les implications d'une transcription, et être conscient du contexte socio-politique de sa **réception**, car **la transcription constitue toujours un exercice de pouvoir** » (Gadet 2008b : 45 ; c'est moi qui souligne). Ce dernier point, fondamental, m'amène à discuter du quoi et du comment transcrire.

Alors que je rédigeais ma thèse de doctorat et que je voulais rendre compte de la langue des jeunes, j'ai commencé par marquer tous les « écarts » qui ne correspondaient pas au « standard ». Inutile de dire que les textes étaient tellement marqués qu'ils en étaient presque illisibles. J'ai l'impression maintenant que cette transcription correspondait à l'image que j'avais intériorisée de ma langue et de celle des jeunes Acadiens, à savoir que tout était différent du français standard. Le texte ainsi transcrit contribuait à stigmatiser davantage une parole que je voulais pourtant libérer. Françoise Gadet m'a fait comprendre que plusieurs traits soulignés étaient typiques du français oral vernaculaire, pratiqué partout dans la francophonie. Il en était ainsi du « i » pour « il » dans « i faut », que j'avais systématiquement marqué ; de l'élision du « e » muet dans « les p'tits » ; ou encore « d'la » pour « de la neige » ou « j'sors » pour « je sors ».

J'avais alors constaté que les entretiens très marqués contribueraient à entretenir la stigmatisation dont étaient déjà victimes les participants. Je me suis donc inspirée de la technique de transcription choisie par le groupe du GARS qui, comme l'indiquent Claire Blanche-Benveniste et Colette Jeanjean (1987 : 143), a « décidé de toujours choisir la version la plus normative, quand elle était possible, pour ne pas dévaloriser le texte par un simple parti-pris graphique ». Bruno Maurer (1999) amorce une section d'un article sur la transcription par l'énoncé suivant : « Dis-moi pourquoi tu transcris, je te dirai comment le faire » (Maurer 1999 : 158). En partant de la situation de l'enseignement du français en Louisiane et des choix effectués pour rendre une parole « vraie », mais sans mettre l'accent sur tout ce qui la différencie, Barry Ancelet (2004-2005) a montré différentes versions de transcription du même texte[1] à partir de la version la plus marquée jusqu'à la version standard, pour finalement proposer une version intermédiaire qui tient compte des spécificités de la langue louisianaise sans pour autant s'éloigner du français standard ; selon Barry Ancelet, il est important de montrer les différences puisqu'on « se distingue par ses différences » (Ancelet 2004-2005 : 22). Justement, quelles différences montrer et comment le faire sans contribuer davantage à la stigmatisation des locuteurs ? Si la question n'est toujours pas résolue, il reste que des suggestions intéressantes ont été proposées par plusieurs linguistes, dont Claire Blanche-Benveniste (2003) et Françoise Gadet (2008b). La première signale que les « difficultés pratiques à résoudre sont porteuses de quantité d'informations sur les rapports que nous entretenons entre la représentation écrite de notre langue et notre langue parlée » (Blanche-Benveniste 2003 : 93) ; elle propose une série de marques à conserver ou à enlever selon la parole recueillie, et soulève des exemples de « problèmes » rencontrés par les transcripteurs. Comment transcrire les différentes façons de prononcer « parce que », que certains vont transcrire « pass'qu' », ou « parc'qu' » (*ibid.* : 101) ? Elle souligne que de telles graphies « jettent le discrédit sur le locuteur, en laissant supposer qu'il a une prononciation particulièrement relâchée, alors que c'est celle de tout le monde » (*ibid.* : 101). Elle suggère donc d'écrire « parce que », et dans le même genre, « il y a » et non « y a », suggestions qui vont dans le même sens que celles de Gadet qui demande s'il « est utile de surcharger le texte en notant même ce qui est prévisible et partagé [dans la francophonie], comme la chute d'un e entouré de deux consonnes en conversation ordinaire à Paris (*le ptit, le p'tit*) » (Gadet 2008b : 40). C'est Françoise Gadet qui m'a amenée à « nettoyer » ma transcription, si marquée au départ.

1 Comme Barry Ancelet, Bruno Maurer (1999) propose différentes transcriptions d'un même texte selon l'objectif poursuivi.

Mais j'en reviens à ma question initiale, fortement reliée aux représentations que l'on entretient à l'égard de son parler. Pourquoi les transcripteurs ont-ils tendance à marquer autant les textes où ils cherchent à rendre compte de l'oral, et cela, autant les littéraires qui veulent faire entendre des parlers régionaux que les linguistes ? La confusion entre l'oral et l'écrit est sans doute liée au fait que l'oral est jugé par des personnes qui sont pétries de la culture de l'écrit et qui croient malgré tout que les gens parlent comme ils écrivent. Le brouillage entre les deux formes d'expression demeure entier.

C'É DE MÊME QU'ON PARLE !

Prenons le cas d'*Acadieman, le first super-héros acadien* créé par Dano Leblanc, série produite au Nouveau-Brunswick en 2005 qui a connu un grand succès dans la région et même au-delà. *Acadieman* présente des personnages drôles, excessifs, résolument ancrés en Acadie et qui parlent un chiac très anglicisé parsemé d'archaïsmes. Comment l'auteur représente-t-il la langue de son héros ?

Sur le site Web (www.acadieman.com), on peut lire :

> V'nez voir Acadieman ! Y parle chiac pis y « hang out » aux cafés. Suivez les aventures animées du « first » super-héros acadien. Y fait beau dans la cabane !
>
> Le First Superhero acadien (ouèlle sort of...), le café é à Acadieman ce que le spinach é à Popeye. Un lover of the great indoors, y aime pas prendre dés grandes marches pis y aime pas skier non plus. Y aime hanger out aux cafés pis s'moquer du monde pis de s'faire gâter. Acadieman est l'official Pirate de la langue française. Sa favorite show à la TV cé « Passions » pis y écoute any musique qu'a dés tchuilléres dedans. Cé favorite foods sont dés tétines de souris, la passe-pierre, dés pètes de sœurs, dés poutines à trou, dés poutines (acadiennes), dés fried piss-clams, du houmard, pis du chiar.

Bon nombre de marques du texte sont le propre de l'oralité dans la francophonie (« cé » pour « c'est » ; « s'moquer » pour « se moquer » ; « é » pour « est » ; « dés » pour « des »). En Acadie, la diffusion d'*Acadieman* à la télévision n'a pas manqué de susciter des discussions houleuses dans la communauté, d'autant plus que la télésérie a connu un grand succès auprès des jeunes. Les professeurs des écoles secondaires de la région s'inquiétaient de l'influence d'Acadieman sur la langue des élèves ; Dano LeBlanc a donc été invité bien malgré lui à s'expliquer sur ses choix de langue et même à venir parler de ses textes aux enseignants. En 2009, nous avons participé ensemble à une discussion sur le chiac dans une école de la région de Moncton. Après la rencontre, nous avons discuté des façons de représenter l'oral, du lien inconscient avec l'écrit. Dano LeBlanc m'a dit avoir représenté le français tel qu'il pensait l'entendre ; il était convaincu que les locuteurs de sa région parlaient un français qui n'avait à peu près rien de commun avec le français parlé ailleurs. L'auteur a par la suite éliminé plusieurs marques de ses textes (voir Boudreau et Perrot 2010) ; il a constaté que sans elles, le texte rendait mieux compte des phénomènes linguistiques qu'il voulait illustrer. Sa démarche montre certaines des conséquences liées à une conscience linguistique exacerbée par l'impression de parler un français très différent de celui parlé ailleurs.

TRANSCRIRE POUR QUI ET COMMENT ?

Dès mes premières enquêtes réalisées en 1994, j'ai adopté un protocole de transcription largement inspiré de celui élaboré par la banque de données VALIBEL en Belgique, afin de proposer une représentation aussi « fidèle » que possible de la langue parlée en Acadie, tout en essayant d'éviter de charger les transcriptions de marques qui ne sont vraiment pas nécessaires. Par exemple, je n'ai pas marqué l'élision du « l » du pronom « il ». Malgré son usage très répandu au Canada, j'ai décidé d'écrire « elle » et non « a » dans *elle est venue*, au lieu de *a l'est venue* ; j'ai conservé le « i » pour indiquer la neutralisation du genre en français populaire canadien (*Sonia et Florie, i sont parties*) et j'ai mis les emprunts à l'anglais non intégrés phonétiquement au français en italique pour bien souligner une prononciation à l'anglaise. J'ai cependant décidé d'écrire « chus » au lieu de « je suis », cette prononciation présentant trop de décalage avec la prononciation plus standard ; j'ai également usé de la majuscule pour montrer l'actualisation de certaines consonnes finales dans certains déterminants (*touT le monde, la pluS importante*) et quelques autres marques qui indiquent une forme particulière de langue. Finalement, les conventions de transcription dépendent des objectifs de recherches et dans mon cas, comme je travaille sur les représentations, je n'ai pas cru bon de marquer davantage les corpus.

Pourtant, malgré ces précautions, j'ai souvent ressenti un malaise lorque je présentais des extraits de mes corpus dans des colloques internationaux, inconfort que je ne pouvais pas problématiser à l'époque : je craignais qu'en exposant la parole spontanée, j'allais contribuer à stigmatiser davantage la parole des locuteurs alors que mon objectif était tout autre ; sans doute que je reproduisais mes propres représentations.

Lorsqu'on présente des extraits oraux sur le même support que l'écrit, la stigmatisation s'imprègne de façon insidieuse tellement on lit l'oral comme de l'écrit, malgré toutes les précautions que l'on peut prendre. Françoise Gadet rappelle qu'« il faudrait donc regarder l'écrit transcodé de l'oral autrement que comme de l'écrit, s'abstraire de la routine de l'œil façonné à l'écrit » (Gadet 2008b : 31). D'où l'importance de choisir les conventions de transcription de façon à ne pas stigmatiser davantage la parole des locuteurs et donc de limiter le nombre de marques sans pour autant masquer la singularité des formes (pour ceux qui s'intéressent à la description des pratiques linguistiques).

Bucholtz conclut l'article cité plus haut en rappelant l'utilité de la dimension réflexive du chercheur, y compris lorsqu'il s'agit de transcriptions : « *Ultimately, the only way to remind ourselves and one another of the inherent instability of our transcripts is to say so – that is, to practice a reflexive discourse analysis in which we as researchers state our relationship to our transcripts* » (Bucholtz 2000 : 1463).

Le terrain est roi dans l'approche empirico-inductive, on en convient. Les théories sont subordonnées au terrain et non l'inverse, cela semble de plus en plus évident. Il n'en demeure pas moins que les linguistes se doivent de toujours penser aux conséquences des recherches pour les locuteurs, à savoir si elles ne vont pas contribuer à stigmatiser davantage ces derniers, et ce, malgré l'intention contraire. On m'objectera que la « vérité » doit prévaloir, mais de quelle « vérité » s'agit-il et quelle en est l'interprétation qui sera dominante ? C'est dans le foisonnement des différentes subjectivités que surgira peut-être une interprétation signifiante – non pas représentative ni généralisable – qui donnera un aperçu de la situation linguistique en question.

Dans les prochains chapitres, je présenterai différentes recherches et j'expliquerai comment elles ont façonné mon parcours de chercheur.

C'est l'insécurité linguistique qui en constituera le fil conducteur, étant donné sa récurrence dans les propos des différentes personnes rencontrées, qu'elle se manifeste de façon consciente ou non. Au fil de mon récit, j'expliquerai pourquoi j'ai mobilisé tel concept ou telle notion pour traiter des phénomènes linguistiques rencontrés, comment j'ai interprété les données, comment elles ont fait sens tout en montrant en filigrane l'impact qu'elles ont eu sur ma façon de concevoir la recherche. Je traiterai respectivement d'une enquête réalisée auprès d'adolescents francophones du Nouveau-Brunswick, de recherches menées chez les acteurs sociaux engagés dans le développement de la francophonie au Nouveau-Brunswick et en Nouvelle-Écosse et de la production culturelle en Acadie et de son lien intime avec la construction des identités.

DE L'ANALYSE DE L'INSÉCURITÉ LINGUISTIQUE À L'ANALYSE DU DISCOURS

> Il y en a beaucoup qu'allont parler anglais bien moi non c'est touT en français, c'est pas le bon français je le sais bien, c'est le français pareil.
> Paroles d'une jeune participante à une enquête, 1989.

À partir des années 1970, les discussions autour de la construction d'une ou des normes pour le français au Canada se multiplient. *La norme linguistique* est publiée en 1983 par le Conseil de la langue française du Québec[1], sous la direction d'Édith Bédard et de Jacques Maurais. Que cet ouvrage soit dirigé par des Québécois n'a rien d'étonnant ; la Révolution tranquille qui secoue le Québec depuis le début des années 1960 cherche à émanciper la population québécoise de l'emprise anglophone et canadienne, et à affranchir le français québécois de la tutelle française. Les grands travaux sur la description du français québécois ont comme objectif de définir une norme endogène québécoise (Poirier 1980, 1994 ; Martel 2001). Ces projets s'inscrivent dans le cadre plus large d'un aménagement du français au Québec qui touche à toutes les sphères de la vie publique (affichage, langue du travail, services de santé, commerces). En 1987, Jacques Maurais, alors chercheur au Conseil de la langue française du Québec, publie *Politique et aménagement linguistiques*, ouvrage consacré aux principales tentatives d'aménagement des langues en Occident (l'aménagement de l'hébreu, exemplaire par sa réussite, y fait figure d'exception). Dans l'introduction de l'ouvrage, Denise

1 Devenu le Conseil supérieur de la langue française en 2002 (CSLF).

Daoust et Jacques Maurais précisent que l'aménagement linguistique est une discipline relativement récente (Maurais 1987 : 11) ; ils mettent l'accent sur la dimension interventionniste de l'aménagement dans les contextes où il existe des rapports de domination entre les locuteurs des langues en présence. Les auteurs donnent ainsi une large place aux théories occitanes et catalanes[1] sur la diglossie, insistant davantage sur la dimension conflictuelle des langues en contact que sur le consensus (*ibid.* : 16-20), ces théories semblant en accord avec la situation québécoise. La description du français au Québec et les questions relatives à sa standardisation font partie du projet d'aménagement linguistique québécois. Selon Jean-Claude Corbeil, linguiste et spécialiste des questions d'aménagement linguistique, la description de l'usage légitime permet de :

> 1. définir et préciser les codes fondamentaux d'une langue – code orthographique, code grammatical et code de prononciation –, en général par la publication d'ouvrages de référence, notamment des grammaires ;
> 2. constituer des dictionnaires de la langue générale décrivant le vocabulaire et situant les différents usages les uns par rapport aux autres selon une distribution de l'usage légitime d'une part, et préparer les différents lexiques de spécialités d'autre part, où sont consignées les désignations recommandées des diverses notions appartenant à un même domaine, souvent avec notation des formes synonymiques admises ou rejetées (Corbeil 1987 : 562).

Ces discussions trouvent leur écho dans les régions dites périphériques de la francophonie où des questions du même ordre se posent[2].

1 La Catalogne est souvent citée comme modèle d'inspiration pour les indépendantistes québécois. La Catalogne est à l'Espagne ce qu'est le Québec au Canada. Dans les deux cas, une partie de la population aspire à une indépendance politique et linguistique.

2 En 1999 est organisé à Louvain-la-Neuve un important colloque sur *Le français de référence. Constructions et appropriations d'un concept*, colloque qui faisait suite au colloque organisé en 1993 dans cette même ville sur *L'insécurité linguistique dans les communautés francophones périphériques*. Le colloque de 1999 avait comme objectif « d'appréhender le français de référence tel qu'il est construit par les linguistes, mais aussi tel que se l'approprient les spécialistes de la diffusion du français (dans des domaines comme l'aménagement linguistique, la didactique, etc.) » (Francard 2000 : 8).

En Acadie, notamment, les questions liées au « français de référence » étaient débattues même si, contrairement au Québec, aucun organisme gouvernemental n'a pris les choses en main. Un groupe, composé de linguistes et de professeurs de langue française (cours de mise à niveau), s'était formé au début des années 1990 à l'Université de Moncton pour discuter des questions de normes – surtout de la norme à adopter dans la correction des travaux d'étudiants[1]. Je participais à ce groupe et je m'intéressais en même temps aux représentations des locuteurs entourant les formes que nous avions fait ressortir comme étant « typiques de la région » en nous demandant comment les corriger dans les copies. Je me rappelle que les membres du groupe avaient été étonnés de rencontrer des affirmations telles que *suffit que je suis Acadienne*[2]*, je peux…*, et se demandaient s'il fallait sanctionner ou non, et si oui, de quelle façon il fallait le faire. J'étais persuadée que les recherches autour de la norme étaient importantes, mais j'estimais que celles-ci ne pouvaient se dissocier de celles des représentations, l'analyse de ces dernières s'inscrivant également dans tout projet d'aménagement linguistique (Corbeil 1991 : 28).

C'est dans la suite de ce questionnement qu'entre 1989 et 1994, j'ai réalisé avec ma collègue Lise Dubois des enquêtes dans les écoles francophones du Nouveau-Brunswick pour tenter de comprendre pourquoi les élèves provenant de milieux minoritaires prenaient moins la parole que ceux des milieux majoritaires ; nous cherchions également à savoir si nos interprétations concernant l'insécurité linguistique des premiers étaient valables. Les participants à l'enquête étaient des finissants[3] provenant de toutes les écoles secondaires de la province, c'est-à-dire âgés de 17 et 18 ans[4].

1 En partant des copies de nos étudiants, nous nous interrogions sur les formes syntaxiques et lexicales qui pouvaient être acceptées dans un travail universitaire et sur la place à réserver aux régionalismes – encore fallait-il les reconnaître et expliquer pourquoi nous les considérions comme tels.

2 Expression que l'on peut traduire par « étant donné que je suis… ».

3 Les finissants des écoles secondaires ont complété 12 ans de scolarité ; il n'existe pas de filières scientifiques ou autres comme en Europe. Tous les étudiants suivent les mêmes cours, sauf les quelques étudiants (une trentaine dans tout le Nouveau-Brunswick francophone) qui sont inscrits dans ce qui est appelé le Baccalauréat international et qui est réservé aux étudiants ayant obtenu des résultats élevés. Ce sont cependant les parents qui décident ou non d'inscrire leurs enfants à ce bac, moyennant une somme modeste de quelques centaines de dollars. Les étudiants inscrits à ce programme sont souvent issus de familles dotées d'un capital culturel.

4 Le corpus dans son entier a été constitué grâce à l'aide du Centre de recherche en linguistique appliquée, de la Faculté des études supérieures et de la recherche de l'Université de

Pourquoi ce choix ? Nous avions estimé qu'à ce stade de leur vie étudiante, les jeunes auraient une conscience linguistique relativement développée des faits de langue qui les entourent. Inspirées par les textes de Labov, nous pensions que les adolescents étaient conscients de la valorisation sociale liée à l'emploi de formes prestigieuses, mais nous supposions également que les adolescents, dans leurs pratiques quotidiennes, tendent plutôt à demeurer fidèles à leur(s) groupe(s) d'appartenance en se conformant aux normes prescrites par le groupe.

Nous avons d'abord distribué un questionnaire écrit aux élèves par l'entremise des enseignants ; environ 1000 élèves ont répondu au questionnaire et 10 % de ces derniers ont été interviewés[1]. Le questionnaire écrit se composait de deux parties : la première portait essentiellement sur les habitudes linguistiques, avec une introduction permettant d'obtenir des données sur le profil sociolinguistique des témoins (sexe, statut socioéconomique, région). La deuxième partie traitait des représentations des témoins à l'égard du français et de l'anglais ; elle comportait également une évaluation de leurs pratiques linguistiques. Il y avait aussi des questions sur les modèles à imiter et à éviter en comparant le milieu avec d'autres endroits au Nouveau-Brunswick[2], avec le Québec et avec la France. Le questionnaire écrit se terminait par une question ouverte invitant les témoins à donner des commentaires personnels.

Ce sont surtout les données tirées des entretiens qui ont servi à l'analyse. L'objectif de la recherche était d'analyser les représentations des élèves, représentations que je concevais alors comme les relations entretenues à l'égard de leur(s) langue(s), qui avaient des effets sur les comportements linguistiques, mais sans trop mesurer le poids (énorme) des idéologies (masquées dans les discours) sur ces représentations ; je le comprendrai plus tard.

Pour réaliser cette première recherche, nous nous étions surtout inspirées des recherches de Nicole Gueunier, d'Émile Genouvrier et

Moncton et du Conseil de recherche en sciences humaines du Canada.

1 Les entretiens ont été réalisés par des étudiants qui travaillaient comme assistants de recherche pour Lise Dubois et moi-même.

2 S'ils étaient du Sud-Est, on demandait si le français du Nord-Est et du Nord-Ouest était à imiter ; s'ils étaient du Nord-Est, on proposait l'inverse, et ainsi de suite. Aujourd'hui, je ne procéderais pas du tout de la même façon et je ne poserais pas des questions aussi directives.

d'Abdelhamid Khomsi (*Les Français devant la norme* 1983), de celles de Henri Boyer (*Les langues en conflit* 1991) et de celles de Michel Francard sur *L'insécurité linguistique* en situation de diglossie dans l'Ardenne belge (1989). Chez ces auteurs, il existait un lien étroit entre une situation diglossique et l'entretien de rapports dévalorisants à l'égard de la langue dominée ou minorée. Selon plusieurs chercheurs, l'étude des représentations constituait un indicateur des changements linguistiques en cours – un signe annonciateur de l'expansion ou du déclin d'une langue. J'avais été fort intéressée par l'étude dirigée par Wallace Lambert sur les attitudes des Québécois à l'égard de leur langue réalisée en 1960, considérée comme un classique dans la recherche sur les attitudes langagières en psychologie sociale et dont je donne ici les grandes lignes.

Wallace Lambert avait conçu une technique appelée le « locuteur masqué » ou le « faux couple » afin d'étudier les « représentations » d'étudiants québécois de langue anglaise et française à l'égard des locuteurs anglophones et francophones. Il s'agissait de présenter des enregistrements effectués par *un locuteur qui lit le même texte* dans des langues différentes, en l'occurrence le français et l'anglais, et de faire évaluer les bandes sonores par des locuteurs, qu'ils ont appelé pour l'occasion des « juges » (Lepicq et Bourhis 1996 : 97). Précisons que ces « juges » ne savaient pas qu'ils étaient en train d'évaluer la même personne[1]. Ils devaient estimer la personnalité et le statut socioéconomique des lecteurs à partir de leur voix. La première enquête a montré que les juges anglophones ont jugé la voix anglophone de façon supérieure à la voix francophone sur sept échelles d'évaluation : taille, attrait physique, intelligence, fiabilité, bonté, ambition, caractère. Les juges francophones ont également évalué les voix anglophones de façon supérieure aux voix francophones et, de surcroît, ont évalué les voix francophones de façon plus négative que les juges anglophones. Ces résultats ont été interprétés comme un indice que les minoritaires reprenaient à leur compte les stéréotypes de la population dominante. Trente ans plus tard, l'expérience fut répétée par Fred Genesee et Naomi Holobow (1989) (cités dans Lepicq et Bourhis 1994 : 421) afin de vérifier si les attitudes des francophones et des anglophones à l'égard des uns et des autres

1 On a fait écouter dix enregistrements provenant de six personnes en tout (quatre voix revenaient constamment, avec entre elles des voix alternatives de deux autres personnes afin de masquer les voix qui se répétaient).

avaient changé. Les résultats avaient peu changé sauf sur un point : si les locuteurs francophones continuaient d'évaluer plus favorablement les voix anglophones en ce qui a trait aux critères de statut, ils évaluaient plus positivement les voix francophones en ce qui a trait aux critères de solidarité « révélant ainsi une opinion plus favorable de leur identité linguistique » (*ibid.* : 421). Par ailleurs, des recherches sur l'évaluation des accents (Bourhis, Giles et Lambert 1975, cités dans Lepicq et Bourhis 1994 : 422) ont montré que les Québécois avaient tendance à évaluer plus positivement les locuteurs lorsqu'ils utilisent un français standard que lorsqu'ils adoptent l'accent de la classe ouvrière québécoise. Marty Laforest (1997) abonde dans le même sens : « Ces études ont systématiquement démontré que le français québécois était évalué négativement par l'ensemble des Québécois eux-mêmes, qui s'entendent sur ce plan avec plusieurs de leurs compatriotes anglophones » (Laforest 1997 : 38).

Jacques Maurais a montré les liens entre la diglossie et la technique du « faux couple » : si les Québécois entretiennent des relations si ambivalentes à l'égard de leur langue, c'est parce que « le français européen continue à être considéré comme la variété la plus prestigieuse » (Maurais 1987 : 408). Il m'avait semblé que la situation acadienne ressemblait à celle observée au Québec.

DES REPRÉSENTATIONS AMBIVALENTES

REPRÉSENTATIONS EN MILIEU MINORITAIRE

Après l'analyse des entretiens, Lise Dubois et moi avons pu constater que les jeunes des milieux minoritaires avaient tendance à dévaloriser fortement leurs pratiques, surtout celles qu'ils étiquetaient comme étant un « mélange de langues ». Ils cultivaient une représentation idéalisée de la langue française perçue comme étant « autre », tout en étant très ambivalents envers les vernaculaires de leur milieu, qu'ils dévalorisaient tout en surévaluant les traits considérés anciens, « la langue des ancêtres ». D'autres se montraient embarrassés par les archaïsmes qu'ils considéraient comme de la « culture ancienne » pouvant restreindre la communication. Ces représentations ambivalentes, je les ai analysées en lien avec les théories développées par des sociolinguistes occitans autour du sentiment « d'*auto-odi* » (dénigrement à l'égard de son propre parler) lié aux fonctionnements diglossiques des locuteurs où tout ce qui se rapporte à la langue dominée est à la fois dénigré et surévalué (Boyer 1991 : 47).

Si j'ai usé des théories diglossiques pour expliquer les pratiques des jeunes du début des années 1990, aujourd'hui, j'analyserais plutôt les idéologies linguistiques qui ressortaient des discours. À ce stade initial de mon parcours de chercheur, je n'ai pas su donner au terrain toute sa force autogénératrice. Ma propension à réutiliser des théories produites pour des situations autres et à essayer de les faire « prendre » en Acadie tient sans doute à cette difficulté de me penser « chercheur légitime » pouvant infléchir des concepts à partir des expériences de terrain qui lui sont propres. Mais malgré ces réserves quant à ma façon de procéder, il reste que la plupart des représentations apparues dans le discours des jeunes du début des années 1990 sont toujours aussi actuelles, même si elles ne se présentent pas de la même façon aujourd'hui. Je présente donc dans ce chapitre des extraits de cette première recherche. Ce sont ces « paroles » qui m'ont motivée à travailler sur les questions qui m'animent aujourd'hui, des questions que je pose autrement, mais qui toutes essaient de comprendre comment des individus peuvent se sentir dépossédés de leurs moyens d'expression et comment cette dépossession contribue à construire des rapports d'inclusion ou d'exclusion (*Comment cela s'explique-t-il ?*) avec l'idée de faire voir le rôle joué par les idéologies linguistiques dans le processus.

LA NORME NE PEUT ÊTRE QU'EXOGÈNE

Ce plaquage de la théorie, on peut le constater par les questions d'entretiens de la première enquête, trop inspirées de celles de l'étude de Nicole Gueunier et de son équipe à Tours, Lille, Limoge et Saint-Denis de La Réunion[1], toutes des régions « françaises ». À la question « trouves-tu que le français est important pour toi ? », on peut difficilement imaginer que les élèves acadiens répondraient par la négative, à part quelques exceptions qui voudraient défier « l'autorité ». D'abord parce qu'ils sont dans des institutions où le discours nationaliste sur la langue française est omniprésent, ensuite parce qu'ils se trouvent dans

1 La Réunion n'entre pas dans la même catégorie en raison de sa forte population créolophone – seule la partie francophone de la population a participé à l'enquête (Gueunier et collab 1983 : 769, note 3).

une situation d'entretien où les rapports sont inégaux. Des jeunes de 17 ou 18 ans vont rarement oser dire qu'ils ne se préoccupent pas du français ; à défaut d'aller dans le sens du discours attendu, ils pourraient passer pour des personnes ingrates. Dans le contexte minoritaire acadien, le français, en plus d'être une langue fortement identitaire, est une ressource permettant l'accès à des biens symboliques et matériels.

Pour l'informatrice qui suit, la langue anglaise est tout aussi importante que le français. Elle voit l'avantage que son bilinguisme lui procure sur le marché de l'emploi. En même temps, elle dit ne pas bien parler le français. Cette personne est très engagée dans les activités culturelles de l'école – elle fait du théâtre – et veut étudier en physique à l'Université de Moncton l'année suivante.

Extrait 1[1]

L0 Est-ce que tu trouves que c'est important la langue française ?

L1 ah oui, ben c'est important les deux langues parce qu'au jour d'aujourd'hui sur le marché du travail c'est important d'être bilingue, ben pour moi puisque c'est ma langue maternelle le français ben je pense que c'est la pluS importante

L0 uh-hum ça vaut la peine de…

L1 oui (*toussotement*) surtout qu'aujourd'hui comme, nous autres on est / on a un avantage puisque l'anglais est facile à apprendre comme on a / on a beaucoup comme les émissions anglaises à la télévision comme ça nous influence à parler anglais puis ça là / bien je trouve que les Anglais ont plus de difficulté à parler français puis ça dû être un désavantage pour eux parce que (rires) ils voient qu'on est pluS avantagés (de) ce côté-là

L0 uh-hum est-ce que toi tu trouves que tu parles bien le français ?

L1 non (rires)

L0 non

L1 bien je trouve comme ici on a un accent là / comme le chiac là puis moi / comme quand je suis avec mes amis comme je parle pas vraiment bien le français / là présentement je fais un effort là comme (rires) parler bien le français ben d'habitude là comme / on se sert des mots anglais ici et là…

1 Dans ces premiers entretiens, je n'ai pas personnalisé les participants : les tours de parole étaient notés comme L1 (locuteur 1) et L2 (locuteur 2), – L0 représente l'intervieweur – ce qui rend compte d'une certaine attitude en sociolinguistique. L'enquêté était considéré comme un fournisseur de paroles, privé de son épaisseur. Les enquêtes ont été menées par des assistantes de recherche, étudiantes à l'Université de Moncton et originaire dans la plupart des cas des lieux mêmes où se tenait l'enquête. À la toute fin de l'entretien, les chiffres servent à classer les entretiens – les deux premiers chiffres indiquent la région, les deux suivants l'école, et les trois suivants, l'élève.

L0 uh-hum qu'est-ce que pourquoi tu penses que tu parles pas bien le français c'est dû à quoi ça ?

L1 mon environnement l'entourage

L0 oui

L1 comme j'ai toujours été habituée de même / comme mes parents parlent comme ça aussi / ils parlent français / mais je veux dire comme c'est en français / comme c'est une langue dérivée du français là puis notre vocabulaire est pas vraiment euh comme le meilleur non plus là (rires) comme euh je vas souvent à des camps[1] puis ça puis euh le monde me demande souvent de parler français / ben je sais pas comme / quand je le parle puis ils comprennent pas parce que je parle comme euh comme acadien là tu sais (rires) (0204036).

Ce commentaire me semble particulièrement révélateur d'une prise de conscience d'une différence, de la différence à l'intérieur d'une même langue, qui mène à une certaine forme d'exclusion que je résumerai ainsi : *je parle français mais ils ne me comprennent pas et me demandent de parler autrement dans « ma langue »*. Il n'est guère étonnant que l'étudiante attribue alors des valeurs négatives au français acadien (langue « dérivée » du français ; vocabulaire déficient), mais on peut aussi se demander si c'est la situation d'entretien qui induit les commentaires.

Dans le passage qui suit, une jeune étudiante très engagée dans des mouvements écologiques, et très réflexive quant à ses comportements linguistiques, exprime son attachement au français, sa représentation du vernaculaire acadien (*pas du bon français*), les tensions vécues quant à l'usage de sa langue sur les différents marchés et les stratégies d'accommodement ou de résistance qu'elle mobilise.

Extrait 2

L0 À la maison quelle langue parles-tu le plus souvent ?

L1 français tout le temps le français / je dis pas que c'est le bon bon français là / ben j'ai jamais parlé en anglais ni ma famille / moi j'ai parlé j'essaie des fois-là / je vas dire un mot bon français puis ça vient que ma famille vient à s'adapter à ce mot-là.

L0 ah

L1 « so » on / on le dit ben ça c'est un change comme euh on dit pas du « linge » on dit tout le temps des « hardes » puis là des fois je vas dire « as-tu euh lavé ce morceau de linge-là » puis là ça va surprendre ma mère ben…

1 Les camps correspondent ici à des colonies de vacances, lieu où les adolescents passent une partie de leur été.

L0 ah
L1 comme ça vient que /
L0 / uh-hum /
L1 / je sais pas.
L0 avec le temps ça change
L1 avec le temps ça vient oui, ma mère euh aussi
L0 oui comme ça c'est toi / qui suggère des…
L1 ben moi des fois / des fois elle dit tout le temps une « calotte » puis là elle dit une « tuque » cet hiver comme elle est avec une femme souvent puis elle parle « so much » le bon français « so » nous autres ça nous apprend à parler pluS
L0 bon oui uh-hum avec tes amis quelle langue parleras-tu /
L1 / français /
L0 / le plus souvent ?
L1 français ben il y en a beaucoup je sais qu'allont parler anglais bien moi non c'est touT en français c'est pas le bon français je le sais bien, c'est le français pareil.
L0 uh-hum
L1 notre langue « so »
L0 est-ce / est-ce que tu y tiens ?
L1 uh-hum (0206007)

Dans cet extrait, on trouve à peu près toutes les facettes du rapport des minoritaires acadiens à leur langue. D'abord, le français est considéré comme la langue de tous les jours, la langue « normale », puis s'installe une interrogation à l'égard de son usage, un rapport schizophrénique avec ses pratiques : *ce n'est pas le bon français.* Le vocabulaire du milieu n'est pas non plus légitime – des *hardes ?* Non, il faut dire du *linge* – qui renvoie à « vêtement », – tout aussi régional que *hardes*. Les mots venus d'ailleurs – une *tuque* au lieu d'une *calotte* – sont toujours préférables aux régionalismes, mais en fin de compte, le français parlé en Acadie, même si « c'est pas le bon français, c'est le français pareil ». Le réflexe le plus courant est de croire que tout ce qui vient de l'extérieur est supérieur aux expressions locales, réaction première du dominé qui endosse inconsciemment les processus de domination, qu'ils soient réels ou imaginés, et qui consolide l'ordre établi.

L'idée d'une norme unique est très présente dans l'extrait. Le « bon français », ce sont les autres qui le possèdent, pas « nous ». La personne qui vient de l'extérieur qui utilise le québécisme « tuque » est immédiatement reconnue comme légitime ; son lexique est admis d'emblée comme étant supérieur. Il découle de cet extrait un certain sentiment de dépossession, mais en même temps, un désir chez l'étudiante de se réapproprier cette langue, qui est aussi la sienne – « c'est le français pareil, c'est notre langue » –, une volonté de faire partie de la francophonie, peu importe que les pratiques ne soient pas conformes à ce français imaginé comme toujours lointain. Se manifeste un désir de prendre une place, de prendre sa place, de prendre *notre* place : *c'est notre langue.* Mais en même temps, cette volonté est assujettie à l'idéologie du français unique.

Finalement, la dernière voix est celle d'une étudiante qui se dirige vers les sciences de la santé après ses études de 12e année. Comme les personnes précédentes, elle dévalorise son vernaculaire.

Extrait 3

L0 Est-ce que c'est important pour toi de vivre dans un milieu qui est assez français ?
L1 oui
L0 oui
L1 mm
L0 ou si ça te fait pas de différence[1] ?
L1 ben ça me fait pas de différence vraiment
L0 est-ce que le français c'est important pour toi ?
L1 ouais
L0 pourquoi ?
L1 ben / c'est aussi important que l'anglais là si tu veux aller en quelque part bilingue
L0 est-ce que tu fais une différence entre le français et l'anglais ou est-ce que les deux sont aussi importants pour toi ?
L1 sont aussi importants
L0 est-ce que tu trouves euh que tu parles bien français ?
L1 non pas comparé (rires) / aux autres places comme au Québec pis tout ça par là ils parlent mieux que nous-autres (rires)
L0 pourquoi ?
L1 ben je sais pas nous-autres là on est chiac (rires) pis / on parle chiac
L0 pis c'est quoi le chiac
L1 des mots des mots anglais qu'on sort (rires) / des mots anglais qu'on vire à l'envers (rires) <L0> (rires)
L0 pis pour toi c'est pas aussi bon que le français qu'on parle ailleurs ?

1 La réponse est ici clairement suggérée.

L1 ouais
L0 donc est-ce que tu trouves que il y a euh un endroit soit au Nouveau-Brunswick ou ailleurs au Canada ou même ailleurs dans le monde où tu trouves qu'on parle bien français ?
L1 mm / en France là / je sais pas
L0 est-ce que pour toi c'est un modèle le français de France ?
L1 oui
L0 est-ce que c'est comme ça que tu aimerais parler ?
L1 oui
L0 est-ce que t'as déjà parlé à des gens qui venaient de la France ?
L1 non (0403003)

La France sert de modèle même si, dans le dernier extrait, l'étudiante n'a jamais rencontré de Français. C'est une contrée lointaine à laquelle on ne peut s'identifier, mais qui peut rester homogène dans l'imaginaire, justement parce que lointaine. Il en est de même pour le Québec. Marty Laforest rappelle en effet qu'il est courant de comparer le français de la classe populaire québécoise à celui de la classe bourgeoise de Paris, « dont on fait LE français international » (Laforest 1997 : 9).

« Y A PAS DE BON FRANÇAIS »

Seul un nombre restreint de personnes provenant de milieux minoritaires dit accepter que la langue française varie selon les régions et selon les situations de communication, position qui est illustrée dans les deux extraits suivants :

> tout le monde a leur façon de parler français il y a pas de manière de parler bien français c'est la manière que tes parents parlent pis de la manière / ça dépend où est-ce-que tu restes pis tu sais il y a pas vraiment de bon français je pense pas / ça dépend y où-ce tu vas pis quosse tu / comment-ce tu parles français il y a toutes différentes sortes de façons de parler français (0402013).

> vraiment je trouve pas qu'il y a pas personne qui a le bon français parce que je veux dire comme j'ai déjà été en France moi-même pis / je veux dire comme eux-autres ils usent des mots anglais dans leur langue pis je veux dire comme nous-autres on use des meilleurs mots qu'eux-autres pis je veux dire comme / moi je trouve qu'il y a pas un bon français ça c'est c'est touT / comme OK le vrai français ça vient de la France mais comme nous-autres on l'a / pis les Québécois l'ont / pis *then* après ça *well* les Anglais ont un petit peu d'européen comme du je sais pas moi du suisse ou de l'allemand dans

> leurs mots pis je veux dire euh comme euh je sais pas moi je trouve pas qu'il y a un bon français ça existe pas (0502008).

Ces paroles sont celles de locuteurs provenant d'une région fortement minoritaire, la région de Fredericton où se trouve un centre communautaire[1] francophone créé par les Acadiens eux-mêmes à la suite de nombreuses revendications. Les étudiants qui fréquentent cette institution proviennent en majorité de milieux favorisés et sont issus de familles déjà largement acquises à la « cause française ». Ils ont relativement confiance en eux, ont conscience des variétés linguistiques et expriment des opinions de nature métalinguistique pour expliquer les difficultés linguistiques des francophones du milieu, qu'ils semblent comprendre.

Dans l'ensemble, les jeunes provenant de milieux où ils sont minorisés entretiennent une relation ambivalente à l'égard du français et de leurs pratiques de la langue, relation qui se manifeste en autant de rapports contradictoires : essentialisation et idéalisation du français perçu comme unique, mythique, et parlé par « d'autres » qu'eux-mêmes, ce qui entraîne une dévalorisation presque systématique de leur vernaculaire. De l'autre côté, on trouve une volonté de penser la langue au pluriel, de revendiquer d'autres façons de concevoir la francophonie, revendication qui s'affirmera avec plus de vigueur dans les différentes manifestations dont je rendrai compte dans les prochains chapitres.

Si dans ces entretiens les discours restent assujettis au discours officiel, c'est en partie parce que les questions étaient orientées dans ce sens-là et laissaient peu de place à l'émergence de propos qui auraient mieux rendu compte des dynamiques langagières de l'époque. Ces lacunes étant admises, je reste persuadée que le discours retenu sur les représentations linguistiques des minoritaires est toujours valable aujourd'hui, étant donné sa prégnance dans tous les discours recueillis depuis, autant dans les discours privés (les entretiens) que publics, autant dans la presse que dans des associations et organismes communautaires.

---

1 Il s'agit d'un complexe qui abrite à la fois une école et un centre culturel. L'école offre des cours de la maternelle jusqu'à la 12e année, ce qui équivaut à la fin du lycée. Voir Allain et Basque 2003 pour l'histoire des centres communautaires au Canada ; le centre de Fredericton fut le premier du genre et a servi de modèle aux autres centres du pays.

EN MILIEU MAJORITAIRE : LE « VRAI FRANÇAIS » EST AUSSI AILLEURS

Les locuteurs en milieu majoritaire n'ont pas cultivé les mêmes représentations que ceux des milieux minoritaires ; ils sont confiants dans leur capacité à communiquer en français, peu importe qui sont les interlocuteurs. Cette confiance est surtout présente dans la Péninsule acadienne, région où les francophones sont fortement majoritaires et plutôt monolingues. Les locuteurs se donnent comme modèles à imiter pour les Canadiens des autres régions dans une proportion de 27 % et comme modèles à imiter pour les autres Acadiens dans 90 % des cas.

Les jeunes de la Péninsule acadienne sont les seuls à adopter une attitude aussi positive à l'égard de la langue qu'ils parlent, et même là, ils ont des réserves :

Extrait 1

L0 OK // est-ce que toi tu penses que tu parles bien le français / toi-même ?

L1 je trouve que je le parle bien j'utilise euh / comme je cherche mes mots // un vocabulaire assez grand là / mais quand-ce qu'on est entre amis euh / je parle comme les autres on va dire là

L0 pis c'est quoi ça qu'on parle comme les autres

L1 ben comme dans la langue de tous les jours / c'est pas / pas des grands mots

L0 mm

L1 puis j'aime beaucoup m'exprimer à l'écrit / à l'écrit là / j'aime ça

L0 mm

L1 ouais en français là j'adore ça

L0 mm

L1 mais parler comme j'aime ça parler français là mais je fais pas des exprès sortir des grands mots pis ça là

L0 OK

L1 mm

L0 mais dans le fond t'es satisfaite de la façon dont tu parles le français / c'est dû à quoi ça le fait que / que tu te sentes si bien en français que t'es satisfaite de ta langue est-ce que c'est euh à cause de la région ici est-ce que ça serait à cause de tes parents peut-être ou / ou à cause de l'école qu'est-ce qui fait que toi tu

L1 moi je sais pas moi personnellement je trouve c'est une fierté d'être Français

(...)

L1 faut la garder notre langue c'est notre culture nos ancêtres c'est / c'est ce langue-là qu'ils parlaient / on a reçu ça des Français de France / c'est touT de là ça vient / puis euh pourquoi qu'on se tournerait vers les Anglais si qu'on est né Français (0102047)

Extrait 2

je parle avec mon petit acadien un petit peu... pis si je voulais ben je pourrais parler un bon français impeccable là ben tu sais ça fait comme snob (...) on dirait que le monde pense t'as ton petit air hautain pis tu te vantes ça fait // (0103009).

Il semble clair que le français soit une ressource dotée d'un capital symbolique très important en région majoritaire, puisque les témoins y vivent presque complètement en français ; l'anglais est perçu comme une langue utilitaire et essentielle pour les contacts avec les personnes de l'extérieur, mais l'insécurité linguistique exprimée chez les locuteurs des milieux minoritaires à l'égard du français n'est pas présente de la même façon. Il ne se dégage pas ici une impression de dépossession linguistique et culturelle. Par ailleurs, la pression des pairs intervient dans les pratiques communicatives, où l'usage du « bon français » équivaut à afficher un certain snobisme, ou encore comme le rapporte un autre participant : « tu dis le *bon* mot et les autres te disent *quossé ça* », propos rappelant que la loi de formation des prix sur les différents marchés linguistiques varie et que les *libertés obligées*[1] des marchés « locaux », où l'esprit de connivence est presque contraint ne se vivent pas toujours de façon sereine. Je fais encore ici référence à Annie Ernaux : « Qu'est-ce qu'on penserait de nous ? [...]. Ne pas me *croire*, *faire de l'étalage* » (Ernaux 1997 : 68 – c'est l'auteure qui met en italique). Combien de fois ai-je entendu la phrase suivante de mes parents qui me rappelle étrangement celle de l'auteure : *surtout ne pas se « croire » et ne pas montrer de différence (culturelle et langagière) ; être en phase avec le voisinage.*

Dans les autres régions majoritaires où les francophones sont davantage en contact avec les anglophones, les représentations des participants à l'égard de leur langue et de la langue du milieu convergent avec les représentations des régions minoritaires : la langue qu'ils considèrent comme standard n'est pas celle de leur milieu ; cette vision conditionne

1 Bourdieu traite des censures et des libertés obligées reliées aux exigences des différents marchés linguistiques (Bourdieu 2001 : 141).

leur perception. Ils sont persuadés qu'il existe un français légitime qui n'est pas celui qu'ils parlent : leur français sert à communiquer avec les locuteurs du milieu, mais pas avec ceux de l'extérieur :

Extrait 3

L1 ben c'est sûr que si tu sors de ta place tu vas trouver que tu parles drôle ou si tu t'en vas en France tu vas trouver qu'eux-autres ils parlent beaucoup pis ils parlent vraiment le français au côté de toi / eux-autres comprendront pas vraiment quosse tu dis

L0 hum

(...)

L1 ben moi c'est comme c'est sûr parce qu'eux-autres [les Français] ils ont appris la vraie langue française / ils viennent de la France / mais comme nous-autres ben on a appris notre langue qu'on a par ici

L0 hum ça fait que d'après toi tu parles pas un vrai français

L1 ben je parle français par icitte mais comme pas le vrai vrai français dans les vrais gros mots là

L0 hum

L1 comme on mélange des mots là comme au lieu de dire des pneus on va dire des *tire* pis ça je veux dire là (0602025).

Comme dans certains extraits déjà cités, les Français de France apparaissent comme les représentants légitimes de la norme, « ils vont sortir des beaux mots », « ils parlent vraiment le français, la vraie langue française, le vrai vrai français dans les vrais gros mots là ». C'est l'idéologie du français unique qui est ici intériorisée et qui laisse peu de place aux autres variétés du français. Les élèves se comparent à des locuteurs qu'ils essentialisent – les Français –, qui forment un groupe dont tous les membres parlent de la même façon. Ce qui frappe, tout comme dans les extraits provenant des milieux minoritaires, c'est la force du discours sur le français de France comme modèle absolu, inaccessible. L'assujettissement à une norme exogène – que ce soit la France imaginée ou une autre – est complète : « le vrai français n'est pas pour nous ».

Ces différents commentaires sont des échos de ce que j'avançais dans le premier chapitre, à savoir la difficulté à gérer les façons de parler selon les situations et les tensions qui en découlent (surtout dans les milieux où le vernaculaire est fortement rattaché à l'expression d'un sentiment identitaire). Si ces tensions sont présentes dans de nombreux endroits (Boudreau et Dubois 2003), elles se manifestent différemment selon la force des vernaculaires et selon la prégnance des discours valorisant une norme exogène. L'insécurité linguistique est une des manifestations de cette tension. Elle est particulièrement audible dans les milieux où les francophones sont minorisés.

REPRÉSENTATIONS DÉVALORISANTES ET LEUR COROLLAIRE : L'INSÉCURITÉ LINGUISTIQUE

Les représentations entretenues à l'égard des pratiques langagières, elles-mêmes tributaires des discours véhiculés sur elles, sont reliées aux idéologies linguistiques dominantes d'une époque. Quand elles sont négatives, elles peuvent générer des sentiments d'insécurité linguistique et se manifestent de différentes façons : hypercorrection ou hypocorrection, reformulations, reprises, mais elles sont surtout très « parlantes » ou « audibles » lorsqu'elles se présentent sous forme d'*auto-odi* ou de métadiscours récurrents sur sa manière de parler. William Labov est le premier chercheur à avoir utilisé l'expression « insécurité linguistique », qu'il a attribuée aux tensions qui existent entre les classes sociales. Selon lui, la variation est inhérente à toute communauté linguistique et elle correspond à la stratification sociale de la communauté, c'est-à-dire que les différentes façons de parler, les unes prestigieuses, les autres moins, sont le reflet des rapports hiérarchiques ou conflictuels, ou les deux, entre les membres de la communauté. Il soutient qu'« il existe une relation intime entre la variation stylistique et la variation sociale et [que] toute déviation par rapport à l'une a le plus souvent sa contrepartie dans l'autre » (1976 : 194). Pour l'auteur, l'insécurité se traduit par « une très large variation stylistique ; par de profondes fluctuations au sein d'un contexte donné ; par un effort conscient de correction ; enfin, par des réactions fortement négatives envers la façon de parler dont ils ont hérité » (*ibid.* : 183).

C'est surtout la dernière caractéristique qui m'intéresse ici et qui rejoint les théories bourdieusiennes. Chez Pierre Bourdieu (1982), l'idée d'insécurité linguistique court en filigrane dans *Ce que parler veut dire*, qui est l'application au domaine de la langue de la théorie mise en avant dans *La distinction* (1979). La classe dominante possède non seulement le capital économique, mais aussi le capital linguistique – la langue légitime –, et acquiert des profits liés à ce capital sur une bonne partie des marchés linguistiques, même si dans certains marchés, c'est le vernaculaire qui est prisé (comme nous l'avons déjà vu). Selon ce dernier,

> Le capital linguistique est le pouvoir sur les mécanismes de formation des prix linguistiques, le pouvoir de faire fonctionner à son profit les lois de formation des prix et de prélever la plus-value spécifique. Tout acte d'interaction, toute communication linguistique, même entre deux personnes, entre deux copains, entre un garçon et sa petite amie, toutes les interactions linguistiques sont des espèces de micro-marchés qui restent toujours dominés par les structures globales (Bourdieu 2002a [1984] : 124).

Comme Labov, Bourdieu met l'accent sur les rapports de force entre les groupes sociaux, mais il élargit le cadre de l'analyse de l'insécurité linguistique en montrant que celle-ci se dévoile dans l'ensemble de « l'habitus linguistique » du locuteur, c'est-à-dire au-delà de la parole, et même dans les gestes et les aspects les plus « insignifiants » du quotidien (*ibid.* : 37). Chez Pierre Bourdieu, l'insécurité linguistique est abordée d'abord comme une attitude sociale.

Michel Francard a élargi la problématique de l'insécurité linguistique en montrant que c'est « l'institution scolaire qui générerait l'insécurité en développant à la fois la perception des variétés linguistiques et leur dépréciation au profit d'un modèle mythique et inaccessible (le français standard, le français normé) » (Francard 1989 : 13).

Dans notre recherche réalisée entre 1989 et 1994 auprès des jeunes (pour ce qui concerne la région du sud-est du Nouveau-Brunswick et plus particulièrement celle de Moncton), nous avons pu constater que les locuteurs portent un regard sévère sur leurs pratiques. Ils considèrent qu'ils parlent mal, qu'ils parlent « acadien », « avec leur petit français », qu'ils ont « des expressions de par icitte », que « c'est tout le temps des mots de travers », que « c'est jamais des bons mots de français », etc. Ce jugement semble partagé par les « autres », ceux des milieux majoritaires, et ce regard dépréciateur vient renforcer leur sentiment de parler un français « croche ». En fait, les deux regards, l'autoévaluation et l'évaluation externe se croisent, s'influencent mutuellement et sont interdépendants. Or, cet opprobre qui frappe les régions mixtes apparaît couramment dans les situations où les locuteurs pratiquent deux langues et où des traces de cette coexistence apparaissent dans les pratiques, ce qui est le cas ici. Suzanne Romaine indique par exemple que l'alternance codique a été socialement stigmatisée dans une majorité de communautés : « *in problably the majority of communities where it [code-switching] has been studied, some social stigma has been attached to this mode of speaking by both community as well as outgroup members* » (Romaine 1995 : 291) ; Christine Deprez rappelle de son côté que le bilinguisme n'a jamais « joui d'une très bonne presse en France » et que l'unité linguistique a toujours été considérée comme une force, alors que le plurilinguisme était associé à la division, à l'affaiblissement. Elle ajoute que ces idées ont été fortement véhiculées par les institutions et plus particulièrement par l'école, si bien que « ces jugements ont été plus ou moins intériorisés par les bilingues » (Deprez 1994 : 20). Andrée Tabouret-Keller a consacré plusieurs articles au bilinguisme et à ses prétendus effets nocifs, articles qui sont condensés dans un livre paru en 2011. Elle recherche les racines historiques et philosophiques profondes dans la pensée européenne sur la langue.

En Acadie, on vient de le voir, les marques ou les traces du mélange dans les paroles des personnes bilingues sont stigmatisées. En même temps, le bilinguisme individuel est très prisé et le discours provincial officiel vante, sur toutes les tribunes, les bienfaits du bilinguisme, message repris et mis en circulation par les élites francophones. Cependant, dans les débats sur la qualité du français, ces dernières décrient les traces de l'anglais dans le « parler ordinaire ». Les personnes francophones qui sont bilingues sont fières de connaître deux langues, mais d'autre part, elles sont victimes de l'ostracisme qui frappe leur parole justement en raison du mélange de langues qui caractérise leur parler, mélange qui est la conséquence directe du bilinguisme inégalitaire pratiqué par une population minorée. En revanche, depuis les lois nationale et provinciale sur les langues officielles (1969), cette ressource bilingue donne aux francophones un avantage sur le plan de l'emploi étant donné que le pays et la province cherchent des personnes « bilingues » pour pourvoir des postes dans la fonction publique et dans différents services (LeBlanc 2009 ; voir aussi le chapitre suivant). Cependant, en période de difficultés économiques, l'avantage accordé aux francophones suscite du ressentiment du côté des anglophones, comme on peut le voir dans les lettres d'opinion publiées dans les journaux locaux.

LA LANGUE ET LE LOCUTEUR

C'est après avoir réalisé l'enquête auprès des jeunes que j'ai donné mes premières communications, au Canada d'abord, puis en Europe francophone, en Belgique et en France surtout. Je présentais les éléments essentiels de la recherche, les questions posées, les analyses, les résultats ; la veille de chaque colloque, je ressentais la même angoisse, une angoisse sourde, presque paralysante. Ce n'était pas le stress de donner une communication qui me faisait trembler, mais le fait d'avoir à illustrer des propos tirés des entretiens et d'imaginer les interprétations qui allaient en résulter. Pouvais-je présenter des jeunes qui parlaient le français de Moncton, le chiac, sans qu'il y ait des jugements de valeur rattachés à cette (re)présentation de l'oral ? Qu'allaient en penser mes collègues des autres pays ? Allaient-ils voir dans ces extraits des locuteurs en train d'être assimilés, qui ne pouvaient plus parler le français, qui étaient « semilingues » ?

Même si les participants de ces colloques étaient essentiellement des linguistes, je me méfiais des interprétations qu'on allait faire de ces énoncés. Je fréquentais surtout des colloques dont les problématiques étaient liées à des questions (sociolinguistiques) assez larges, mais malgré tout, à peu près tout le monde était habité par l'idéologie du standard, filtre conditionnant la vision de la langue, même chez ceux qui dénonçaient la vision unitaire et uniforme du français. De plus, dans ces exposés, j'étais à la fois sujet (auteure) et objet de l'analyse (en tant que locutrice occasionnelle des formes montrées), et je pouvais ressentir le regard (dubitatif) posé sur les pratiques qui risquaient d'être analysées hors contexte malgré toutes les précautions oratoires mises en place pour expliquer les conditions particulières de la prise de parole. Je me rappelle avoir ressenti un réel malaise lors de ces premiers colloques où je craignais avoir donné l'impression que les Acadiens ne pouvaient pas parler français, alors que mon objectif était de montrer une autre facette de la francophonie, facette certes difficile, mais néanmoins « vivante ». C'est là qu'intervient la question du savoir construit par le chercheur et de sa responsabilité dans le processus. Le fait de ne décrire que les écarts au français « standard » par exemple, fait en sorte que l'on ne voit que ces derniers et que l'on oublie toute la partie du vernaculaire qui n'est pas donnée à voir parce que trop semblable au français parlé partout ailleurs. Mais ce « choix » est lourd de conséquences pour le locuteur et pour le milieu dans lequel il s'insère ; on finit par ne voir que les différences. J'enfonce peut-être une porte ouverte ; il est clair que le linguiste intéressé aux formes de la langue voudra décrire les éléments les plus distinctifs des vernaculaires, mais l'idéologie du standard étant ce qu'elle est, il est toujours risqué de le faire.

SE DÉPARTIR DE SA PROPRE INSÉCURITÉ

Différentes stratégies sont mises de l'avant par les locuteurs pour tenter d'amoindrir le sentiment d'insécurité linguistique ou de dépossession linguistique qui les habite. Il s'agit soit d'essayer de rayer toute marque régionale et de ressembler à l'autre (le modèle), soit d'accepter sa différence et en même temps user de toutes les ressources de son répertoire pour naviguer assez confortablement – dans la mesure du possible – dans différentes situations. Une autre approche vise à *insister* sur le caractère différentiel de son vernaculaire, situations bien décrites par des sociologues (Bourdieu 1982 ; Camilleri et collab. 1990 ; Moscovici 1979).

J'ai rencontré une autre attitude chez les jeunes, qui consiste à trouver un bouc émissaire – habituellement un autre groupe de personnes censé parler « encore plus mal que soi » – et ainsi diriger la discussion ailleurs, une façon sans doute de se protéger ou de détourner l'attention. Claudine Moïse, Christina Romain et Emmanuel Meunier écrivent que

> le processus de désignation des boucs émissaires est l'un des plus puissants processus de régulation interne des groupes et des sociétés confrontés à une crise, c'est-à-dire à une situation où certaines questions restent sans réponse connue et adaptée, et où l'ordre social se voit menacé et les représentations, les croyances ou les rituels malmenés (Moïse et collab. : 2015, p. 121).

En effet, dans certains entretiens, les jeunes ont tendance à vouloir identifier d'autres personnes *qui ne peuvent pas parler pantouT* pour ensuite revenir sur leurs pratiques qui sont *moins pires*. Les auteurs affirment également que

> La désignation du bouc émissaire permet de « rationaliser » la crise et de trouver une forme d'« explication » pour préserver la bonne image que le groupe a de lui-même (ce n'est pas le groupe qui est fautif, mais ce corps étranger qu'est le bouc émissaire) et envisager une sortie de crise. Or, le processus de désignation procède par rumeur, médisance et accusations relayées entre les membres du groupe (*ibid.* : 2015, à paraître).

Voici quelques exemples du processus.

Extrait 1
ça pourrait être mieux (rires) mais comparé à d'autre monde (...) comme une de mes amies / elle parle vraiment mal elle vient de Shédiac [ville près de Moncton] (0101046).

Extrait 2
L1 oui comparé à d'autres régions je trouve qu'on parle bien français
L0 comme comparé à quelles
L1 comme Moncton je trouve c'est beaucoup là du chiac là pis / beaucoup mêlé je trouve par icitte qu'on parle ben (0603003).

Extrait 3
L0 non ben disons que je changerais la question de bord pis je te demanderais i y a tu des modèles qu'il faudrait vraiment pas imiter
L1 Moncton (rires)
L0 Moncton oui (rires)
L1 Moncton oui eux-autres / ils appellent ça chiac là c'est anglais / français / ils ont beaucoup d'expressions là que t'as de la misère à les comprendre (0602011).

LE CHIAC, C'EST TCHEUQUE AFFAIRE[1]

En 2002, j'ai lu l'article de Didier de Robillard dans *Marges linguistiques* (2001) sur les faits linguistiques décrits comme étant chaotiques, sur le désordre qui caractérise les pratiques, sur la variation comme règle. Les articles que je lisais alors sur l'alternance codique ne me permettaient pas d'aboutir à un « cadre » pour étudier les phénomènes

1 Le titre donné à la section est celui qu'avait donné à sa rédaction de français un étudiant de première année à l'Université de Moncton au début des années 1990. Je trouve qu'il résume bien la difficulté à désigner le chiac.

linguistiques que j'observais autour de moi. Il m'a semblé que le chiac faisait partie de ces faits de langues « chaotiques » ; Robillard rappelait l'importance de bien souligner *pourquoi* on sélectionnait certains faits de langue à analyser plutôt que d'autres (de Robillard 2001 : 166), ce qui me ramenait à mes questions de départ, à savoir que les phénomènes qui paraissent opaques le sont peut-être parce que le chercheur les voit ainsi, c'est-à-dire que je remettais en question mes présupposés « normatifs » qui guidaient alors mes analyses et les façons que j'avais de construire « mon objet ». L'article a influencé ma façon d'appréhender et d'analyser le chiac.

Dans *L'archéologie du savoir*, Michel Foucault insiste sur la prise en compte de l'historicité des phénomènes pour comprendre les formations discursives qui apparaissent, disparaissent puis réapparaissent pour s'inscrire de façon plus permanente dans un habitus social et individuel particulier. Le discours sur le français anglicisé de la région monctonienne s'est formé à partir du début du 20e siècle, bien avant qu'il ne porte un nom. Dans le seul quotidien francophone du Nouveau-Brunswick de l'époque, *L'Évangéline*, un dialogue fabriqué voulant imiter une conversation entre deux Acadiennes parlant un mélange de français et d'anglais est publié le 14 décembre 1914 (Clarke 1980 : 374). En 1949, dans le même quotidien, paraissait un texte intitulé « *La langue française* », où un enfant parle à son père en mélangeant le français et l'anglais et son père de lui dire : « Je viens de répéter en français ce que tu disais en angl… en <u>monctois</u> » (le 30 septembre). Pour ce qui est du glottonyme *chiac*, je l'ai trouvé dans le même journal en 1963, où un notable écrit « Avec le faux bilinguisme, on arrive souvent à ne posséder ni l'une ni l'autre d'une des deux langues ! On parle un français "schiak" » (le 4 janvier).

Le glottonyme était aussi connu au Québec puisque dans le *Contentieux de l'Acadie* (1966), Jacques Ferron, écrivain québécois, intitulait l'un de ses chapitres : *Les Chiacs de Moncton*[1] ; le film *L'Éloge du chiac*, réalisé par le cinéaste québécois Michel Brault, est diffusé dès 1969. C'est donc pendant les années 1960, avec la remise en question des valeurs

---

1 On ne connaît pas l'origine du terme. Qu'elle soit crédible ou non, la croyance populaire veut que le mot remonte au voyage d'un Acadien qui serait passé par Québec et qui aurait dit qu'il venait de « Shédiac », que les Québécois auraient compris « chiac » et que ce nom serait resté pour désigner le mélange de langues présent dans la région du sud-est du Nouveau-Brunswick. Voir note p. 226.

traditionnelles associées à l'acadianité (ruralité, dogmatisme religieux), que le discours sur les pratiques linguistiques a été réanimé. Et c'est en partie parce que ce mélange porte un nom qu'il a été au centre des discussions sur la langue en Acadie et ailleurs. Pratiquement à chaque fois que l'on veut parler du mélange de langues au Canada français, on convoque le chiac comme exemple.

Il m'est apparu très vite que la nomination des groupes et des langues était un phénomène important qui permettait d'analyser les idéologies linguistiques, à savoir *qu'est-ce qu'*on nomme, *qui* nomme, *pourquoi* on nomme. Donner un nom à une variété – ou au contraire, ne pas lui en donner – est porteur de significations et de valeurs. L'ouvrage d'Andrée Tabouret-Keller sur *Le nom des langues et les enjeux de la nomination* paru en 1997 m'a particulièrement interpelée, surtout l'introduction de l'ouvrage où l'auteure met l'accent sur les enjeux de pouvoir rattachés à la nomination et aux différents processus qui participent à la reconnaissance ou à la mise au rancart des locuteurs qui parlent une langue donnée[1]. Pierre Bourdieu avait déjà insisté sur toute la signification liée à l'acte de nommer qui permet aux groupes linguistiques dénués de légitimité, ou encore ignorés ou niés dans leur existence même, d'advenir au monde par l'usage des verbes performatifs (Bourdieu 2001 : 285-287). Cécile Canut a également écrit sur le sujet dans son article *Le nom des langues ou les métaphores de la frontière*, où elle rappelle que *nommer, c'est faire exister, c'est construire, c'est instituer socialement.* Dire soi-même que l'on parle le français, l'acadien ou le chiac, ou encore dire que l'on parle les trois, révèle un certain positionnement à l'égard de ses pratiques ; je dis « un certain », parce que ce positionnement est volatile et peut changer selon les situations et selon la personne à qui l'on s'adresse, si l'on souhaite affirmer une identité ou encore faire un « *statement* », un manifeste. Il en est de même pour celui qui décrit les pratiques de l'autre ou de son interlocuteur ; son choix de nom est significatif et peut également fluctuer selon les situations et les destinataires. Dire « parler le chiac », ce n'est pas la même chose que dire « parler le franglais ». Dans le premier cas, on renvoie à un objet précis lié à un endroit précis et à des locuteurs particuliers ; dans le second, c'est nier sa singularité.

1 Voir Susan Gal et Kathryn Woolard (2001) pour une discussion sur le pouvoir des linguistes associé à l'acte de nomination des langues et des variétés de langues et à ses liens avec les idéologies (masquées ou non) de ces derniers, souvent perçus comme des voix d'autorité, et par le fait même incontestables.

Par la nomination, un groupe d'individus, une langue, une variété sort du néant, « devient », « existe » avec toute une gamme de représentations qui se construisent dans le discours autour du glottonyme ; dans le cas du chiac, les conséquences de cette « reconnaissance » sont variables. D'une part, le nom confère un profit de distinction aux artistes et aux créateurs – surtout au Québec où le terme est très connu ; d'autre part, il est la cible de tous les discours alarmistes sur l'état du français, où « l'état d'infériorité » du groupe périphérique est souligné surtout lorsque les contacts entre différents groupes « culturellement » assez semblables sont fréquents : « *the "backwardness" of peripheral groups can only be aggravated by a systematic increase in transactions with the core* » (Hechter 1999 [1975] : 32). *Voyez ce qui arrivera si on laisse aller les choses* ! Les chiacs deviennent le bouc émissaire pour les autres groupes de francophones au Canada, un phénomène intergroupe, alors que dans le cas des jeunes cités plus haut, il s'agissait de phénomènes intragroupes – trouver un plus petit que soi ; trouver des personnes qui parlent plus mal que soi. C'est pour ces raisons qu'il me semble important ici de revenir brièvement sur la nomination du français au Canada.

LA NOMINATION DES LANGUES ET LES IDÉOLOGIES LINGUISTIQUES

Au Québec, les locuteurs du français se sont d'abord nommés *Français* (au tout début de la colonisation), puis *Canadiens* (entre 1763 et 1867) pour bien marquer leur appartenance à un sol et à une société distincte de celle de la France (Bouchard 1998)[1]. Ensuite, et de façon concurrente, le terme *Canayen* a été en usage à partir de 1867 pour nommer l'habitant québécois, terme qui est resté jusqu'au milieu du 20e siècle et qui renvoyait dans la bouche des lettrés francophones au statut inférieur du *Canadien français* qui parle plutôt mal. À partir de la fin du 19e siècle et de façon concomitante avec les autres termes employés, celui de *Canadien français* a été en usage entre 1867 et 1970 pour marquer une distinction entre les deux groupes linguistiques majoritaires du pays et surtout pour tracer une frontière symbolique avec les *Canadiens anglais*, puisque la Confédération attribuait d'office le titre de *Canadiens* à l'ensemble de la population du Canada, délestant alors le terme de son contenu sémantique /+francophone/.

1 Voir aussi l'article sur le sujet à l'entrée « Canadien » dans le *Dictionnaire du français Plus* (1987).

Le terme *Québécois* a été répandu à partir de 1968 au Québec avec la célèbre phrase de René Lévesque, « nous sommes des Québécois », qui a eu des répercussions à la fois sur les Québécois eux-mêmes et sur les autres francophones au Canada, qui ont eu à se redéfinir à partir de cette nouvelle appellation (voir Bouchard 1998 : 245-248). À partir des années 1970, certains Acadiens ont commencé à dire qu'ils parlaient le chiac et ont même décidé de se nommer les « chiacs », créant un ethnonyme pour se définir par la langue. Comme je l'ai déjà raconté, lorsque Marie-Eve Perrot est venue donner une conférence sur le chiac après la soutenance de sa thèse sur le sujet, ce fut un véritable événement : un événement universitaire, un événement médiatique et un événement populaire. C'est dire que la question du chiac n'intéresse pas que les linguistes et que toute une partie de la population du Sud-Est se sent concernée. En fait, le chiac constitue le lieu de toutes les revendications, stigmatisations, valorisations et dévalorisations ; il est tantôt emblème, tantôt stigmate et cristallise tous les débats sur la langue, et ce, autant en Acadie qu'à l'extérieur. Quand on veut indiquer aux francophones d'ici ou d'ailleurs que la qualité de leur français est « menacée » ou en « péril », on brandit l'exemple du chiac[1], virus qui pourrait se répandre s'ils ne prennent pas des mesures pour remédier à la situation. Mais qu'en est-il pour les locuteurs qui parlent eux-mêmes le chiac ? Comment le définissent-ils ? Qu'en pensent-ils ? L'analyse de la nomination m'est apparue comme un moyen d'analyser ces questions, d'autant plus qu'elle est apparue sans que j'aborde la question.

Lors de la première enquête réalisée auprès des jeunes, quatorze des dix-huit participants ont abordé spontanément la question du chiac. La plupart en ont parlé lorsqu'on leur a demandé « s'ils parlaient bien le français », question que je ne poserais évidemment pas aujourd'hui. Ils ont répondu qu'ils ne « parlaient pas le *bon français*, mais le chiac », comme on le voit dans les exemples ci-dessous[2].

Extrait 1

L0 est-ce que tu trouves euh que tu parles bien français

L1 non pas comparé (rires) / aux autres places comme au Québec pis tout ça par là ils parlent mieux que nous-autres (rires)

---

1 Voir le dernier chapitre où je traite des polémiques entourant le chiac du groupe acadien Radio Radio et de la chanteuse Lisa LeBlanc.

2 Les extraits 1 et 3 sont repris ici même si je les ai mobilisés plus tôt pour l'analyse d'autres phénomènes.

L0 pourquoi
L1 ben je sais pas nous-autres là on est chiac (rires) pis / on parle chiac
L0 pis c'est quoi le chiac
L1 des mots des mots anglais qu'on sort (rires) / des mots anglais qu'on vire à l'envers (rires) (0403003)

Extrait 2

L0 mm /// mm // OK selon toi parles-tu bien le français
L1 non (rires)
L0 tu trouves pas non
L1 je parle chiac (rires)
L0 tu parles chiac
L1 Shédiac
L0 ouaille / quossé qu'est la différence entre le chiac pis / pis le français (rires) si y en a une
L1 (rires) on parle mal le français là chiac on parle comme / *half* anglais *half* français (rires)
(...)
L1 tout le monde parle chiac pis là pis tu vas sortir un grand mot français ben ils vont touT te regarder pis (rires) (0204002)

Extrait 3

L0 mm // est-ce que toi tu trouves que tu parles bien le français
L1 non (rires)
L0 non
L1 ben je trouve comme ici on a un accent là / comme le chiac là pis moi / comme quand je suis avec mes amis comme je parle pas vraiment bien le français là comme / là présentement je fais un effort là comme (rires) / parler bien le français ben d'habitude là comme on / on se sert des mots anglais ici et là (0204036).

Le chiac fait partie du quotidien de ces jeunes ; c'est un vernaculaire qu'ils parlent et qui les distingue, mais en situation d'entretiens, ils le dévalorisent. Le Québec est nommé dans le premier extrait de cette section, mais l'exemple du Québec comme modèle normatif est moins mobilisé par les jeunes que la France, sans doute en raison du rapport de proximité établi avec la « Belle Province », rapport parfois difficile ; il n'est pas rare que les francophones hors Québec se fassent dire par des Québécois qu'ils ont un accent anglais, remarque très mal vécue[1]

1 Des étudiants m'ont souvent raconté avoir reçu ce genre de commentaire sur leur accent ; certaines personnes, les ayant entendus parler, leur ont adressé la parole en anglais, ce qui

étant donné le contexte que j'ai expliqué au premier chapitre. Si l'accent est en général le moyen par lequel catégoriser *l'autre* (Walter 1988 ; Yaguello 1988 ; Lippi-Green 1997), une remarque sur leur usage ne produit pas les mêmes conséquences chez les différents locuteurs. Pour un francophone canadien et plus particulièrement pour un Acadien, se faire dire au Québec qu'il a un accent anglais ne renvoie pas à une altérité « ouverte », mais suggère en creux qu'il est à moitié assimilé à la culture anglophone, ce qu'il digère mal, alors que la même remarque prononcée par un Européen ne sera pas perçue de la même façon, même si le francophone n'aime pas être assimilé à la culture anglophone pour les raisons évoquées. C'est souvent par des remarques sur « son accent » que l'altérité est signalée, soit comme quelque chose de « charmant » renvoyant à un semblant de proximité – j'adore votre accent –, soit comme à une altérité déstabilisante – vous avez un accent anglais – qui renferme le francophone dans son sentiment de locuteur non légitime du français et qui accentue son sentiment de dépossession linguistique et culturelle.

POLYNOMIE ET NOMINATION

Les extraits de la partie précédente font penser à ce que Gabriel Manessy appelle la vernacularisation, qu'il décrit comme « la prise de conscience par les locuteurs eux-mêmes de la spécificité de leur usage et la constitution de celui-ci en une variété discernable et reconnue » :

> Les conditions de la vernacularisation sont remplies dès le moment où ces gens prennent conscience de ce qui les unit et du rôle effectif qu'ils assument dans le jeu social. Leur manière de parler, *par les traits même qui l'opposent en standard* [*sic*], devient une des expressions de leur spécificité ; elle comporte donc des apports des *variétés dépréciées, retenus comme témoins de l'authenticité socio-culturelle*, et le *rejet de tout ce qui peut être pris pour indice de conservatisme* (Manessy 1993 : 414 ; c'est moi qui souligne.)

La vernacularisation peut être mise en relation avec la notion d'*individuation* que Jean-Baptiste Marcellesi et Bernard Gardin décrivent comme « l'ensemble des processus par lesquels un groupe social acquiert un certain nombre de particularités de discours qui peuvent permettre de reconnaître, sauf masquage ou simulation, un membre de ce groupe »

---

les choque encore davantage.

(Marcellesi et Gardin 1974 : 231). À cette notion, Jean-Baptiste Marcellesi rajoutera celle de reconnaissance-naissance, qui me semble en grande partie convenir à la situation monctonienne : « la naissance d'une langue c'est le fait qu'elle est reconnue d'abord par la communauté qui la parle et/ou par d'autres communautés qui disent que c'est une langue différente. Le concept de langue polynomique est destiné à justifier le fait qu'une langue étant reconnue comme langue différente de l'autre, même si elle ressemble beaucoup, fonctionne avec une grande variation » (Marcellesi 2003 : 28)[1]. Les gens qui parlent chiac se pensent comme une communauté « distincte » qui parle le français d'une façon qui lui est propre, et les autres communautés de langue française au Canada pensent aussi que les francophones de la région de Moncton parlent une langue différente de la leur – la nomination de la langue participe de cette conviction. Peu importe que le chiac soit ou non une langue distincte du français, ce qui compte, c'est que ses locuteurs *ressentent* qu'ils parlent une langue *autre* et qu'ils s'investissent symboliquement dans l'affirmation de celle-ci – ce qui ne veut pas dire pour autant que le chiac soit leur seul médium d'expression, mais ce qui suppose que ses locuteurs résistent à l'hégémonie du dominant. Cette résistance s'opère par une différenciation consciente et revendiquée comme telle, phénomène très courant chez les artistes (voir le dernier chapitr).

C'est en partie de cela qu'il s'agit aussi chez les jeunes qui évoquent le chiac. Il peut s'agir aussi de stratégies défensives : dire qu'ils parlent le chiac et donc invoquer la nomination pour ne pas avoir à se mesurer à la norme du français ; de stratégies de résistance, résistance à l'imposition d'une norme unique, résistance consciente ou non qui se manifeste par le recours au chiac[2]. Répondre *je parle chiac* à l'intervieweur qui demande : « Est-ce que tu parles bien le français ? », c'est une façon de refuser l'hégémonie, une façon de s'affirmer comme distinct, une manière d'« affirmer sa différence », ou encore une façon d'échapper au jugement. Il pourrait au contraire s'agir d'une attitude de soumission ou de résignation à l'égard de ce qui est perçu comme la norme

1 Entretien réalisé avec Jean-Baptiste Marcellesi en 2001 par Philippe Blanchet et Thierry Bulot (voir Marcellesi 2003).

2 Cette résistance peut être du domaine de l'inconscient ; comme l'indique Alexandra Jaffe, il est plus facile de résister en parlant une langue non reconnue ou stigmatisée (dans la rue ou entre amis) que d'user du chiac dans une situation formelle de communication où le risque social peut être plus grand (Jaffe 1999 : 22).

légitime, une façon de rendre les armes devant l'autorité reconnue de l'intervieweur, conséquence directe de leurs complexes d'insécurité et d'infériorité linguistiques. Comme le soulignent Danièle Moore et Claudine Brohy, « dans les situations de contact, le processus de nomination et de dénomination d'une ou de plusieurs langues, plus que de réussir à décrypter des pratiques linguistiques, reflète des assignements, des positionnements identitaires et de reconnaissance sociale, tant interne qu'externe » (Moore et Brohy 2013 : 297). C'est exactement ce dont il s'agit ici : se positionner autrement, afficher une identité hétérogène et plurielle ; se distancer du « standard ». Ces différentes réactions se matérialisent dans les propos de Pierre Bourdieu sur la révolte contre le stigmate ; la conscience qu'a le locuteur de ce stigmate induit sa mise en valeur et sa revendication publique (Bourdieu 1980).

La nomination d'un groupe particulier à travers une façon de parler qui a été longtemps ignorée, voire niée, joue certes un rôle important dans la reconnaissance de ce groupe, mais peut dans certains cas contribuer à alimenter les stéréotypes à son égard. Nommer un groupe d'individus *les chiacs* « n'est pas une fiction sans effets » (Bourdieu 2001 : 286). Le terme de *chiac* est devenu une étiquette qui classe et qui ouvre la porte à toutes les généralisations. Il est courant d'entendre dire que « tous les Acadiens parlent chiac, que les tous les Acadiens du sud-est du Nouveau-Brunswick ne parlent que le chiac », ce qui crée des catégories sociales fictives entre les gens qui parlent le chiac et les autres, entre ceux qui « parlent mal » et les autres. Contrairement à ce qu'une telle catégorisation pourrait laisser entendre, les pratiques langagières des locuteurs du chiac ne sont pourtant pas figées ; ils font usage de pratiques différenciées selon la situation.

DES PRATIQUES FLUIDES

Marie-Eve Perrot et moi avons voulu mettre à l'épreuve cette idée voulant que les chiacs ne parlent que le chiac et toujours le chiac, peu importe les situations. Nous avons donc décidé de retracer dix ans plus tard les personnes qu'elle avait interviewées en 1993 dans une école secondaire de Moncton (18 personnes). L'objectif de recherche de Marie-Eve Perrot avait été d'étudier les mécanismes structuraux présidant au contact de langues et conformément à cet objectif, elle avait retenu les élèves dont le français était le plus anglicisé. Nous souhaitions savoir si les locuteurs choisis parlaient encore le chiac très anglicisé qu'ils parlaient alors. L'expérience fut concluante, et ce, même si nous n'avons pu retracer que deux tiers des participants. Ceux qui « travaillaient » en français ne parlaient plus le chiac ou très peu, et ceux qui travaillaient en anglais parlaient toujours en chiac. Pendant l'entretien, nous leur avons fait entendre la cassette où était enregistrée leur voix d'alors. La réaction de deux participantes, une infirmière et une enseignante, est mémorable. Elles avaient peine à croire qu'elles avaient déjà parlé ainsi. L'une d'entre elles riait et pleurait en se réécoutant et nous a fait promettre de ne jamais faire entendre cette cassette. Elle parlait un français acadien « standard » et avait peine à se reconnaître dans la peau de cette adolescente.

Un usage va se rapprocher de la norme si une certaine nécessité lui est rattachée ou si des profits matériels et symboliques peuvent en être retirés. Est-ce à dire que l'usage d'un chiac très anglicisé est un phénomène passager et limité à la période de l'adolescence ? Oui et non. D'une certaine façon, la pression des pairs dans le milieu est très forte comme je l'ai déjà dit – parler chiac est une façon de s'intégrer au groupe –, et cette pression s'exerce principalement à l'adolescence, phase pendant laquelle les enquêtes ont eu lieu. En même temps, le chiac anglicisé reste toujours en usage chez les locuteurs qui travaillent dans des milieux dominés par les anglophones où ils n'ont pas à faire usage du français. Contrairement à ce que l'on ânonne au Canada français, le français ne va pas survivre ou se développer seulement par amour de la langue ou par l'attachement à cette dernière. Sauf exception, le locuteur ne sera pas motivé à développer ses compétences dans une langue, même si c'est sa langue maternelle, s'il ne peut en faire usage ou si son usage est si restreint qu'il n'a pas à en faire varier les registres (Mougeon 1993). De plus, si l'on considère les pratiques linguistiques comme des ressources que l'individu va utiliser selon les situations pour indexer différentes valeurs suivant ce qu'il veut exprimer, alors il est difficile de croire que la langue pourrait survivre seulement pour des raisons d'ordre émotif.

Cependant, lorsqu'un vernaculaire est reconnu – comme c'est le cas pour le chiac –, que cette reconnaissance dépasse les frontières de son lieu d'origine et qu'il devient l'emblème ou la marque distinctive d'un groupe, la situation est plus complexe. Elle révèle que les formations discursives autour d'un objet ne sont pas fixes, qu'elles sont marquées par des continuités (stigmatisation marquée), par des discontinuités (renversement du stigmate), et qu'il est difficile de prévoir leur trajectoire ; valorisation et dévalorisation sont parfois les deux faces d'un même phénomène. Dans le cas du chiac, les artistes se sont emparés de sa force emblématique pour en retirer un profit de différenciation, un profit de distinction, surtout à l'extérieur de leur lieu d'origine. Si elles rient de leur performance langagière en tant qu'adolescentes, les personnes retracées dans le cadre du projet de Marie-Eve Perrot n'auraient sans doute aucun mal à glisser certaines expressions « chiaques », pourvu que leurs interlocuteurs sachent qu'elles choisissent de le faire. Une des questions qui se posent est de savoir si le chiac est un phénomène de *parler jeune*, question abordée dans la prochaine section. Il est cependant difficile d'y répondre, entre autres parce que l'on ne s'entend pas sur ce que contient le glottonyme (Boudreau 2012b) et parce que différentes formes de vernaculaire appelées « chiac » sont parlées par des personnes de tous les âges[1], mais à des degrés divers, selon les situations, selon le profit que l'on veut ou peut en retirer, selon la stigmatisation que l'on ressent, selon la valeur qu'on y attache. On peut cependant avancer que le chiac a gagné en popularité depuis les années 2000, à un point tel que des jeunes entre 20 et 35 ans[2] ont décidé de tenter l'expérience d'écrire en chiac sur un site internet.

1 À une journaliste de Radio-Canada qui demandait aux Hay Babies (groupe de trois jeunes chanteuses du Sud-Est) où elles avaient appris le chiac, l'une d'entre elles a répondu que son grand-père parlait ainsi.

2 L'âge est approximatif mais en même temps plausible puisque la majorité des intervenants du site se sont identifiés ; de plus, les membres de la communauté artistique acadienne sont connus et ce sont effectivement des personnes de la tranche d'âge 20-35 ans qui sont intervenues le plus souvent.

LE CHIAC PEUT-IL S'ÉCRIRE ?

En 2010, Julie Cormier, étudiante du Sud-Est en maîtrise à l'Université de Moncton et très branchée sur la communauté artistique de la région, a écrit un mémoire où elle a analysé le discours sur le chiac dans le forum de discussion AcadieUrbaine.net entre 2003 et 2005, où les internautes s'étaient donné comme objectif « de diffuser une conception moderne, urbaine et branchée de l'Acadie d'aujourd'hui » (Cormier 2010 : 141), d'écrire en français acadien, en standard ou en chiac sans s'imposer de contraintes, et même de transformer le site en laboratoire écrit[1] du chiac. Une telle « stratégie » d'écrire dans une variété non reconnue officiellement fait partie de cette post-modernité (*Language in Late Capitalism*) décrite par Alexandre Duchêne et Monica Heller (2012), où le discours trouve de nouvelles niches pour s'exprimer, niches qui ne sont plus contrôlées par les voix d'autorité qui avaient la mainmise sur les discours légitimes.

Très tôt, les centaines d'intervenants du forum, des jeunes adultes entre 20 et 35 ans, se sont posé la question de la limite de la pratique du chiac, à savoir jusqu'où aller sans passer à l'anglais ; la question identitaire a refait surface avec comme toile de fond les mêmes discours ayant contribué à construire la collectivité acadienne, mais dans une perspective différente. Les internautes ont troqué l'idéologie du standard pour celle de la diversité, qui se veut plus souple et plus perméable à la différence. Ils ont cherché à s'inventer une identité hors des modes traditionnels d'appartenance, tout en étant conscients que les relations entre locuteurs de langues et de variétés de langues différentes sont souvent régies par des rapports de pouvoir[2]. Si la question du chiac était très présente dans le site, celle du standard est apparue presque aussitôt, ne pouvant en être dissociée. Les limites liées à l'usage du chiac sont abordées : « entre ami-e-s, tu peux parler chiac et réussir à te faire comprendre, mais ça risque de moins bien passer si tu en fais usage à

1 Cyril Trimaille et Marinette Matthey écrivent que « l'association d'une écriture à un lecte apparaît déterminante dans la position hiérarchique que celui-ci est appelé à occuper dans une situation sociolinguistique » (Trimaille et Matthey 2013 : 113).

2 Il est intéressant de noter que les mêmes discours de la fin du 19e siècle au Canada français autour des archaïsmes et des anglicismes sont réapparus, plus de cent ans plus tard, dans des médias tout à fait différents.

une entrevue pour un emploi ou devant un comité de sélection pour entrer à une école/université » (Bibitte, 1er février 2005) ; « je ne suis pas puriste mais je crois que certains vont trop loin dans l'utilisation de l'anglais dans leur message sur *Acadie Urbaine*. Cela va même jusqu'à nuire à la compréhension du message » (Amélie, 1er février 2005). Le chiac est considéré par certains comme une langue identitaire et cryptique : « le chiac, c'est une langue de ghetto, une langue d'outsiders. Un genre de code secret qui nous permet de communiquer entre nous » (Bing, 1er février 2005).

Finalement, ce qui se dégage de la plupart des propos, c'est de savoir faire usage des différentes ressources de son répertoire linguistique, de façon à communiquer efficacement avec des francophones de partout :

> je pense que nous devons être capables de s'exprimer [*sic*] à l'oral comme à l'écrit dans un français le plus standard possible pour justement être capables de communiquer avec des francophones d'Haïti, de France, du Québec, du Sénégal. Ceci ne nous empêche pas du tout d'utiliser le chiac ou les vieux mots acadiens entre nous ! ! (Michelle, 24 novembre 2006).

Si le débat autour du chiac est présent et récurrent depuis au moins 50 ans, c'est bien parce que la variété porte un nom ; sans nom, elle serait amalgamée aux autres variétés de français caractérisées par l'hybridité. La variété serait associée au *franglais*. Cependant, le terme « franglais » reste encore très fréquent dans les discours de presse, tant au Québec qu'en Acadie, et tant dans les écrits de blogueurs professionnels que dans les « opinions du lecteur ». L'expression « parler bilingue » reste marginale au Canada. Ce ne sont que les linguistes qui en font usage.

Le débat sur le chiac fait surface au Québec de temps en temps et sert à alimenter le discours sur la piètre qualité du français du Canada. Son caractère hybride met à mal l'idée que l'on se fait du français *pur* et *homogène* dans un espace construit sur des bases nationalitaires. Le chiac fait surgir le spectre de l'assimilation et devient un bouc émissaire dans le sens évoqué plus tôt. Le vernaculaire reconnaissable parmi les autres permet d'apporter une explication rassurante à une situation linguistique alarmante qui semble confinée en un lieu précis. Peut-on se dire francophone ou Acadien et parler ainsi ? La question renvoie en fait à « qui peut se dire francophone ? » et à « l'état de crise » quasi permanent dans lequel les Québécois et les Acadiens[1] surtout se sentent englués, crise ou querelle sur la qualité du français qui dure depuis plus de cent ans au Canada (Bouchard 1998 ; Maurais 1985) et depuis le 16ᵉ siècle en France (Gadet 2003 : 21).

Françoise Gadet affirme par ailleurs que c'est surtout depuis la fin de la Deuxième Guerre mondiale que la notion de « crise du français » s'est développée – même si les premières attestations de l'expression apparaissent dès la fin du 19ᵉ siècle – et elle souligne le hiatus entre les chercheurs (ici les linguistes) et les citoyens :

> Il n'y a pas crise selon les chercheurs, mais il y a bien crise pour l'Éducation Nationale et pour le grand public, comme l'atteste la tonalité des chroniques et des courriers de lecteurs [...]. La crise serait surtout l'ébranlement du modèle de la langue écrite, qui suscite des attitudes opposées de découragement et de surinvestissement, et la déception devant l'école, qui ne garantit plus la promotion sociale (*ibid.* : 22).

Jean-Marie Klinkenberg estime pour sa part que la crise des langues est liée au « mythe adamique, véhiculé par le discours essentialiste [voulant que la] langue [soit] idéale, immuable, tenue à l'abri des autres langues et de la corruption » (Klinkenberg 2001 : 111). L'auteur argumente que ce n'est pas la dimension communicative ou instrumentale qui est visée dans ces débats incessants sur la crise du français, mais bien sa fonction symbolique.

La question de la qualité du français ne cesse de susciter des débats, et elle reste actuelle dans la nouvelle économie mondialisée où les services sont au cœur des échanges et où la langue figure au premier plan.

---

1 Je nomme ces deux groupes parce que je suis plus au courant des débats linguistiques qui les animent. Sans doute que la « crise du français » est aussi une réalité pour la majorité des francophones au Canada, peu importe leur lieu de résidence.

AUTHENTICITÉ ET MISE EN SCÈNE DES PROFITS SYMBOLIQUES AUX PROFITS MATÉRIELS

> Partager autrement ce qui, dans la réflexion sur la langue, définit le bruit et la parole, ce qui peut être entendu et ce qui ne l'est pas encore, ce qui, du mutisme, peut être porté au témoignage.
> Karim LAROSE, *La langue de papier.*

DE LA DÉCONSTRUCTION DES DISCOURS IDENTITAIRES

C'est au milieu des années 1990, alors que j'écrivais ma thèse, que deux professeurs de l'Université de Toronto, Monica Heller et Normand Labrie, accompagnés par Jürgen Erfurt, alors boursier de l'Allemagne résidant à Toronto, sont venus à l'Université de Moncton, mandatés par le Centre de recherche en linguistique appliquée (CRLA) pour évaluer la situation de l'enseignement du français langue maternelle à l'Université de Moncton. L'équipe avait interviewé plusieurs personnes et j'étais l'une d'entre elles. Quelques mois plus tard, Normand Labrie, chercheur principal d'un projet national de recherche sur la construction discursive du français en milieu minoritaire[1], m'a contactée pour savoir si je voulais faire partie du groupe de recherche. J'ai accepté immédiatement

1 Le projet *Prise de parole I : La construction discursive de l'espace francophone en milieu minoritaire* a été financé par plusieurs organismes, dont le Conseil de recherche en sciences humaines du Canada (chercheurs principaux : Normand Labrie, Monica Heller [Université de Toronto] et Jürgen Erfurt [Johann-Wolfgang-Goethe Universität, Frankfurt am Main] ; collaboratrices : Annette Boudreau et Lise Dubois [Université de Moncton, responsables de l'Acadie] de 1997-2000 ; le programme Transcoop de la German – American Academic Foundation Council (chercheurs principaux : Jürgen Erfurt, Monica Heller et Normand

et ce fut là le début d'une collaboration qui a duré plus de dix ans, le temps de mener à terme trois projets complémentaires[1]. Ma collègue Lise Dubois, de l'Université de Moncton, a aussi fait partie du groupe[2]. À partir des problématiques des trois projets, nous avions à déblayer le terrain en Acadie ; nous étions libres de proposer des thèmes de recherches propres au milieu qui pouvaient aussi générer leur propre dynamique. Nous avons proposé des lieux d'enquêtes, établi des listes de personnes à interviewer, recueilli différentes informations provenant de sources diverses (gouvernements, associations, organismes, sites Internet). Le mot d'ordre consistait à recueillir autant de données que possible afin de tracer un portrait d'ensemble de notre « objet ». Plus question de ne décrire que les pratiques linguistiques, mais plutôt de comprendre pourquoi on trouvait tel discours sur la francité à tel endroit à tel moment, et de relier ces discours à la façon dont le groupe ou la collectivité en question s'était structuré et organisé socialement dans le temps. Les discours laissaient entrevoir les processus de catégorisation sociale basés sur la langue, et le pouvoir d'exclusion ou d'inclusion opéré par cette catégorisation. En fait, la grande question qui en résulta, du moins pour moi, c'était *comment peut-on être francophone en vivant dans les marges ?*

L'expérience avec l'équipe fut exaltante. Les personnes engagées dans les projets, y compris les étudiants, participaient de plain-pied à toutes les étapes de la recherche : problématisation, choix des terrains, présentation des résultats de la recherche dans des colloques nationaux et internationaux, publications. Nous procédions toujours de la même façon,

---

Labrie, 1996-1999) et l'Agence universitaire de la Francophonie (chercheurs principaux : Patrice Brasseur et Claudine Moïse, 1997-1999).

1 Le projet *Prise de parole II. La francophonie canadienne et la nouvelle économie mondialisée* a été financé par le Conseil de recherche en sciences humaines du Canada de 2001 à 2004 (chercheure principale : Monica Heller [Université de Toronto] ; cochercheurs : Annette Boudreau et Lise Dubois [Université de Moncton] ; Deidre Meintel et Patricia Lamarre [Université de Montréal] ; Jürgen Erfurt (Johann-Wolfgang-Goethe Universität, Frankfurt am Main) ; Normand Labrie [Université de Toronto] et Claudine Moïse [université d'Avignon et des pays du Vaucluse]).

2 Le projet *Prise de parole III. La francité transnationale : pour une sociolinguistique de la mouvance* a été financé par le Conseil de recherche en sciences humaines du Canada de 2004-2007 (chercheure principale : Monica Heller [Université de Toronto] ; cochercheurs : Annette Boudreau et Lise Dubois [Université de Moncton] ; Normand Labrie [Université de Toronto] ; collaborateurs : Claudine Moïse [université d'Avignon et des pays du Vaucluse, France], Matthieu LeBlanc [Université de Moncton], Peter Auer [Université de Freiburg, Allemagne] et Werner Kallmeyer [Université de Mannheim, Allemagne]).

d'abord par des réunions pour discuter des terrains proposés et de leur pertinence : pourquoi ces terrains-là ? Comment la langue (ici le français) a-t-elle contribué et contribue-t-elle encore à la structuration du groupe en question ? Comment se construisent les rapports entre langue et identité, entre langue et visées nationalistes ? Ensuite, pour la collecte de données, nous adoptions la même démarche : 1) recueil de l'information disponible entourant notre « objet » d'enquête (documentation officielle provenant des organismes, des institutions) ; 2) prise de notes ethnographiques (le visuel des institutions, les langues affichées, la ou les langues privilégiées pour nous accueillir, le changement de registres pendant les interactions) et 3) entretiens. Une fois sur le terrain, les membres de l'équipe se rencontraient le soir pour discuter de leurs observations, proposer des « hypothèses », remettre en question les prémisses. La règle d'or : surtout ne rien tenir pour acquis et retravailler les concepts choisis à la lumière des expériences du jour et des rencontres avec les personnes du coin.

Le premier projet avait comme objectif de comprendre comment les discours des militants francophones – engagés dans des institutions, des organismes et des associations – contribuent à construire l'identité. Nous cherchions à savoir quels étaient les discours dominants, lesquels étaient marginalisés et quel était le poids des discours privilégiés dans la constitution des groupes francophones. Pourquoi, par exemple, se dire francophone ou anglophone, ou les deux, ou encore se dire Acadien et francophone et bilingue ? Pourquoi refuser toute étiquette et se déclarer « citoyen du monde » ? Pourquoi était-ce important pour certains de toujours parler le français, alors que d'autres alternaient entre les deux langues ? Pourquoi vouloir des écoles homogènes françaises ou bilingues selon les cas ? Pourquoi des locuteurs voudraient-ils faire un usage ostentatoire de traits stigmatisants alors que d'autres font tout pour les masquer ? Pourquoi certains francophones nous accordaient-ils facilement des entretiens alors que d'autres hésitaient à nous rencontrer ou encore le faisaient en s'excusant d'emblée de leur façon de parler ? Voilà quelques-unes des questions qui m'ont particulièrement intéressée parmi toutes celles qui animaient le groupe. Ces questions étaient toutes plus ou moins liées à la compréhension des rapports de pouvoir qui, dans plusieurs cas, induisent des mécanismes de domination.

Monica Heller, chercheure principal dans deux des trois projets, était rompue aux techniques d'enquête de l'anthropologie linguistique, ayant elle-même étudié dans le domaine. Dès les premières pages de son livre *Éléments d'une sociolinguistique critique*, elle explique qu'elle veut contribuer à une sociolinguistique critique en reliant « la sociolinguistique interactionniste à des dynamiques sociales à plus grande échelle dans l'espace social et dans l'espace temporel [...] et découvrir comment se construisent les différences sociales [...] et les inégalités sociales » (Heller 2002 : 9). Elle affirme clairement que ce n'est pas la langue comme telle qui l'intéresse, mais la « langue comme pratique sociale » (*ibid.* : 9). Elle ajoute :

> Si l'on suppose que la construction du savoir est sociale, la communication doit se trouver au cœur de cette activité. Pour comprendre comment se construisent les rapports de différence et d'inégalité, on doit miser sur la façon dont les acteurs puisent dans leurs compétences et connaissances langagières, et sur les conséquences de ces actions communicatives pour ce qui est de la régulation de ressources matérielles et symboliques (*ibid.* : 27).

Étudier la langue comme pratique sociale et non plus la langue en soi constitue une différence majeure. Il s'agissait d'étudier les pratiques linguistiques comme celles d'un groupe – les francophones du Canada – en pleine transformation et dont les effets se font ressentir sur tous les plans, tant social, qu'institutionnel et linguistique. Les francophones, de plus en plus mobiles pour des raisons économiques ou autres, se transforment et modifient la perception qu'ils avaient d'eux-mêmes et de leur(s) langue(s), ainsi que de celle des autres. Au cœur de ces transformations, les répertoires linguistiques et les pratiques linguistiques s'élargissent et les vernaculaires aussi bien que les formes standard sont mis de l'avant comme biens dotés d'une valeur marchande, reliant le local à l'international. Les vernaculaires par exemple donnent accès aux ressources culturelles « authentiques », le standard à la francophonie internationale et même là, les frontières entre les usages sont de plus en plus perméables (dans le milieu artistique par exemple). L'usage de tel ou tel trait ou de telle ou telle langue est interrogé dans sa fonction sociale et des questions plus larges lui sont rattachées : Comment les différences linguistiques sont-elles créatrices de catégorisations sociales ? Que signifie la mise en avant de tel élément culturel ou linguistique ? Il s'agit de comprendre pourquoi certaines questions langagières sont importantes pour tel groupe de gens et moins importantes pour d'autres, et surtout d'essayer de lier des microanalyses – tirées des entretiens par exemple – à des phénomènes sociaux plus larges – l'économie, la structure sociale, la mondialisation, en d'autres mots : « *to see how speaking produces social action, has consequences for our ways of being in the world, and ultimately for humanity* » (Duranti 2009 : 9 ; c'est l'auteur qui souligne).

Bien que j'aie été emballée par l'approche, sa mise en pratique m'a été difficile au début pour deux raisons. Une raison institutionnelle d'abord. Je faisais partie d'un département de linguistique dominé par le structuralisme, le fonctionnalisme et les théories énonciatives, et je m'y sentais un peu à l'étroit pour y présenter les projets des étudiants qui préparaient des thèses avec moi, projets parfois considérés comme des travaux en sociologie. Cela ne les a pas empêchés de produire les recherches qu'ils voulaient, mais mes propres hésitations ou ma propre insécurité devant l'évaluation des collègues renvoyaient à la façon dont avait été construite la sociolinguistique au Canada français, c'est-à-dire une sociolinguistique très intéressée à la légitimation du français parlé en Amérique du Nord, projet auquel j'étais très fortement associée et qui était consacré à la « description » de différentes formes de vernaculaire. Cette volonté de décrire les français au Canada était reliée à un processus d'autonomisation à l'égard du français de France et visait à mettre à mal l'idéologie de l'unilinguisme (dans une même langue). Mais dans cette approche, les rapports de domination que subissaient les locuteurs aux pratiques « déviantes » n'étaient pas considérés et j'en ressentais une insatisfaction certaine. N'avais-je pas justement travaillé sur les représentations linguistiques pour contrer les discours négatifs sur le français parlé en Acadie, pour redonner une place aux locuteurs minoritaires dans la francophonie et pour tenter de réduire l'insécurité linguistique ? La description des formes stigmatisées du vernaculaire m'apparaissait nécessaire, mais dans une tout autre perspective – elle n'était plus centrale dans mes recherches – et ce choix épistémologique entraînait des conséquences[1]. Ensuite, dans ce grand projet, nous étudiions les discours des acteurs sociaux, dont les discours des militants. J'étais à ma façon militante – je militais pour la place des francophones

---

1 J'avais du mal à choisir dans quel champ disciplinaire m'inscrire lorsque je demandais des bourses au gouvernement canadien. En linguistique, je risquais d'être trop sociologue, en sociologie, je n'avais pas de diplôme et en anthropologie, je risquais d'être trop linguiste.

dans l'espace public – et comme j'adhérais à plusieurs des positions de ces militants, il m'était difficile de déconstruire leur discours. J'ai mis du temps à comprendre le fonctionnement des idéologies dans les processus de légitimation sociale et dans le récit nationaliste, tout comme le rôle qu'elles occupaient dans les exclusions sociales. Si la déconstruction a pu m'apparaître pendant un certain temps comme la négation de « l'engagement communautaire », c'était parce que je n'avais pas assez pratiqué la réflexivité, composante essentielle de la sociolinguistique critique. J'ai compris plus tard que la déconstruction ne signifiait nullement une mise en retrait, que je pouvais travailler à rendre légitime le français parlé en Acadie, mais en assumant les raisons qui me poussaient à le faire. J'ai pu mieux comprendre les idéologies linguistiques qui étaient les miennes et les remettre en question – avec une distance critique – pour mieux les assumer. L'engagement est un choix et ses formes le sont aussi ; quelles qu'elles soient, elles entraînent des conséquences pour les locuteurs, il s'agit d'en être conscient. Le français est bien davantage qu'une ressource pour moi : cette posture du dedans et du dehors que j'ai expliquée dans le troisième chapitre a toujours été l'objet d'une négociation avec moi-même, avec les autres et avec mon milieu.

Une fois le premier projet terminé et un nombre impressionnant de documents recueillis (dont quelques centaines d'entretiens), le groupe de chercheurs s'est réuni pendant une semaine pour faire le bilan, c'est-à-dire tenter de construire du sens à partir des enquêtes réalisées sur différents terrains. Rappelons qu'il s'agissait de comprendre comment les discours tenus sur la francité canadienne étaient construits, par qui et pourquoi, afin de voir comment ils structuraient les collectivités minoritaires. À travers les terrains, nous avons vu des éléments récurrents et en même temps des discours qui se transforment et qui s'opposent ; en d'autres mots, des luttes discursives autour de questions liées à la construction de l'identité. Nous avons également pu constater que la mondialisation et la globalisation de même que le développement de nouveaux réseaux plus internationaux ont agi sur la façon dont les francophones se perçoivent. Ces discussions ont mené à la publication en 2003 d'un ouvrage intitulé *Discours et identités : La francité entre modernité et mondialisation* dirigé par Monica Heller et Normand Labrie, auquel j'ai contribué sous la forme de deux chapitres coécrits avec Lise Dubois. Les deux responsables de l'ouvrage expliquent dans le premier chapitre comment ils en sont venus à distinguer trois grands discours pour caractériser les mouvements de la francité canadienne.

Avant de présenter ces discours, je voudrais revenir sur la distinction entre mondialisation et globalisation proposée par Cécile Vigoroux et Salikoko Mufwene). Selon ces auteurs, la mondialisation « suggère une circulation des biens, des personnes et des activités humaines à l'échelle mondiale » (Vigoroux et Mufwene 2014 : 9) tandis que la globalisation opère à la fois à l'échelle locale ou mondiale et « permet souvent d'expliquer l'interdépendance d'événements locaux complexes » (*ibid.* : 9) ; en effet, poursuivent les auteurs « nos pratiques culturelles sont, au quotidien, d'abord et surtout locales, influencées par le comportement de nos parents, voisins ou collègues, avec lesquels nous partageons un (des) espaces social(aux) plus restreints » (*ibid.* : 10). Ces précisions sont importantes pour la suite de mon récit, étant donné l'imbrication du local dans l'international qui se dessine dans les situations décrites :

> Dans le contexte de la globalisation comme celui de la mondialisation, l'« investissement » local dans la langue française n'est pas uniforme d'un territoire à l'autre, ni d'un individu à l'autre au sein de l'espace francophone. Seule une démarche ethnographique permettra de mettre en évidence chaque écologie (*ibid.* : 14).

C'est exactement ce que l'équipe s'était donné comme tâche, c'est-à-dire comprendre les interdépendances entre différents phénomènes rencontrés pendant notre travail sur les différents terrains.

LES TROIS DISCOURS DANS LA FRANCITÉ CANADIENNE

Ces discours, nommés respectivement « discours traditionaliste », « discours modernisant » et « discours mondialisant », constituent selon les auteurs des « étiquettes qui décrivent l'orientation des discours dominants et non pas leurs conditions de production ». Ils précisent « que les trois types de discours sont interreliés : tout comme les conditions sociales d'une époque jettent les bases de développements ultérieurs, les discours correspondants orientent les possibilités de réimagination du Canada français » (Heller et Labrie 2003 : 16). Des éléments de ces différents discours se trouvent dans les propos des participants à l'enquête, membres d'associations ou d'organismes qui travaillent dans la francophonie canadienne.

Il est clair que la typologie des discours reliée à une périodisation sélectionnée en vertu de phénomènes politiques et sociaux expliquant les productions discursives les plus courantes n'est pas limitée à la situation canadienne. Si on trouve à peu près les mêmes périodes nommées autrement par Chantal Bouchard pour le Québec (1998), on trouve aussi cette périodisation dans l'article de James Costa pour le discours occitan (2013). Ce parallélisme s'explique sans doute par des événements à grande échelle qui ont influencé les discours sur la langue en Occident. L'Acadie est donc partie prenante de ces discours, avec ses spécificités, et s'inscrit d'emblée dans des mouvements sociaux plus larges.

Le discours traditionaliste s'est construit à partir d'une volonté de se définir comme une collectivité sociale homogène associée à « l'existence d'une *nation française au Canada* qui peut trouver ses origines dans la mission colonisatrice de la France en Amérique du Nord » (Heller et Labrie 2003 : 17 ; c'est moi qui souligne), conception reliée à un conservatisme linguistique et à un certain purisme qui exclut de son champ les personnes qui ne sont pas d'origine française, avec toutes les conséquences que cela suppose. Ce discours a été dominant jusque dans les années 1950 (*ibid.* : 17 et 18).

Le discours modernisant, quant à lui, est associé à la construction d'un État québécois (indépendant) et laïc ; l'État remplace l'Église, jusqu'alors toute puissante, qui gérait une majorité d'organismes et qui avait la mainmise sur l'ensemble des activités politiques et culturelles jusque dans les années 1960. Ce discours mise sur : « 1) l'utilisation de ressources et de structures politiques, donc sur les droits légitimes d'un peuple légitime [...] ; 2) l'idéologie de l'État-nation laïque et unilingue ; et 3) la prédominance des marqueurs identitaires de type ethnonational dans la définition collective de l'identité » (*ibid.* : 19).

Le discours mondialisant, plus difficile à définir parce qu'émergent, repose sur les bases suivantes : « 1) l'économie comme domaine clé de la valorisation des formes et des pratiques langagières, ainsi que les identités et les appartenances ; 2) le rôle du bilinguisme anglais-français pour avoir accès aux bénéfices de la mondialisation et pour participer à la nouvelle économie ; 3) la diversification sociale, linguistique et culturelle de la population, et conséquemment, la négociation des identités multiples sur une base contextuelle ou stratégique ; 4) l'extension et la multiplication des réseaux sociaux ; et 5) la commercialisation des biens linguistiques et culturels, souvent séparément » (*ibid.* : 21). Les éléments de ces discours vont s'accentuer différemment dans les différentes régions francophones du Canada.

LES TROIS DISCOURS EN ACADIE

En Acadie, le discours de type traditionaliste s'articule autour de la conception d'une Acadie catholique, francophone et rurale qui prend véritablement forme à la fin du 19e siècle pendant les Conventions nationales acadiennes, grandes rencontres[1] réunissant plusieurs milliers de personnes pour discuter de l'avenir du peuple acadien. Ces rencontres initiées par des membres influents de l'élite acadienne ont eu lieu après qu'un contingent important d'Acadiens ait assisté à « la septième commission de la grande réunion de la famille française de l'Amérique du Nord convoquée à Québec le 24 juin 1880, l'année précédant la première Convention nationale ». Ces propos de l'historien Ferdinand Robidoux, cités dans l'ouvrage de Denis Bourque et de Chantal Richard sur les Conventions nationales, montrent que l'Acadie, malgré la déportation d'une partie importante de ses habitants au 18e siècle, a pu se réorganiser un siècle plus tard et s'inscrire dans les mouvements politiques et sociaux de l'époque. La première Convention nationale, en 1881, est considérée comme la première grande rencontre d'Acadiens, dispersés dans les trois provinces maritimes, depuis la Déportation (Bourque et Richard 2013 : 4). Après des débats enflammés, les personnes présentes à la première Convention Nationale à Memramcook en 1881 ont décidé de choisir le 15 août comme fête nationale (Fête de l'Assomption), au lieu de partager celle des Québécois (le 24 juin), ce qui signale la volonté de se doter d'une identité distincte. En effet, le sociologue Joseph Yvon Thériault y voit « le véritable moment fondateur d'une *nationalité* acadienne ; l'événement par lequel l'Acadie qui n'était qu'une virtualité devint réalité » (Thériault 1995 : 71). C'est trois ans plus tard, à Miscouche à l'Île-du-Prince-Édouard, lors de la deuxième Convention, que les Acadiens se choisissent un drapeau, le tricolore étoilé (le drapeau français avec une étoile jaune dans le coin supérieur de la section bleue ; l'étoile symbolisant la lumière de la Vierge Marie) et c'est là aussi qu'il

1 Il s'est tenu dix conventions nationales en Acadie entre 1881 et 1937 (Basque 2006 : 105). Voir Bourque et Richard (2013) pour l'édition critique des trois premières Conventions nationales acadiennes.

a été question d'un hymne national distinct. L'*Ave Maris Stella* a fini par s'imposer avec le temps (Bourque et Richard 2013 : 51-53). Dans les différents discours prononcés pendant les Conventions, le motif discursif s'est tissé autour de deux éléments : la religion catholique et le français, langue du « peuple acadien ».

Même à la fin du 19e siècle, il était difficile de penser le français dans une unicité imaginée puisque les Acadiens pratiquaient depuis longtemps des formes de commerce avec la Nouvelle-Angleterre qui ont eu un effet sur leurs pratiques. À partir de manuscrits de lettres trouvées dans les archives de Boston, la linguiste Rose Mary Babitch a montré que les Acadiens savaient écrire en anglais dès le 17e siècle en raison d'échanges économiques réguliers établis avec les gens de Boston, ce qui était plutôt fréquent à cette époque (Babitch 1979). Thomas Hutchinson affirme que des expressions anglaises se mélangeaient avec le français des colons dès le 18e siècle ; il donne comme exemple « vous too » et « pas yet » : « They corrupted their language, having greater converse with the English than with the European French ; and intermixed many English words, as *et vous too* instead of *et vous aussi*, *pas yet* instead of *pas encore* and many like expressions » (Hutchinson 1767 : 97)[1]. Plus tard, au milieu du 19e siècle, François-Edme Rameau de Saint-Père, historien et sociologue français qui a écrit des ouvrages sur l'Acadie (1859 ; 1860), affirme que « des mots anglais se glissent dans la langue des Acadiens et qu'ils ont parfois tendance à converser en anglais » (Clarke 1980 : 365). C'est donc dire que l'hétérogénéité était présente à l'époque, ce qui explique sans doute les nombreux discours de presse sur le danger de l'assimilation à l'anglais présents dès l'apparition des premiers journaux en Acadie au milieu du 19e siècle[2]. Les discours sur la langue ont surtout été marqués par une idéalisation du français en le rattachant à ses origines, procédé typique des groupes voulant se constituer en nations (Crépon 1996 ; Calvet 2002). Le français traditionnel ou archaïque, associé à la campagne, était à la fois valorisé et dévalorisé, et il sera relégitimé par les linguistes plus tard. Les études de Geneviève Massignon (1962) et de Louise Péronnet (1977) témoignent de cette tendance. Le français mélangé à l'anglais était alors déjà très stigmatisé et l'est encore

1 C'est le texte de Jean Daigle (1993) qui m'a permis de retracer les sources de ce document. Il se pourrait que *vous too* soit plutôt *vous itou*, mais il est impossible de le démontrer.

2 *Le Moniteur acadien*, premier journal acadien, est publié de 1867 à 1910.

aujourd'hui. La vie rurale était aussi donnée comme exemple alors que la ville était considérée comme un lieu de menace pour la culture et la langue acadienne. Les Acadiens occupaient majoritairement des postes dans le domaine des pêches, de l'agriculture, de la forêt et des mines jusque dans les années 1960.

C'est d'ailleurs dans les années 1960 qu'un discours de type modernisant prend une place grandissante. Cette période marque, chez les jeunes surtout, une rupture avec le « récit national » construit en grande partie autour de la figure d'*Évangéline*[1] qui exalte les valeurs de la résignation, du pardon et de la docilité ; rupture aussi avec certaines valeurs traditionnelles véhiculées par l'élite, celles liant le français à la religion catholique et celles de la « bonne entente » avec les dominants anglophones. Lors d'un ralliement jeunesse en 1966, les jeunes iront jusqu'à brûler le drapeau acadien pour marquer leur dissidence ; ils cesseront de se dire Acadiens pour se dire francophones ou Canadiens français ; ils radicaliseront le discours nationaliste traditionnel et revendiqueront une redistribution plus équitable des pouvoirs, autant économiques et sociaux que linguistiques. C'est plus tard, à la fin des années 1970, que les jeunes se réapproprieront le terme *Acadien*, le réinvestissant de valeurs nouvelles liées à la modernité (autonomisation, laïcité, liberté, etc.). Les revendications tournant autour de politiques linguistiques plus égalitaires et d'un statut officiel du français pour assurer leur mise en place serviront de fil conducteur à la plupart des luttes de l'époque. En effet, les francophones étaient plus pauvres que les anglophones, plus défavorisés sur le plan de l'emploi, sur le plan de la culture, sur le plan de l'accès à l'éducation, et la langue était alors le lieu de toutes les révoltes. Par ailleurs, c'est à cette même époque que les discours des intellectuels prennent une ampleur jamais vue en Acadie. En effet, avec la fondation de l'Université de Moncton en 1963, de nouvelles voix se font entendre. La société acadienne s'analyse avec des méthodes scientifiques (empiriques) qui l'insèrent dans le « monde » ; les problématiques qui la caractérisent sont partagées par d'autres collectivités et la comparaison force l'adoption

1 Il est ici question du poème *Évangéline*, écrit par l'Américain Henry Wadsworth Longfellow et publié en 1847 à Boston. L'héroïne a passé sa vie à la recherche de son amant Gabriel, qu'elle trouvera sur son lit de mort. Très important dans la conscience collective des Acadiens, le poème joue le rôle de mythe, fédérant les aspirations du nationalisme acadien de la première moitié du 20e siècle (voir Viau 1998 ; Thériault 2013).

de modes de pensées qui tranchent avec ceux des périodes précédentes. On découvre alors l'existence des classes sociales et des mécanismes de domination à l'œuvre, prise de conscience qui révolte une partie des étudiants de l'Université de Moncton ; on remet en question le pouvoir de l'élite traditionnelle (et surtout l'Ordre de Jacques Cartier, connu sous le nom de la Patente et dont il a été question plus tôt) ; on propose de nouvelles avenues pour sortir de l'impasse (Ali-Khodja et Boudreau, 2009a). Ces nouvelles revendications s'incarnent dans le désir de créer des espaces unilingues autonomes.

Le Québec affiche à la même époque sa volonté de créer un pays indépendant et les habitants de la Belle Province deviennent « des Québécois », forçant du même coup les autres groupes francophones du Canada à se redéfinir et à se renommer. Auparavant, tous faisaient partie de la famille canadienne-française et tous s'appelaient Canadiens français, sauf pour les Acadiens, qui se sont toujours nommés Acadiens, comme l'attestent des documents du 18e siècle. Les francophones de l'Ontario deviennent des Franco-Ontariens, ceux du Manitoba des Franco-Manitobains, ceux de la Saskatchewan des Fransaskois et ainsi de suite. Alors que l'on assiste à la mise en place de l'Université de Moncton, d'organismes et d'institutions acadiennes, le bilinguisme est de plus en plus remis en question et le discours sur l'unicité du français revient de plus belle. On érige le standard en norme unique et le français, devenu le référent identitaire par excellence, est au centre des débats sur la collectivité acadienne. La langue a remplacé la religion catholique et fédère les citoyens autour d'elle.

La loi sur les langues officielles du Canada et celle du Nouveau-Brunswick, destinées à calmer les conflits sociaux reliés à la coexistence des langues, ont en même temps ouvert la porte à une série de revendications pour donner plus de place au français dans l'espace public. Le Parti acadien est créé en 1972 et les Acadiens cherchent à se créer des espaces unilingues. Le discours modernisant sur les espaces unilingues est à comprendre dans le contexte d'une situation où l'anglais domine tous les espaces publics et où l'idéologie du bilinguisme masque les rapports de force. En effet, dans les espaces bilingues, où se côtoient des francophones et des anglophones – comme dans certaines écoles –, les conversations se font en anglais, les cours se donnent majoritairement en anglais et les francophones s'assimilent à la langue anglaise. C'est vraiment pendant la période du discours modernisant que l'idéologie du français unique a été la plus forte, mais c'est aussi pendant cette même période qu'elle a été très contestée (voir les sections suivantes).

Qu'en est-il du discours mondialisant ? Vers le milieu des années 1990, l'économie du secteur primaire perd de son importance – pour ne pas dire qu'elle s'effondre – et la « nouvelle économie mondialisée », qui met l'accent sur les services et le tourisme, s'implante en Acadie, comme ailleurs, avec quelques éventuels décalages. Or qui dit services dit compétences communicationnelles, les locuteurs étant en lien constant avec le public, un public de plus en plus international, ce qui fait que le bilinguisme des francophones devient tout à coup une ressource prisée, valorisée et recherchée. Les personnes qui possèdent les deux langues vont trouver du travail dans plusieurs secteurs, dont celui des centres d'appels (Dubois, LeBlanc et Beaudin 2006).

Le discours mondialisant en Acadie est également associé au questionnement sur l'identité, d'autant plus que l'arrivée d'immigrants francophones a réactivé l'interrogation sur de nouvelles bases[1]. Qu'est-ce qu'un Acadien ? Comment le définir ? Par son histoire ? Par les liens de sang ? Par la langue ? Le débat prend une forme concrète en 1994[2] à l'occasion du premier Congrès mondial acadien[3]. Organisée par des Acadiens de la « diaspora », cette grande rencontre s'étale sur deux semaines et réunit des Acadiens vivant aux quatre coins de la planète. Lors du Congrès de 1994, les Acadiens de la diaspora ont réclamé le

1 La question de l'identité acadienne se pose depuis la fin du 19e siècle, mais jamais elle ne s'est posée avec autant d'acuité que depuis les années 1990, alors que de plus en plus d'immigrants francophones s'y installent. À titre d'exemple, en 2013, 17 % des étudiants de l'Université de Moncton proviennent de pays étrangers. Cependant peu d'immigrants restent en Acadie étant donné le taux élevé de chômage dans les provinces maritimes. Selon Emploi et Développement social Canada, le taux de chômage en 2012 au Nouveau-Brunswick était de 10,2 %, de 9,0 % en Nouvelle-Écosse et de 11,3 % à l'Île-du-Prince-Édouard (http://www4.hrsdc.gc.ca/.3ndic.1t.4r@-fra.jsp?iid=16, site consulté le 21 août 2014).

2 Le débat avait eu lieu déjà en 1989 dans un numéro de la revue *Ven'd'est* (Ali-Khodja et Johnson 1994 : 207), mais il n'a cependant pas eu l'ampleur de celui de 1994 pendant le premier Congrès mondial acadien.

3 Voir *Le Congrès mondial acadien. L'Acadie en 2004*. Actes des conférences et des tables rondes [de 1994]. Le Congrès voulait se projeter en 2004, année où se fêterait le 300e anniversaire de la fondation de l'Acadie (en 1604). Depuis 1994, Le Congrès mondial acadien a lieu à tous les cinq ans dans les diverses régions de l'Acadie. Encore faut-il définir ce que l'on entend par « région acadienne ».

droit d'être considérés comme des Acadiens même s'ils ne vivaient plus en Acadie. Cette revendication peut paraître bien curieuse, mais elle s'insérait dans un débat qui avait pris son essor dans la sphère culturelle au début des années 1990. En effet, des artistes vivant en Acadie reprochaient à des artistes acadiens vivant à l'extérieur de s'accaparer les fonds du gouvernement fédéral pour financer leur création en misant sur leur statut d'Acadien, privant du même coup les Acadiens d'*ici* (ceux qui habitent le territoire) de ce financement, les ressources étant limitées. De plus, les artistes d'*ici* déploraient le fait que les artistes d'ailleurs prennent la parole au nom de l'Acadie ; ils leur reprochaient de faire la promotion d'une Acadie fictive, idéalisée ou même folklorisée, alors que les personnes qui vivaient en Acadie des Maritimes étaient souvent ignorées (Boudreau et Boudreau 2004).

Le débat a alors opposé les artistes autour des processus entourant la légitimité – « qui est légitime à prendre la parole et au nom de qui » – et des conséquences de cette prise de parole par les uns au détriment des autres, questions qui surgissent régulièrement lors des grands rassemblements[1]. Les artistes acadiens vivant ailleurs se sont sentis rejetés, voir trahis par ceux d'*ici* (Ali-Khodja et Johnson 1994 : 210 et 221). Les pratiques linguistiques, elles, n'avaient pas suscité de débat. Il était entendu qu'un Acadien, qu'il habite ici ou ailleurs, parlait français. Cette question, tenue pour acquise en 1994, est contestée au Congrès mondial acadien suivant, celui de 1999, tenu en Louisiane. Les Cajuns louisianais qui ont accueilli les délégués à Lafayette parlaient français, mais une majorité d'autres ne le parlaient pas, ayant été assimilés à l'anglais au cours du 20e siècle, ou encore ne le parlaient pas couramment (Ancelet et Lafleur 2005 ; Le Menestrel 1999). Comment être Acadien si on ne parle pas français ? Cette question refait surface en 2004 en Nouvelle-Écosse étant donné la forte délégation louisianaise. Les Conventions nationales de la fin du 19e siècle avaient tenté de construire l'Acadie sur les modèles des États-nations : une langue était rattachée à une nation et cette langue, c'était le français. Pourtant, de nombreux Louisianais

1 Cette question est toujours reliée à la distribution des ressources. Par exemple, l'Acadie est peu représentée à la télévision nationale de Radio-Canada et le débat sur la répartition du temps d'antenne entre les Québécois et les autres francophones du pays revient périodiquement. Lorsqu'il est question des auditeurs de Radio-Canada, les journalistes qui travaillent à partir du Québec parlent des auditeurs du Québec et du Canada *anglais*. Les francophones des autres régions ne se reconnaissent pas dans cette appellation.

se considèrent comme des Acadiens, des Acadiens assimilés à l'anglais qui réclament le droit de se dire Acadiens. Par ailleurs, à ces querelles entre Acadiens de la diaspora et Acadiens du territoire s'est greffée celle des immigrants francophones qui s'installent en Acadie[1]. Une partie importante de ces immigrants est arrivée en passant par l'Université de Moncton et participe aux activités francophones de la région. Certains se disent Acadiens, d'autres non, mais la question de leur légitimité à réclamer cette identité revient régulièrement dans l'actualité (Violette 2010).

Qui peut être Acadien ? Un anglophone peut-il l'être ? Doit-il parler français pour le devenir ? Interrogations qui se cristallisent dans une grande question collective : est-ce possible pour un groupe minoritaire, qui veut résister à la domination culturelle et linguistique exercée par un groupe très puissant, qui n'a pas de territoire géographique et qui n'a pas son propre gouvernement, d'intégrer en son sein des personnes qui ne parlent pas français alors qu'il est lui-même fragile sur le plan linguistique ? C'est la question qui sous-tend plusieurs débats et qui appelle différentes réponses selon les positionnements des individus, mais la pratique du français, peu importe la forme qu'elle revêt, semble constituer le critère par excellence pour définir l'Acadie.

Les trois discours courent en filigrane et sont souvent enchevêtrés les uns dans les autres dans les propos des personnes rencontrées pendant les enquêtes entre 1997 et 2000. Le récit de cette recherche ne sera pas linéaire et puisera dans des expériences vécues sur divers terrains de la Nouvelle-Écosse et du Nouveau-Brunswick, les histoires des uns faisant appel ou écho à celles des autres.

1 Il existe une petite population immigrante anglophone dans les provinces maritimes, mais elle choisit la plupart du temps de s'associer aux locuteurs anglophones et ne participe pas aux organismes acadiens.

SE LÉGITIMER PAR LA DIFFÉRENCE : « J'AVIONS UN ACCENT ! »

Afin de comprendre comment se construit la francophonie acadienne dans la région de la Baie Sainte-Marie, je suis partie en Nouvelle-Écosse en 1997 rencontrer des acteurs sociaux[1] impliqués dans des associations. Même si j'habitais dans la province voisine, je partais en terrain « inconnu » : les régions de la Nouvelle-Écosse que nous allions visiter font certes partie de l'Acadie, mais je ne connaissais pas la francophonie néo-écossaise, encore moins les processus à l'œuvre dans la construction de l'identité acadienne de cette province. Je suis partie pendant une semaine avec Lise Dubois, professeure, ainsi que Mélanie LeBlanc et Isabelle Bujold, assistantes de recherche dans le projet *Prise de parole I*. Alors que nous nous approchions de la région, nous avons syntonisé le poste de la radio communautaire francophone. Nous avons entendu des animateurs qui parlaient en *acadjonne*[2], langue que nous ne connaissions pas – nous ne savions pas non plus qu'elle portait un nom[3]. Lise Dubois et moi étions intéressées par l'espace discursif que

---

1 Ces personnes sont bilingues, parlent le français et l'anglais et se disent francophones (Acadiens), c'est-à-dire que comme au Nouveau-Brunswick, ils veulent « vivre » en français, tout en usant de l'anglais lorsque nécessaire – pour les uns, cela n'occasionne aucune tension alors que pour d'autres, les plus militants, cela pose problème dans les situations où les services en français peuvent être absents (comme à la Cour provinciale par exemple).

2 Nom donné au vernaculaire de la région. Sur le plan phonétique, on trouve notamment la réalisation dite saintongeaise du [j] comme dans *ta hupe* « ta jupe », la voyelle nasale *in* qui se prononce [ã] en finale accentuée libre, comme dans *je veux du pan* « je veux du pain ». L'usage du *je* collectif accompagné du morphème *-ons* comme dans *j'avions*, *je gagnons*, *je chantions* est perçu comme un trait distinctif des parlers néo-écossais, comme l'est également la négation en *point*, comme dans *j'en avons point*. Je donne ici les traits les plus saillants parce qu'ils sont relevés par les locuteurs qui les revendiquent, d'autant plus qu'ils les rattachent au français parlé par les premiers Français arrivés en Acadie au 17e siècle.

3 Phil Comeau, cinéaste canadien originaire de la Baie, a écrit deux chroniques intitulées « Le dialecte acadjonne des Acadiens de la Baie Sainte-Marie » dans le *Petit Courrier de la Nouvelle-Écosse* en 1976. J'ai rencontré l'auteur et il m'a dit ne pas connaître l'origine du mot ; il m'a cependant affirmé que sa grand-mère disait parler acadjonne. Il pense être le premier à avoir utilisé le terme à l'écrit dans les chroniques citées plus haut, rédigées alors qu'il préparait son film *Les gossipeuses* dans lequel les participants parlent en acadjonne.

procurent ces radios puisque nous avions travaillé sur une radio du genre au Nouveau-Brunswick qui avait joué un rôle très important dans la prise de parole publique des francophones (Boudreau et Dubois 2004) et dans la revitalisation de la situation du français dans cette province[1]. En Nouvelle-Écosse, il nous a semblé que les traits typiques du français de la région étaient accentués volontairement dans la radio communautaire, qu'ils étaient même spectacularisés ; ce qui nous a paru incongru, c'est le fait d'entendre des publicités (très) anglicisées venir ponctuer le discours des animateurs et des journalistes. Même si nous aurions dû être rompues à ce genre d'expérience, nous étions perplexes. Quelque chose nous échappait ; nos repères habituels n'étaient plus efficaces ; il nous fallait penser autrement, *think outside the box*. En fait, le phénomène observé s'inscrivait dans les stratégies propres au discours mondialisant – discours encore non identifié comme tel par le groupe de chercheurs – où la diversité est dotée d'une plus-value et où la singularité pressentie d'un vernaculaire, tant par ceux qui le parlent que par ceux qui l'entendent, peut participer de cette expérience discursive. D'où la nécessité de toujours partir du terrain et de ne pas exclure du champ d'analyse des événements qui peuvent paraître au départ anodins ou peu intéressants. Nous n'avions pas trouvé ce que nous cherchions – des a priori accompagnent toujours le chercheur quoi qu'il en dise – mais les phénomènes auxquels nous étions confrontées nous ont amenées à les problématiser, et du même coup à nous interroger sur nos méthodes de recherche. Dans ce cas-ci, il s'agissait d'une mise en scène de « l'authentique » (l'authenticité comme performance, Coupland 2003) qui tirait sa légitimité d'une certaine idée de l'histoire, comme je pourrai le montrer plus loin.

---

1 Au début de l'année 2001, plus de 60 % de la population francophone du sud-est du Nouveau-Brunswick écoutait cette radio, alors qu'avant sa mise en ondes, ils écoutaient presqu'exclusivement la radio de langue anglaise. Un de ses fondateurs, ancien journaliste de Radio-Canada, expliquait qu'il voulait donner la parole aux gens pour cesser d'entendre des commentaires comme : « je veux pas parler là-dedans [micro], je parle trop mal », des mots qu'il disait avoir entendu un million de fois. Les animateurs et les journalistes de cette radio utilisaient un français acadien local, avec une volonté manifeste d'amener les locuteurs à élargir leur répertoire – ils reformulaient les phrases, pratiquaient une forme de médiation. Radio-Canada, radio publique, avait une cote d'écoute moindre que celle de la radio communautaire. Plusieurs personnes ont dit écouter la seconde parce qu'ils voulaient des nouvelles du lieu et aussi parce qu'ils se reconnaissaient dans le français qui y était parlé.

Lors des rencontres avec les participants à l'enquête, ces derniers ont spontanément évoqué la question de la radio communautaire sans être sollicités d'aucune façon. Nous avons immédiatement compris que la langue qui y était parlée était à l'origine de fortes tensions discursives entre partisans et promoteurs de l'acadjonne et leurs opposants. L'usage de l'acadjonne sur les ondes avait en quelque sorte motivé les débats sur les différentes formes de français de la région et donnait à voir les idéologies linguistiques dominantes dans la région : l'idéologie du dialecte et l'idéologie du standard[1]. Plusieurs personnes nous ont conseillé de rencontrer Georges (nom fictif), acteur social qui avait joué un grand rôle dans la promotion de la radio et dans le choix de langue de ses animateurs. Je l'ai interviewé avec Isabelle Bujold. Ce fut une rencontre inoubliable et unique, tout autant par la forme qu'elle a prise que par son contenu, le participant ayant véritablement *joué* son propos en puisant à même ses différentes ressources linguistiques – il savait manier les accents avec facilité. Il nous a raconté son parcours personnel et professionnel et les motifs qui l'ont mené à s'engager dans la promotion de l'acadjonne.

Je marque ici une pause pour revenir sur la posture intérieure–extérieure du chercheur : étant Acadienne, j'avais pensé « être de l'intérieur » en Nouvelle-Écosse, je croyais pouvoir me sentir empathique avec les revendications de la personne rencontrée et ainsi les interpréter de manière « assez juste ». Sans doute empêtrée dans ma propre conception du français – un français que je voulais hétérogène, en théorie…–, je n'ai pas réussi à indexer convenablement les informations qui m'étaient transmises à partir des différentes formes de narration choisies par le participant lors de l'entretien. J'ai alors vécu ce que Jan Blommaert et Fons van de Vijver appellent l'« interpretational uncertainty because the indexical orientations in communication are, in principle, not *a priori* detectable » (2013 : 6). La « parole » de cette personne m'avait paru opaque ; je n'avais pas encore mobilisé les concepts entourant les idéologies linguistiques pour essayer de comprendre les phénomènes linguistiques inusités qui se dévoilaient à moi et je n'ai pas su saisir pendant l'entretien tout l'habitus collectif et individuel qui était ici mis en œuvre.

1 Je pourrais aussi ajouter l'idéologie du bilinguisme puisque tous les participants rencontrés y adhéraient, mais elle n'a pas été centrale dans le discours entourant la langue dans la radio communautaire, donc je ne m'y arrête pas.

Georges est né en Nouvelle-Écosse, où il a étudié en français d'abord puis en anglais. Il a également fait des études au Nouveau-Brunswick et en France, a travaillé en Nouvelle-Écosse et au Nouveau-Brunswick (dans l'enseignement et dans le milieu journalistique). Dès le début de l'entretien, nous sommes nous-mêmes plongées dans les tensions linguistiques qui secouent les membres de la communauté francophone de la région puisqu'il nous demande dans quelle variété de français nous souhaitons discuter. Il nous pose cependant la question en *jouant* les personnages : « est-ce que vous voulez que je vous parle en français international, en français de référence ou voulez-vous que je vous parle (*accentuation de l'accent régional*) en acadjonne ? Voulez-vous revivre la langue de l'ancienne capitale ? » Ces questions nous ont plongées dans l'embarras[1] ; elles allaient pourtant structurer son propos pendant près de deux heures. Les choix de langues et de registres ainsi que les tensions reliées à ces choix ont constitué la trame de son récit ; nous l'avons laissé parler sans l'interrompre. Il avait beaucoup à dire et semblait éprouver un réel plaisir à expliquer la situation en long et en large. Il était dans cet état, décrit par Pierre Bourdieu, où une situation donnée est saisie par les locuteurs comme exceptionnelle, comme l'occasion de « *s'expliquer*, au sens le plus complet du terme, c'est-à-dire de construire leur propre point de vue sur eux-mêmes et sur le monde, et de rendre manifeste le point, à l'intérieur de ce monde, à partir duquel ils se voient eux-mêmes et voient le monde, et deviennent compréhensibles, justifiés, et d'abord pour eux-mêmes » (Bourdieu 1993 : 1407 ; c'est l'auteur qui met en italique). Georges jouait ostensiblement avec les registres de langue, alternant entre un français de France très prononcé, un acadjonne très marqué ou encore en acadien standard, passant d'un accent à l'autre avec une étonnante facilité. On sentait une volonté de mise en scène délibérée. Il savait que nous étions linguistes, ce qui contribuait sans doute à cette spectacularisation des traits qu'il voulait exhiber, car c'était de cela qu'il s'agissait. Il nous a expliqué que l'acadjonne était « la langue de l'ancienne capitale » et qu'il était primordial de la conserver :

1 Les gens que nous avions rencontrés jusqu'ici nous parlaient des luttes linguistiques entre les anglophones et les francophones, des difficultés rencontrées pour maintenir ou renforcer le français, des tensions entre les variétés linguistiques, mais toujours dans le français « standard » régional. Personne n'avait relié la forme au contenu de façon aussi marquée.

> il y a absolument rien qu'enrage un Acadjen (fin de l'accent[1]) // iL adore d'entendre un québécois parler québécois : (accent français) un Français de France parler son français : (fin de l'accent) le Néo-Brunswickois parler avec son accent le Chéticamptain le Louisianais ils adorent ça // mais si il y a quelque chose qui fait euh qui (accent régional) tenir les cheveux à pique sur la tête / c'est quand-ce que il y a un des leurs / s'en va en deHors pis qui s'en revint / et pis touT d'un coup qu'il peut p'us parler comme dans l'Anse ou Meteghan ou un affaire de même ça là : / la langue acadjenne pour un Acadjen de la Baie c'est de quoi de sacré (C-09-001)[2].

Son propos renvoie à l'anecdote de l'étudiante racontée au deuxième chapitre et à la force du vernaculaire dans les milieux aux liens serrés (Milroy 1987 ; Labov 1976). Les tensions et les luttes discursives entourant l'usage de l'*acadjonne* façonnent le milieu et tiennent lieu d'idéologie, un peu comme l'a décrit Richard Watts pour la Suisse alémanique (Watts 1999). Selon lui, une idéologie peut être liée aux mythes qui circulent dans une société à un moment donné de son histoire et contribue à structurer socialement un groupe culturel donné. Ces mythes sont dotés d'une force explicative qui donne une justification historique à des comportements spécifiques. Watts déclare : « *there is a right time and a wrong time for a language ideology to take a hold in the thinking of a community and to exert a dominant influence over language attitudes and the conceptualization of the structure of a language and the role it plays in the community* » (Watts 1999 : 73). Pour le « milieu » décrit, ce moment-là (« the right time »), c'est celui de la globalisation qui touche de près les périphéries : « Globalization is a strongly local and localizing phenomenon, in which strong features of local sociolinguistic regimes operate on the bits of globalized language that enter the local environments » (Blommaert 2010 : 101). En effet, il ne faut pas s'y méprendre. Georges n'est pas « démuni » sur le plan linguistique ; il peut parler le français légitime quand il le veut. S'il use de l'*acadjonne*, c'est parce qu'il choisit de le faire et parce qu'il est conscient du potentiel de cette « ressource régionale et originale » à ce

1 Les divers accents sont ici notés en raison de la volonté ostentatoire du participant à changer son accent, procédé doté de valeurs sémiotiques indéniables.

2 Pour signifier la participation active des participants aux enquêtes, des noms fictifs leur ont été attribués, contrairement à l'enquête précédente où ils étaient désignés comme L1 (locuteur 1, 2, 3…). Le chiffre à la fin de l'entretien sert à l'étiquetage du corpus (C pour le corpus CRÉFO, 09 pour la région, ici la Baie Sainte-Marie et le 001 pour le locuteur).

moment-ci de l'histoire, dans un marché globalisé à la recherche de la différence culturelle, malgré les effets d'uniformisation qu'il produit et impose. Dans le cas qui m'intéresse ici, la volonté de différenciation est suffisamment forte (tout en étant dissimulée dans des arguments de légitimation historique) pour tenir lieu de discours idéologique.

Selon Karin Flikeid, linguiste qui a étudié les origines du français parlé en Acadie, « les familles fondatrices de la Baie Sainte-Marie étaient originaires de Port-Royal, la plus ancienne et vraisemblablement la plus conservatrice des communautés de l'ancienne Acadie, du point de vue linguistique » (Flikeid 1994 : 298) ; elle ajoute que plusieurs traits de la langue de ces colons sont encore en usage aujourd'hui. Or, cette propriété « ancienne » qui fait du français parlé à la Baie Sainte-Marie le français le mieux conservé de l'Amérique du Nord est élevée au rang de croyance presque mythique chez les habitants de la région et sert de marqueur identitaire très puissant. Selon Georges, ce français de « l'ancienne capitale » est resté « pur » et le devoir des gens de la région est de « conserver et de continuer le rêve et la mission des ancêtres », représentation partagée par plusieurs des participants rencontrés. George explique que l'acadjonne, différent du français québécois et du français du Nouveau-Brunswick, doit se distinguer des autres variétés pour se construire une identité propre : « plus je peux m'éloigner du français [standard] pis plus que mon identité se réveille ». Cette (sur) valorisation de l'acadjonne est le propre des locuteurs entretenant des relations ambivalentes avec leur vernaculaire, comme je l'ai expliqué dans le premier chapitre, mais il se dessine ici une certaine idéologie du dialecte (Boudreau et Dubois 2007) qui s'est construite en opposition à l'idéologie du standard, dans une volonté de se différencier. Les gens de la Baie Sainte-Marie savent que leur « accent » et leurs particularités régionales peuvent recevoir un prix de distinction sur le marché mondial de la francophone internationale. C'est ce que nous explique Georges dans le passage suivant :

> il y a encore des Acadjens qui croyont /// que / plutôt que de se mouler / avec le français standard / que peut-être ben qu'il serait possible / euh de créer un outil du tounnarre / un outil ultramoderne qui s'appellerait l'acadjen / et puis qui se parlerait (accent régional) c'est une partie de notre culture / mais euh : je savons touT quoi-ce qui peut nous arriver : si je commençons trop à dépendre sur la France / je l'avons essayé pour des siècles et des siècles /

> et pis c'est l'amour glacial c'est le glaçon c'est / il est impossible d'arriver à établir des relations / (accent français) les Acadiens seront jamais des Français « vous n'arriverez jamais à avoir l'accent / vous êtes trop loin vous êtes une colonie euh : vous êtes des petits insignifiants / le mieux que vous pourriez peut-être faire c'est être des brebis » (fin de l'accent français) (accent régional) mais si je coummençons à / distancier de cte monde-là pis je disons / que je faisons partie de la famille francophone / (retour au français standardisé) mais pareil / ils ont séparé pour des raisons / de nationalisme / de fierté / et d'économie / le norvégien du suédois / et qu'ils ont fait des concours dans les journaux pour trouver des mots qui étaient différents du suédois pour le norvégien pour voiture pour maison et tout ça / euh les deux les deux se comprennent très très bien : / mais il y en a un il y en a un qui parle d'une façon pis l'autre de l'autre / et pis tous les deux trouvent ça extrêmement amusant / (accent régional) parce que tu sais c'est point du copiage (fin de l'accent régional) (C-09-001)

Selon Georges, comme les Acadiens de la Nouvelle-Écosse ne seront jamais des Français de France ni des Québécois ni des Acadiens du Nouveau-Brunswick, mieux vaut accentuer les traits de leur démarcation, et cela, en puisant à même les traits qui prennent source dans l'histoire des premiers colons arrivés en Amérique. L'argumentaire pour en faire une langue *unique* est fondé sur la volonté de se distancer des autres variétés et surtout du standard afin de « créer un outil du tonnerre / un outil ultramoderne qui s'appellerait l'acadjonne et qui se distancierait du français standard ». L'idée est assez facilement admise dans la population, mais ce sont les anglicismes insérés volontairement dans les messages publicitaires de la radio communautaire[1] qui ont créé de la dissension.

Cette discussion sur l'acadjonne avait également lieu ailleurs, entre autres dans les écoles (Ross 2001 : 150-154). En effet, dans sa thèse, Mélanie LeBlanc a explicité les luttes menées par les francophones pour l'obtention d'écoles homogènes, établissements qui ont remplacé les écoles bilingues qui offraient des programmes dans les deux langues au sein de la même école. Elle a décrit les tensions entourant deux positionnements opposés qui se sont matérialisés entre certains tenants de l'acadjonne (qui favorisaient les écoles bilingues) et ceux des autres

1 Ce sont les anglicismes qui causent problème pour la plupart des locuteurs qui ont participé à l'enquête. Les traits anciens sont facilement acceptés mais l'usage *volontaire* de mots anglais au lieu de termes français usuels (comme *shirt* au lieu de « chemise », *pants* pour « pantalons » ou *chicken* pour « poulet ») dans les annonces de la radio communautaire inquiète les particpants interrogés.

francophones (qui luttent pour un espace unilingue). Mélanie LeBlanc a montré qu'une majorité de parents, opposés à l'école homogène, ont intériorisé des éléments de cette « idéologie du dialecte » et protestent, par exemple, contre les enseignants qui tentent d'éliminer les anglicismes du vocabulaire de la région. Un des participants à l'enquête a raconté que sa femme, qui enseignait dans les écoles publiques régionales, rencontrait constamment de la résistance de la part de ses élèves lorsqu'elle les corrigeait ; ils répliquaient « mais c'est de l'acadjonne madame ». Un animateur de la radio communautaire a affirmé que davantage d'auditeurs téléphonaient pour s'opposer à l'emploi de mots français ordinaires (ou standard) *non compris* qu'à l'emploi de mots anglais. Selon lui, ces derniers sont réticents à l'usage du standard dans différents lieux : « Ils vont dire "moi je comprends pas le français [standard]" / c'est pas vrai / ils vont aller dans une réunion pis quelqu'un va s'exprimer dans un français standard et si il dit quelque chose qu'ils n'aiment pas / ils ont compris [...] ils vont à l'église le dimanche et puis si le prêtre dit quelque chose que ils sont pas d'accord euh je t'assure qu'ils vont pas dire qu'ils ont pas compris le français » (C-09-006). Le « problème » n'en est donc pas un de compréhension. Il s'agit d'autre chose, d'une résistance à l'ordre établi, tout comme chez les Suisses allemands lorsqu'ils disent ne pas comprendre l'allemand standard, comme dans cet épisode où une mère répond à son enfant qui veut acheter un livre écrit en allemand standard : « No, don't be silly dear. That's written in standard German. You won't be able to understand » (Watts 1999 : 85).

ASSURER LES MOYENS DE LA LÉGITIMATION

Lorsque Georges revient dans l'entretien sur l'emploi de l'*acadjonne* à la radio communautaire, il explique les luttes entourant le choix des pratiques linguistiques dans cet espace. Selon lui, lorsque le français standard régional était en usage, la radio communautaire était peu écoutée et attirait peu de commanditaires : « toute l'élite du coin était là-dedans et puis ils ont décidé d'être normatifs / et pis à la place de parler (accent régional) acadjonne, iLs avont décidé de parler bon français // et pis la population l'a boudée ». Il a confié qu'il avait joué un rôle considérable dans la survie de la radio communautaire en allant chercher des fonds pour la remettre sur pied – elle était au bord de la faillite – en mettant l'acadjonne au cœur de la radio : les animateurs ont parlé en acadjonne, les annonces ont été écrites en acadjonne, et ces changements ont fait en sorte que les gens ont (re)commencé à s'exprimer à la radio, à téléphoner, à donner des nouvelles de la région :

> L1 Les gens qui voulaient pas acheter des annonces // je leur en donnais[1] [...] c'était rempli d'annonces ça craquait de six *spots* à tous les quinze minutes /// mais / c'était pour moi le linguiste / c'était l'opportunité /// inouïe // de pouvoir jouer avec mes théories // et c'est comme en Louisiane j'ai toujours cru / qu'une radio communautaire devrait utiliser tous les possibilités [...] pour qu'il [le locuteur de la Baie] se sente bien dans la communauté pis qu'il se sente pas ridiculisé / ça prend une annonce comme ça [...] euh (accent parisien) il y en a qui veulent parler que le français standard alors on peut le plisser le bec et se pincer le derrière et sortir avec un annonce qui ferait / mais en Acadie : titi parisien en Acadie là ça fait pas mal ça fait pas mal / C-H-I-E je ne veux pas dire le reste (fin de l'accent)
>
> L2 oui
>
> L1 lors euh et puis bien sûr la majorité dans le sud-ouest de la Nouvelle-Écosse / c'est des (accent régional) *hardcore* acadjennes / qui parlont la langue de l'ancienne capitale avec sa *mixture* de Poitevonne (Poitevin) et de Saintongeais / et pis iLs ont point frette aux yeux et pis ils se sentont à l'aise parler de même / et puis touT d'un coup / euh et puis un autre affaire il y a un sens de l'humour dans la campagne acadjenne ioù-ce qu'iLs aimont de se : / se chacoter yun et l'autre se pigouiller se / se moquer très très particulier alors dans ces annonces-là il y avait l'humour des ancêtres (C-09-001).

Dans un article publié en 2003 sur les radios communautaires, Lise Dubois a examiné quelques-unes des publicités dont il vient d'être question pour bien montrer que les choix lexicaux et morphosyntaxiques relèvent d'une volonté manifeste de mettre en scène la différence. En voici deux exemples (Dubois 2003 : 315 et 316 ; c'est l'auteure qui souligne) :

> Exemple 1
> Venez voir David à Rémi et les *boys* dans la bâtisse rouge au chai du cap / les XX qui pouvont mettre un boat à l'abrique aussi aisé qu'un p'tit coup de *winch* / si que le d'vant du botte encale dans l'eau comme le bec des canards qui fident, il serait peut-être ben temps de contacter les modificateurs du XX / les pêcheux du port [?] de l'île des Surettes à Meteghan en passant par Saint-Pierre et MiquElon aimont et connaissont le travail habile des *boys* du XX / ceuS-là qui écoutont et supportont la *station* des pêcheux.

1 C'est lui qui écrivait les annonces pour la radio.

Exemple 2

X et sa compagnie X aimeriont de dire un grand bonjour aux Acadiens du Sud-Ouest / X faisont du *general contracting*, du *residential*, du *commercial* et leur grande spécialité, la construction ou la rénovations d'usines de transformations des produits de la mer à partir de la *bid*, en passant par les plans, la construction, la finition et ben souvent la *maintenance* après la construction. Pour pluS de renseignements, contactez Ian ou Mike à X, la compagnie qui s'intéresse à construire le futur du Sud-Ouest des Acadiens.

Quelques remarques s'imposent. Les X renvoient au nom officiel des compagnies. La pratique de mettre les mots anglais en italique, convention adoptée par tous les chercheurs du groupe, signale une prononciation anglaise, alors que les anglicismes non marqués comme « fident » (*to feed*, « se nourrir ») signifient qu'ils sont intégrés phonétiquement au français. Les traits caractéristiques de la Baie Sainte-Marie sont utilisés à profusion : la flexion *-ont* à la troisième personne du pluriel, l'affrication (*quai* écrit *chai* par Lise Dubois mais qui aurait pu s'écrire *tchai*), la structure mophosyntaxique *aimer de*, la prononciation finale du *-s* dans *pluS*. Le recours à l'anglais pour désigner certains métiers correspond à un usage répandu. Finalement, des régionalismes lexicaux y occupent une place de choix : *pêcheux* pour « pêcheur », *abrique* pour « abri », *boat* pour « bateau » (intégré phonétiquement au français acadien et prononcé *botte)*. Dans l'exemple 1, « David à Rémi » renvoie à la coutume de se nommer en ayant recours à la généalogie – « Annette à Clovis à Fred » –, procédé encore courant dans l'Acadie des provinces maritimes.

Une certaine idéologie du dialecte est donc en cours de construction : l'*acadjonne*, c'est la langue humoristique, la langue des ancêtres, la langue véridique. Parler en *acadjonne* devient presque obligatoire pour être accepté dans la communauté – parler « pointu » signifie le rejet – ce qui me ramène à l'article de Richard Watts. Les gens des petites communautés comme celles de la Baie Sainte-Marie et comme bien d'autres ne sont pas libres de parler comme ils le veulent. Ils sont pris entre l'idéologie du standard et l'idéologie du dialecte et la transgression des lois de formation des prix dans les deux cas entraîne des conséquences sociales pour les locuteurs. Watts raconte que son fils, après avoir fait un exposé en allemand standard, a reçu la remarque suivante de son professeur : « *Why do you have to sound like a German ? You're Swiss, not German, and there's no point in trying to pretend you're not* » (Watts 1999 : 86).

L2 dans les annonces que vous avez fait pour la radio communautaire

L1 alors il y avait / toutes les possibilités il y avait (fin de l'accent régional) (accent français) du français standard (fin de l'accent français) / euh : du québécois / euh : presque de (accent régional) l'anglais du de la

L2 il y a ça / il y avait tout ça

L1 et pis encore au jour d'aujourd'hui

L2 oui oui

L1 et puis euh l'acadjonne (fin de l'accent régional)

L2 les quatre

L1 les quatre les quatre / quelque chose qui penche vers l'acadjonne / le dialecte de la Baie Sainte-Marie c'est un dialecte diplomatique // et la première chose qui passe dans la tête des gens là ça c'est la formule généreuse la formule qui accommode on n'a qu'à parler longtemps assez avec (accent régional) euh de la générosité dans le tchoeur[1] il y a absolument rien qui peut point se solutionner / ça c'est ça que nos ancêtres nous ont dit ils nous avont dit ça un million de fois / si on peut point parler longtemps assez avec la générosité dans le tchoeur / la générosité débordante / il y a absolument rien qui peut point se solutionner /// [...] alors le dialecte de la Baie Sainte-Marie c'est un dialecte diplomatique /// numéro un : / (accent régional) je sons des Acadjonnes (Acadiens) // et : pis euh c'est notre mission de protéger la langue de l'ancienne capitale et de la continuer pour les siècles des siècles amen comment-ce que j'allons le faire le djable le sait mais faut que ça se faise // un autre euh volet de notre langue / (fin de l'accent régional) (accent français) c'est le français standard // qui est une porte d'ouverture (C-09-001).

Georges a fait des études en phonétique à Paris et rêve de créer une langue qui ait son propre système phonétique et qui soit reconnue comme distincte des autres. Un peu comme dans l'article de Watts, on fait ici appel aux qualités supérieures de locuteurs d'un vernaculaire (générosité, ouverture du cœur, grandeur) pour valider le fait que l'acadjonne soit différent des autres variétés du français. Tout ce justificatif sur la mise en place d'une nouvelle langue est créé en réaction au standard dans lequel plusieurs locuteurs ne se reconnaissent pas.

Comme j'étais étonnée de ses propos, je lui ai demandé s'il se sent libre de changer de registre et sa réponse ne laisse aucune équivoque quant à la force des contraintes linguistiques qu'il s'impose (ou qui lui sont imposées de l'extérieur) pour faire partie de la communauté.

---

1 L'affrication, trait attesté en Acadie, est ici soulignée (*tchœur* pour « cœur » ; *djable* pour « diable »).

Annette	mais est-ce qu'ils acceptent par exemple que quelqu'un comme vous qui est allé en France / vous pouvez parler / vous pouvez changer
Georges	regarde si que je parle acadjonne ça va
Annette	oui
Georges	beaucoup de fois je me ferais je me ferais radorsé (redresser) / « t'as dit la poubelle c'est la *garbage can* » // j'ons tout le temps dit la *garbage can* « t'as dit euh comme vous savez » et pis c'est « coumme vous savez » / c'est pas « un homme », « c'est un houmme » [...] « es-tu en train de te comporter en vendu / es-tu un traître /// parce que notre mission c'est de conserver la langue de l'ancienne capitale // de continuer le rêve et la mission des ancêtres » (C-09-001)

Le passage est révélateur des tensions vécues par les locuteurs issus du milieu qui ont acquis un répertoire diversifié, mais qui ne sont pas libres de s'en servir, de peur de passer pour un snob ou pour quelqu'un qui se « croit ». Georges est tiraillé entre la volonté de donner à voir l'acadjonne dans l'entretien et celle de montrer l'éventail de son répertoire. Par contre, lors des échanges au quotidien, l'usage du vernaculaire est si chargé symboliquement qu'il n'est pas libre de parler comme il le veut. La contrainte exercée ici constitue bel et bien un pouvoir masqué, tout aussi puissant que le pouvoir normatif, d'autant plus difficile à contester qu'il vise à légitimer une langue stigmatisée. Les règles d'usage du vernaculaire sont codifiées, autant que celles du standard. Les propos de James Milroy prennent ici tout leur sens :

> *We have argued that the use of the vernacular cannot be seen simply as a relaxation of tension, a temporary absence of domination of the standard, as Bourdieu posits. Indeed much of the argumentation of this book has suggested that standard languages are not "normal" states of affairs, and that variability is normal and primary. A major reason for rejecting Bourdieu's assumptions about the standard is that much sociolinguistic work (including our own) has shown that, just as there is strong institutional pressure in formal situations to use varieties approximating to the standard, so also effective sanctions are in force to promote "vernacular" use in non-standard domains (Milroy 1992 : 210).*

Milroy a montré que le maintien de formes linguistiques du vernaculaire à Belfast, socialement dépréciées ailleurs, constitue pour ces locuteurs une marque de loyauté à l'égard de leur communauté d'appartenance, étude qui rejoint celle de William Labov à Martha's Vineyard. Les individus moins ancrés dans un groupe ont constamment à faire des choix quant aux éléments de leur répertoire linguistique à mettre de l'avant ; ils doivent évaluer leur degré d'acceptabilité par les uns et les autres, ce qui est le cas de Georges. Son aisance à manier les différents registres du français lui donne des avantages qu'il peut mettre à profit dans les différents marchés linguistiques de la francophonie. Cependant, comme il souhaite demeurer dans la région, il s'investit complètement dans son projet social de légitimer l'acadjonne.

Lorsqu'un parler dévalorisé sur le « marché » officiel est considéré comme « branché » sur le marché franc, les locuteurs craignent *d'en faire trop*, ce qui les mène à masquer les aspects les plus marqués de leur standard. Les transgressions des normes du groupe sont par ailleurs accompagnées d'un coût social et émotif, comme nous l'avait indiqué ce jeune d'une école de Fredericton en 1998, pendant les enquêtes dont il a été question au chapitre précédent :

> des fois *les gens risent de toi quand-ce tu parles extrêmement bien ici* comme tu peux pas sortir avec des gros mots si les gens comprennent pas les gros mots là tsé (0501021)

Dans la même veine, on a reproché à l'une de mes doctorantes, Isabelle LeBlanc, de parler « trop français pour une Acadienne » alors qu'elle s'entretenait avec une autre Acadienne ; cette dernière, après quelques minutes de conversation, lui a demandé « d'excuser son chiac ». Quand cette doctorante a ajouté qu'elle parlait elle aussi le chiac, la personne a semblé douter de sa performance et lui a suggéré *de pratiquer son chiac.* J'ai vécu plusieurs situations du genre. Elles renvoient au positionnement identitaire, toujours renégocié selon la situation, à la façon de se définir, de se légitimer et de se faire reconnaître. Ainsi, alors que je ne connaissais pas une expression en usage dans un village acadien (un *rack à jos*[1]), la personne à qui je parlais m'a dit « oui, mais je suis Acadienne, moi », m'excluant inconsciemment de son univers, ce qui explique le travail d'équilibriste que doit accomplir la personne qui est à la fois du dedans et du dehors. Ce fut un peu le cas de Georges, qui nous rappelle qu'il « s'est fait radorsé » : on l'a ramené à l'ordre pour avoir transgressé les lois linguistiques de son milieu.

---

1 Le mot *jos*, dans le langage familier, renvoie aux seins. Le composé *rack à jos* désigne un soutien-gorge ; l'expression est encore en usage dans plusieurs milieux populaires du Québec et de l'Acadie.

QUAND LES DISCOURS SONT INTERRELIÉS

Dominique Lafontaine a bien montré que les différents accents (ou particularités linguistiques) pouvaient être revêtus de valeurs sentimentales dans la sphère privée, qu'un produit considéré « bon marché » sur le marché officiel devenait « cher » dans la sphère intime et non officielle (Lafontaine 1988 : 68)[1]. La différence majeure ici, c'est qu'il s'agit des profits reliés à l'usage d'un vernaculaire qui transgresse volontairement la norme *dans la sphère publique*, et ce, quotidiennement, par la mise en scène *des traits les plus stigmatisés* dans la radio la plus écoutée de la région. Toutes les conditions sont réunies pour alimenter les débats sur la langue, et ce sont les positionnements de Georges qui en sont le moteur. Dans l'entretien, les trois discours présentés en début de chapitre sont présents et se chevauchent : le discours traditionaliste – partir des origines pour légitimer la langue –, le discours modernisant – construire des frontières entre les langues pour assurer la survie d'une langue menacée –et le discours mondialisant – faire en sorte que l'acadjonne devienne une langue distinctive et donc qu'elle soit dotée d'une valeur marchande (un « outil du tounarre ») en plus d'une valeur identitaire. L'entretien montre comment naissent les différents discours, la façon dont ils se croisent et se nourrissent, comment l'un devient dominant ou tend à s'effacer selon les circonstances. Il répond en partie à la question de Patrick Sériot : « Faut-il nommer les langues ? » (1997), tout en montrant les répercussions liées à la catégorisation du lecte.

Dans ce sens-là, la rencontre avec Georges a été riche et éclairante. Apprendre qu'il existe des tensions autour des variétés de français parlées dans une région est plutôt commun ; apprendre que le vernaculaire est régi par des lois contraignantes est également connu. En revanche, rencontrer une personne qui incarne en elle-même, par ses différents positionnements, l'ensemble des représentations et des idéologies d'une région, c'est rare. Pouvoir appréhender les processus de domination dans et par le discours de son interlocuteur, c'est aussi rare. J'ai eu l'impression que nous étions devant un discours certes construit dans l'interaction – nous étions trois linguistes –, mais plus encore en présence d'un discours rodé, proclamé presque, avec des effets emphatiques, dans le

1 Lafontaine rejoint ici Bourdieu qui met en valeur les profits de distinction reliés à l'usage du « patois » (Bourdieu 2001 : 140).

but de produire des réactions « attendues » ; il supposait d'emblée qu'il y aurait eu connivence et adhérence à son projet. Or, désarçonnées par sa première phrase : « Voulez-vous que je vous parle dans la langue de l'ancienne capitale ? » (sur un ton très directif), nous n'avons été que des participantes secondaires à l'entrevue. C'est néanmoins cet entretien qui nous a permis de tisser des fils pour mieux comprendre les dynamiques sociales intenses entourant le français dans la région.

Si l'on se fie à la trentaine d'entretiens réalisés à la Baie Sainte-Marie auprès d'acteurs sociaux, c'est une importante partie de la population qui adhère à la vision linguistique de Georges, ou du moins qui ne s'y oppose pas. En effet, l'idée que les auditeurs n'écouteraient plus la radio communautaire si elle diffusait en français standard est très répandue. Pierre-Paul (aussi un nom fictif), enseignant de théâtre d'origine québécoise, explique l'impact de la radio :

Annette	Qu'est-ce que vous pensez de la radio communautaire ?
Pierre-Paul	ben je trouve que c'est fondamental [...] on parlait tout à l'heure du théâtre comme véhicule du parler acadien / faudrait évaluer ça à un dixième de un pour cent de l'impact que devrait avoir une langue sur la communauté // euh la radio communautaire à mon avis c'est ce qui a qui a qui a été le plus massif / parce que la presse est pas en acadien / l'enseignement n'est pas acadien // la lecture n'est pas en acadien il y a rien // il reste la radio qui joue / souvent // de la musique acadienne
Annette	mm mm
Pierre-Paul	et donc ç'a eu pour effet / c'est pas ça qu'a déclenché mais c'est ça qui a augmenté la visibilité des chansonniers // et à mon sens par exemple l'émission de Jacquot c'est une émission où on reçoit des invités c'est tout en parler acadien euh pur / il y a Jacquot euh Jacquot qui est l'animateur très respecté // ça rallie pas tout le monde
Annette	non c'est ça que j'allais vous dire
Pierre-Paul	euh il y a des gens qui détestent ce genre de parler // et par contre si on le fait en français standard alors là la population décroche / ils sont vraiment entre le marteau et l'enclume (C-09-009)

Sur les trente personnes[1] rencontrées à la Baie Sainte-Marie, un tiers des personnes appuyait le discours de Georges, alléguant qu'il fallait

---

1 Les personnes ont été choisies par la méthode du réseau, c'est-à-dire que nous sommes parties de quelques noms d'acteurs sociaux connus en Acadie pour faire les premiers

miser sur la fonction identitaire rattachée à l'acadjonne et à sa valeur ajoutée dans divers marchés : *tout ce qui nous reste / qui est fort / qui nous distingue / c'est notre langue et qui nous distingue des autres / des autres francophones de l'Amérique et du monde*; un tiers se positionnait contre ce discours, arguant que faire la promotion de l'*acadjonne* risquait de ghettoïser les locuteurs; l'autre tiers était ambivalent et affirmait que les différentes ressources langagières de la population – autant le standard que le vernaculaire ou l'anglais – sont utiles et peuvent servir aux intérêts des locuteurs dans différentes situations.

La volonté de légitimation n'est pas nouvelle, mais c'est la manière de s'y prendre qui tranche avec les stratégies du passé et qui s'inscrit dans la mouvance du discours mondialisant où l'authenticité est prisée. Rappelons que le désir de se définir comme distincts, pour les Acadiens, s'est matérialisé en 1881, lors de la première Convention nationale. Conformément à ce qui se passait dans les processus de constitution de nouvelles « nations » à la fin du 19e siècle, la langue était l'un des piliers sur lesquels ces dernières se construisaient, avec en avant-plan les « archaïsmes » comme gage de valeur de cette nouvelle entité, comme il en a déjà été question au chapitre 2. Pascal Poirier, qui a produit le premier glossaire du français acadien[1] raconte que son histoire personnelle n'est pas étrangère à son entreprise. C'était à la fin du 19e siècle. L'anecdote parle d'elle-même.

> Notre professeur, excellent religieux, me demanda, un jour de composition, où j'en étais de mon discours français, s'il était terminé.
> – Pas tout à fait, mon Père, mais il avance par les petits.
> – Par les petits ! Qu'est-ce que c'est que ce baragouin-là ?
> Je demeurai court, rougissant jusqu'aux oreilles.
> – Mais nous disons comme ça, par ici, pour : ça avance petit à petit, graduellement.
> – Dites, « un petit peu », et tâchez de parler français la prochaine fois.
> De ce moment-là, je me mis, rageusement, à recueillir les locutions et les mots particuliers à notre idiome, dans le dessein d'en justifier la provenance, en les rattachant à l'arbre généalogique de la langue française (publié dans *Causerie memramcookienne*, édition critique de Gérin 1990 : 129).

---

entretiens. À la fin des rencontres, nous repartions avec une liste de noms de personnes susceptibles de nous intéresser.

1 Voir *Causerie memramcookienne* (1990) et l'édition critique du *Glossaire du parler acadien* de Pascal Poirier par Pierre Gérin (1993).

L'anecdote trouve un écho dans les tentatives mises de l'avant par les divers acteurs, selon des modalités qui leur sont propres, pour se réapproprier un statut symbolique ou autre, à partir d'éléments constitutifs d'une identité revendiquée comme distincte, peu importe le processus qu'elle enclenche.

CONSCIENCE ET FABRICATION DE LA DIFFÉRENCE

C'est à partir des années 1960 que des coopérants français ont enseigné à l'Université de Moncton et que des étudiants sont partis au Québec et en France parfaire leurs études. Georges a bénéficié d'une bourse France-Acadie[1] et comme plusieurs autres, il s'est rendu étudier à Paris. C'est là qu'il a pris conscience de sa différence linguistique ; c'est là aussi qu'il a pensé trouver un moyen de faire valoir cette spécificité. André Martinet passe une semaine en Acadie en 1988, dont quelques jours à la Baie Sainte-Marie. Il écrit que « l'acadien est bel et bien une variété de français » (Martinet 1988 : 95) et ces paroles provenant d'une personne « autorisée » donnent un souffle nouveau au mouvement de légitimation du vernaculaire. Georges nous a déclaré que ce dernier lui aurait dit « que l'écart entre l'acadien de la Baie Sainte-Marie et le français standard est supérieur à l'écart qui existe entre l'italien et l'espagnol / le norvégien et le suédois[2] », ce qui donne du poids à son projet.

Un autre élément vient donner du poids à l'argumentaire misant sur la « différence » comme profit de distinction en Nouvelle-Écosse. Les touristes recherchent le « vrai », l'« authentique », et la culture acadienne participe de ce fantasme. Comme l'a montré Mélanie LeBlanc dans sa thèse (LeBlanc 2012 : 225-232), le gouvernement néo-écossais a investi des sommes importantes pour attirer les touristes dans la région en misant sur ses ressources naturelles, ses villages pittoresques et ses produits culturels, dont l'Acadie[3]. La langue *acadjonne* peut également

1 Il s'agit de la même bourse que j'ai obtenue et dont il est question dans le premier chapitre.

2 Il est impossible de savoir si André Martinet a prononcé ces propos ou non ; c'est le discours de Georges qui est rendu ici.

3 Le gouvernement du Nouveau-Brunswick a suivi la même démarche et a mis en place différentes stratégies pour faire visiter l'Acadie du Nouveau-Brunswick.

ici constituer un « bien » pittoresque et « authentique ». Claudine Moïse affirme :

> Le tourisme, qu'il soit patrimonial, culturel ou de nature, repose sur une valeur refuge, celle de « l'authenticité ». Cette authenticité cherche à attirer les touristes qui s'attendent à faire de « vraies » expériences ; elle permet par là même, à la fois le développement économique des régions et une certaine valorisation identitaire des groupes (Moïse 2011 : 9).

Dans son article phare, *Sociolinguistic authenticities*, Nikolas Coupland relève cinq critères qui ont servi à définir des pratiques dites authentiques, autant par les tenants du standard que par les sociolinguistes visant à faire reconnaître les parlers vernaculaires (Coupland 2003 : 418-419) :

1. Les pratiques linguistiques « authentiques » sont perçues comme une *essence*.
2. L'*historicité* en constitue un critère fondamental : ces pratiques auraient survécues au *passage du temps* et devraient être protégées (langues en danger).
3. Elles sont *systémiques* – les éléments qui les composent peuvent être analysables.
4. Leur « authenticité » est liée à un consensus social, ce *consensus* reposant sur un savoir expert ; l'authenticité de ces pratiques est également reconnue par la communauté.
5. Ces pratiques sont définies comme ayant une *valeur* culturelle.

Coupland montre ensuite comment ces critères ont servi à légitimer à la fois les pratiques standard, ce qu'il appelle *establishment authenticities*, et les pratiques vernaculaires. L'auteur explique que les sociolinguistes ont privilégié la seconde catégorie – les parlers vernaculaires – parce que : 1) ces pratiques peuvent être observées et analysées de façon empirique ; 2) leur historicité témoigne davantage de la diversité que de l'uniformité – le propre des formes standard – et releverait donc davantage d'une idéologie plus démocratique ; 3) le système de ces pratiques est cohérent ; 4) il existe un consensus autour de la reconnaissance communautaire de ces pratiques dans des réseaux à liens serrés) ; et 5) ces pratiques sont dotées de valeur – un objet culturel qui solidarise les membres d'une communauté (Coupland 2003 : 420).

Coupland estime finalement que l'analyse de l'authenticité ne peut plus dissocier le local du global – phénomène très évident chez les locuteurs de la Baie Sainte-Marie – et que dans la plupart des situations, les locuteurs sont très conscients de mettre en scène une identité choisie et construite dans leurs récits narratifs ; en même temps, il montre bien qu'il ne s'agit pas mettre au rancart la notion d'authenticité (voir aussi Woolard 2008[1]), mais que son traitement doit prendre en compte cette notion de la « performance » liée à une certaine globalisation (« authenticity in performance » (Coupland 2003 : 428) :

> *Even so, suprisingly enough, authenticity persists. Late-modern social arrangements are likely to make quest for authenticity* more rather than less *necessary. The affective, subjective dimension of authenticity – the need to feel rooted through language to a community and even to a physical place, which has driven the sociolinguistics of vernacular communities – is* not *simply vanishing* (*ibid.* : 427 ; c'est l'auteur qui souligne).

Dans le cas de la communauté de la Baie Sainte-Marie, la globalisation – et tout ce qu'elle comporte d'ouverture sur le monde – a permis de repenser « les nouveaux usages linguistiques, qui disent une redéfinition de l'identité dans les espaces transnationaux. Les pratiques langagières et l'usage de la variation deviennent des enjeux de commercialisation, de développement et de marchés à prendre » (Moïse 2011 : 12). On peut avancer que la circulation des biens et des idées qui a accompagné la globalisation et qui s'est accélérée dans les dernières trente années a conduit à une plus grande acceptation de la variation linguistique et à une mise en valeur des formes originales, surtout celles considérées comme conservées dans un état originel ; l'authenticité *ressentie* des pratiques qui est revendiquée par les locuteurs, puis recherchée par les personnes de l'extérieur (les touristes, entre autres, et les francophones d'ailleurs) a sûrement joué un rôle dans la mise en avant d'une singularité identitaire et linguistique. Si les francophones de la Baie Sainte-Marie se sentent encore tiraillés sur le plan des pratiques du français entre l'assimilation à un modèle

1 Kathryn Woolard écrit également que l'authenticité fait parfois partie intégrante d'une idéologie légitimante de la langue voulant que les formes marquées soient célébrées et valorisées ; selon l'auteure, ces formes signalent davantage qui vous êtes que ce que vous dites : « *In some bilingual circumstances, in fact, use of a minority language is taken by some interlocutors to be exclusively about its social indexicality, not its referential value* (Trosset 1986) » (Woolard 2008 : 3).

mythique et la différenciation radicale de leur langue – avec toute une panoplie de stratégies entre les deux –, les changements économiques et culturels des dernières années leur permettent de penser autrement leurs différences et de s'afficher « fièrement » – l'affichage de la fierté est omniprésente dans le discours en Acadie : fierté de parler le français ; fierté de son vernaculaire ; fierté de son identité (plurielle) – tout en en retirant un profit symbolique et matériel, puisque fierté et profit peuvent s'inscrire dans le même paradigme, comme nous le verrons plus loin.

Ces phénomènes se vivent dans une autre région de la Nouvelle-Écosse, à Chéticamp, qui se trouve à six heures de route en voiture[1] de la Baie Sainte-Marie.

UNE COOPÉRATIVE EN NOUVELLE-ÉCOSSE

Pendant notre séjour en Nouvelle-Écosse, nous[2] nous sommes dirigées vers Chéticamp, village touristique où les francophones sont majoritaires, mais très minoritaires dans l'ensemble de la région. Notre objectif était le même qu'ailleurs en Acadie, soit tenter de comprendre comment les acteurs sociaux de différentes régions acadiennes contribuent par leurs discours à construire une certaine acadianité. Village de pêcheurs traditionnel, Chéticamp a été fortement ébranlé par la crise des pêcheries au milieu des années 1990 ; la zone s'est alors transformée en région touristique, d'autant qu'elle est située dans l'île du Cap-Breton, appelée autrefois île Royale, et qu'elle mise sur le fait francophone pour attirer les touristes en quête d'exotisme (White 2006 : 91-100). Chantal White, qui a écrit une thèse de maîtrise sur ces questions en 2006, explique « que le Conseil de développement économique de la Nouvelle-Écosse a mis en circulation [au milieu des années 1990] un dépliant touristique intitulé *Voyagez en Nouvelle-Écosse et suivez les étoiles*[3]*, ici on parle français* » (*ibid.* : 95).

1 La voiture est la seule façon de se rendre d'une région à l'autre, d'où les différences marquées entre les vernaculaires des deux régions.

2 Lise Dubois et moi étions accompagnées de Mireille McLaughlin et de Chantal White, alors étudiantes de même qu'assistantes de recherche.

3 Des étoiles sur panneaux de bois longent la route du Cap-Breton, étoiles qui font référence à l'Acadie et à son drapeau (étoile jaune dans la section bleue du drapeau français).

Fidèles à nos habitudes, après quelques jours sur les lieux, nous avons contacté des acteurs sociaux de la région et nous avons réalisé vingt entretiens. Le soir, par hasard, nous sommes entrées dans une boutique d'artisanat ornée de drapeaux acadiens où l'on vendait des objets de la région ; dans le restaurant attenant à la boutique, les serveuses étaient habillées en *Évangéline*. Au sous-sol de la boutique, une dame âgée d'une cinquantaine d'années, que nous avons appelée Anna, enseignait aux touristes la technique du « hookage[1] » traditionnel tout en répondant à leurs questions. Nous nous sommes vite rendu compte que son récit, ponctué de réflexions métalinguistiques, était « construit » pour les touristes. Le lendemain, Mireille McLaughlin et moi lui avons demandé si nous pouvions l'interviewer, ce qu'elle accepta aussitôt, alors que la tâche d'interviewer d'autres personnes du village avait été plutôt ardue, plusieurs des personnes nous ayant signifié qu'elles ne parlaient pas le standard.

Elle commença par nous expliquer qu'à ses débuts dans cette fonction, elle se sentait intimidée de parler devant la plupart des touristes québécois. Elle tentait de modifier son lexique, mais après un bout de temps, elle a décidé de parler normalement. Cependant, elle se sentait obligée d'expliquer chaque expression ressentie comme différente du standard.

Mireille	mais toi est-ce que c'est un avantage de parler / un français pluS régional
Anna	oui oui / mais j'ai pas toujours senti comme ça ça-fait-que je sais pas si que c'était la manière dont je me sentais ou c'est que les gens ont changé ou c'est moi qui a changé / mais quand que j'ai commencé à travailler euh je sentais que les Québécois se moquaient de nous-autres [...] mais tu sais je sais pas si c'était je me sentais juste comme ça / ah oui je me sentais vraiment ça / pis c'est euh je le sais pas si c'est que je dis je me sentais comme ça / je sais pas si c'était moi qui se sent / qui se sentait pas bien à parler comme que je parlais /// pis quand quelqu'un disait ah garde quoi-ce qu'elle a dit là c'était plutôt si ils disaient / ils disont ça comme c'est *cute* tu sais //// mais moi je pensais / en frais de se moquer de moi tu sais /// mais tu sais je sais pas si c'était je me sentais juste comme ça
Mireille	mais asteure tu te sens vraiment à l'aise avec ça
Anna	oui euh j'essayerais de changer mes mots et puis
Mireille	ah oui

1 Technique traditionnelle de confection de tapis.

Anna	pis là jusque temps que je seille confortable pis je leur dis ben garde j'arrête de parler comme ça / ça *though* je parlais comme ça / pis je ieu dit souvent l'histoire que j'étais en train de filer pis euh / quand que je file si je nétteye pas ma laine / nettoie si je nétteye pas bien ma laine ben il reste de la saleté pis ça fait des bosses / mais je dis vous-autres vous appelez ça des mottons
Mireille	mm
Anna	pis euh il y en a un qui dit / ben oui j'ai dit aussi quand que je tumbe moi je me fais une bosse / elle dit ben moi je fais une prune
Mireille	(rires)
Anna	ah ben j'ai dit tu dis que si tu tumbes tu fais une prune / ben nous-autres les prunes là je les mangeons / ça-fait-que toi dis ta prune moi je dis ma bosse pis tu sais comme qu'ils disont *let's call the whole thing off* / tu sais que c'est pas utile que moi je leur dis des fois / c'est pas utile d'essayer à changer sa langue pour en ajouter une autre qui est pas la tienne la tchenne / pis euh : c'est pas / c'est pas meilleur / tu sais une prune est pas meilleure euh icitte que moi dire une bosse / une bosse c'est une bosse / le monde connaît quoi-ce-qu'est une bosse mais c'est ça ce que c'est / des-fois chaque petite région peut avoir des différents mots pis moi asteure j'accepte ça pis je dis que / [...] / je suis pas éduquée du collège mais je commence à dire / tu sais c'est ça ce qui est beau que touT les gens c'est pas nécessairement qu'on a toute la même affaire / tant qu'on se comprenne (C-08-016)

Anna avait fini par accepter sa façon de parler – elle ne pouvait pas la changer –, mais essayait quand même d'adapter son français pour interagir avec les touristes tout en y laissant quelques expressions de son cru. Peu à peu, Anna s'est rendu compte que c'était à son avantage d'user du vernaculaire de la région ; elle pouvait même en retirer un profit matériel pour la boutique – des touristes nous ont dit venir à chaque année pour l'entendre – et des profits symboliques – sa langue était tout d'un coup devenue objet d'intérêt, ce qui rejaillissait sur son identité de francophone ou d'Acadienne. La mise en scène de sa langue (à son insu ou non) constituait un attrait touristique ; d'ailleurs, nous sommes retournées l'année suivante et elle racontait la même histoire, avec les mêmes exemples. Les touristes aimaient l'entendre parler et elle en rajoutait, en jouant des variations de la langue :

Anna	si tchequ'un donne une euh / de même (fait le geste) vous-autres disez fesser / fesser la personne

Touriste 1	fess / fesser
Anna	oui fesse / si il vous tape sur la / si on tape icitte quoi-ce que c'est / c'est une tape
Touriste 1	une tape
Anna	ah ok / *anyways* / si ils se fessiont ou
Touriste 2	une tape c'est icitte
Anna	ah c'est ça dépendant i-où-ce _tu tapes_
Touriste 2	_sur les fesses_
Touriste 1	sur les fesses
Anna	dépendant nous-autre*s* / tu donnes une claque
Touriste 1	une claque c'est n'importe où
Anna	c'est n'importE i-où oui / ça-fait-que :
Touriste 1	une claque aussi c'est une euh on chausse
Anna	des claques / des cliques et des claques / des fois on disait ramasse tes cliques et tes claques d'icitte
Touriste 1	pis vas t-en (rires de tous)
Anna	c'est pas souvent que je dis ça // on est comme on dit à Chéticamp / on est trop *nice* pour dire de quoi de même
Touriste 1	oui c'est vrai (C-08-016)

Anna est très consciente des différences linguistiques – *vous autres vous dites ainsi « tomber », nous autres on dit « tumber »* – et elle les accentue, ce qui lui confère un capital de distinction sur le marché touristique (Boudreau et White 2004). Ce phénomène, Nikolas Coupland le décrit comme une performance de l'authenticité : « *how people can do complex self-identification work that ends up being authenticating for them and possibly for others* » (Coupland 2003 : 428). Prenant appui sur un travail de terrain réalisé auprès de Gallois en Écosse, il rajoute que certains locuteurs habitent leur authenticité en la jouant : « *There is a sociolinguistic process by which people can achieve authenticity by overtly displaying their own inauthenticities, playfully and self-mockingly, and relying on listeners' contextual inferences to rebuild their personas as in fact authentic* » (*ibid.* : 428).

Tout comme à la Baie Sainte-Marie, Anna mise sur les différences, construit des frontières entre sa langue et celle des Québécois en semblant assumer complètement les variations, mais cette attitude est rattachée à la position qu'elle occupe dans le marché touristique. En effet, pendant l'entretien, Anna nous raconte son expérience avec des jeunes touristes français et dit avoir été surprise d'entendre l'une d'entre elles dire qu'elle

« n'avait pas besoin de faire ça *toute la sainte journée* », expression qu'elle pensait régionale. Que les Chéticamptais qui sont en Acadie depuis le 18e siècle emploient la formule, soit, mais que de « jeunes » personnes vivant « en France » en fassent usage, cela l'étonne. Le commentaire d'Anna illustre ici la distance imaginaire créée entre la France idéalisée et la francophonie acadienne. Il paraît impensable que des tournures idiomatiques en usage en Nouvelle-Écosse soient les mêmes que celles usitées en France. La légitimité de l'expression est immédiatement reconnue parce que trouvée dans la bouche de Françaises.

Cette attitude consistant à croire qu'une grande partie des expressions régionales est inconnue ailleurs que dans la région où on les entend est très répandue dans la francophonie et lourde de conséquences. D'une part, on assiste à une parole entravée chez l'individu *qui ne se dit pas* de peur de « mal » dire ou d'être en marge en usant d'expressions passéistes – attitude observable chez les jeunes –, mais d'autre part, ces mots que l'on ne dit plus, sauf *entre nous*, sont peu à peu écartés, ce qui contribue à l'uniformisation du français. On voit justement ici les paradoxes du discours qui célèbre la diversité (discours qui s'apparente à la préservation des espèces et dont il sera question plus loin). Promouvoir la diversité linguistique, c'est une chose. En faire les frais, c'en est une autre. Il semble que les régions soient prises entre deux pôles d'un continuum : soit elles masquent leurs particularités linguistiques, ce qui leur enlève toute singularité, soit elles les mettent en scène comme dans le cas de Georges, ce qui les rend plus visibles, mais aussi – et surtout – plus exotiques. En même temps, elles peuvent davantage inscrire le local dans le transnational, justement comme le font les gens de la Baie Sainte-Marie.

À Chéticamp, des personnes ont affirmé parler *moitié anglais moitié français*, ce que nous n'avons pas perçu lors de nos observations ethnographiques. L'expression fait partie du discours de ceux qui veulent se distancer du français normé ; elle s'avère également une façon de dire au locuteur d'en face qu'on ne parle pas comme lui. La « formule », très commune et entendue à plusieurs reprises dans les deux provinces, constitue une stratégie défensive, une façon de se protéger des remarques négatives anticipées, qu'elles soient fantasmées ou non. Dès le départ, on établit des frontières, on avertit qu'on ne parle pas le « français standard ». C'est bien une représentation de soi qui est construite chez le locuteur lui-même et qui se calque sur les discours entendus, une intériorisation de la minorisation, « un consentement non conscient des dominés à la domination » (Éribon 2013 : 14) et une adhésion à l'idéologie dominante voulant que le français soit unique.

L'une des différences linguistiques majeures entre les deux régions de la Nouvelle-Écosse que nous avons étudiées est liée à la nomination du glottonyme de la région ou à son absence. C'est l'*acadjonne* qui cristallise les débats à la Baie Sainte-Marie, alors que les discussions autour du français parlé à Chéticamp sont plus sobres, moins présentes – il existe *un* français et on conteste peu cet axiome. Comme dans le cas du chiac, la nomination du français de la Baie Sainte-Marie donne naissance à un groupe qui se reconnaît par celle-ci – je mobilise encore une fois l'expression « reconnaissance-naissance » de Jean-Baptiste Marcellesi, par laquelle une variété impose qu'on la reconnaisse, et par le fait même, fait « exister » les locuteurs qui la parlent.

Dans les deux régions, les locuteurs rencontrés misent sur les différences de leur capital linguistique français pour se différencier, même si à la Baie, le « mouvement » était nettement plus prononcé. Cette différence paraît importante dans la mesure où elle désamorce à l'avance toute tentative d'essentialisation des groupes, Acadiens ou autres, tant celle des chercheurs que celle des locuteurs. Nous étions dans la même province, avec des francophones qui se disaient dans les deux cas des Acadiens, mais il ne semblait pas exister de liens plus forts entre ces deux régions de la Nouvelle-Écosse qu'entre deux autres régions de différentes parties du Canada. Le développement du tourisme lié à la globalisation a certes joué un rôle dans les deux régions – davantage dans la seconde –, mais il s'est manifesté de façon différente. Il a fallu chercher à comprendre pourquoi et comment la globalisation a produit des effets différents dans la construction d'une « authenticité » culturelle qui s'inscrit dans le paradigme de la diversité, diversité qui fait partie du discours officiel, bien que cette ouverture ne signifie pas pour autant que les rapports de pouvoir ne sont pas aussi présents aujourd'hui que dans le passé. Cependant, les locuteurs rencontrés ont pu mettre à profit ce qui fait leur « fierté » : la langue. En effet, le discours sur la fierté (de la langue et de la culture française) est un discours dominant dans tout le Canada français, et c'est ce paradigme de la fierté et du profit que j'examinerai brièvement avant de continuer mon récit ethnographique, cette fois au Nouveau-Brunswick.

FIERTÉ ET PROFIT

> je suis une mémoire
> dans l'aphasie de l'économie de marché
> où la marque de commerce écrase à tout
> [coup la nationalité
> Gérald LEBLANC, *Identité(s)*.

Dans *Language in Late Capitalism. Pride and Profit*, publié en 2012, Alexandre Duchêne et Monica Heller réinvestissent les notions de fierté et de profit pour expliquer les dynamiques langagières à l'heure où le nationalisme s'essouffle. En fait, la *fierté*, fierté d'être quelqu'un, de parler telle ou telle langue, est particulièrement présente dans les discours des minoritaires francophones au Canada depuis un siècle, et l'adjectif *fier*, qui a été rattaché à des questions d'ordre identitaire, est aujourd'hui reconverti en valeur marchande sur certains marchés – on est fier de « montrer » son accent, fier de ses particularités. Le *profit*, qui peut être de nature symbolique, matérielle ou les deux, est relié à un discours plus économique et mondialisant, et met l'accent sur la plus-value rattachée à l'unicité, voire à l'*authenticité* d'un produit, que ce soit des biens ou des personnes. Les deux notions sont donc liées et cooccurrentes. Susan Gal, dans le même ouvrage, signe l'article intitulé « Sociolinguistic Regimes and the Management of "Diversity" ». Elle analyse les idéologies linguistiques en partant des paradigmes de *profits* et de *fierté* comme éléments de *différenciation* pour comprendre les valeurs attribuées à différentes formes linguistiques en usage. Ces axes ont été exploités en termes d'opposition autour des pôles de singularisation ou d'assimilation par Isabelle Taboada-Leonetti (1990) pour expliquer les stratégies identitaires des minoritaires et leur positionnement dans les divers espaces ou marchés où ils se produisent : mise en scène de la singularité de leurs pratiques pour accéder à une certaine reconnaissance comme groupes distincts, gommage de toute particularité dans une tentative de ressembler aux dominants, avec toute une gamme de stratégies mitoyennes sur le continuum qui relie les deux pôles. Selon Taboada-Leonetti, le choix de la différenciation est lié à la conscience d'appartenir à une identité collective distincte qui suppose une opposition aux « non-nous » et aux « eux-autres » (Taboada-Leonetti, 1990 : 56), tandis que celui de l'assimilation est associé à un « nous » englobant (national ou autre) auquel les individus s'identifient, encore par opposition à un « eux » défini par les différents acteurs de la communauté. En fait, le paradigme assimilation/différenciation est construit autour de « deux finalités évidemment complémentaires » (*ibid.* : 56) qui soulèvent la difficulté pour les minoritaires à se construire une identité[1].

Or le couple *profit* et *fierté* rompt avec cette dichotomie traditionnellement opérée entre les pôles de différenciation et permet de montrer l'imbrication de ces procédés dans les mêmes pratiques culturelles et linguistiques. Ainsi certaines formes, stigmatisées ou non, peuvent par exemple être revêtues de valeurs traditionnelles tout en étant en même temps source de profits (associée à une distinction symbolique) ; c'est ainsi que des formes comme « nonante » ou « septante » en Belgique et en Nouvelle-Écosse seront synonymes d'une identité particulière (prisée). Pendant le festival de musique celtique de Lorient, une amie linguiste a entendu un groupe de musiciens néo-écossais faire chanter la foule en France tout en leur apprenant des prononciations typiques de la Baie Sainte-Marie, comme la « monne » pour la main ou du « panne » pour du pain[2]. Si ces procédés d'assimilation/différenciation et d'uniformisation/singularisation ont été le propre de toutes les communautés qui ont eu à se définir en fonction de modèles dominants, ils ne semblent plus être aussi opératoires aujourd'hui. En effet, les pratiques identitaires et linguistiques ne se réduisent plus à X qui s'oppose à Y ; il s'agit plutôt du X qui s'ajoute à Y. Ainsi, une personne peut revêtir des identités multiples et il en va de même pour ses pratiques. En Acadie, deux discours récurrents catégorisent les locuteurs selon leurs pratiques linguistiques, l'un valorisant les traits « archaïques », associés à la pureté des

---

1 Voir aussi Pascale Casanova (1999) sur la même question par rapport à l'institution littéraire.

2 Je suis très consciente que les artistes peuvent se permettre des libertés avec la langue que ne peuvent se permettre les « simples citoyens » – j'y reviendrai au prochain chapitre.

origines et à la différenciation du groupe francophone comme distinct, et un autre dévalorisant les emprunts, symbole de l'assimilation et de l'acculturation à la langue anglaise. Le premier peut s'inscrire dans le paradigme de la *fierté* – fierté des ancêtres français, fierté des origines ; le second, qui a rejeté pendant longtemps toute trace de l'anglais, mais qui était en même temps associé au bilinguisme individuel – « un semilinguisme » –, va connaître des transformations idéologiques en lien avec la nouvelle économie mondialisée (Heller 2002) et s'inscrit désormais dans le paradigme du *profit* –, profit associé à la pratique des deux langues officielles et doté d'une plus-value sur différents marchés. Les deux discours sont interreliés. Par exemple, l'usage marchand de la *singularité* des pratiques comme faire-valoir d'une *authenticité* langagière est associé à des *profits* sur le marché touristique et culturel des langues, comme on vient de le voir avec les locuteurs de la Nouvelle-Écosse. Cette *authenticité* dont il vient d'être question a-t-elle à voir avec la citation de Bourdieu qui traite de l'*authenticité* construite des « paysans » par les citadins qui mènent de fait à une sorte d'*inauthenticité* ?

> On comprend qu'il est sans doute peu de groupes qui entretiennent des relations moins simples avec leur propre identité, qui soient plus condamnés en un mot à l'« inauthenticité » que ces « simples » en qui toutes les traditions conservatrices cherchent le modèle de l'existence « authentique ». Ce n'est pas d'aujourd'hui que les paysans, sans cesse affrontés à la domination inséparablement économique et symbolique de la bourgeoisie urbaine, n'ont pas d'autre choix que de jouer, pour les citadins et pour eux-mêmes, l'une ou l'autre des figures du paysan, celle du paysan respectueux qui fait dans le populisme populaire, parlant de sa terre, de sa maison et de ses bêtes, avec des accents de rédaction d'école primaire, ou celle du paysan heideggérien qui pense écologiquement, qui sait prendre son temps et cultiver le silence [...] (Bourdieu 2002b : 257-258 ; c'est l'auteur qui met entre guillemets).

La citation est tirée d'un post-scriptum de l'auteur qui clôt *Le bal des célibataires*, essai qui reprend trois longs articles qu'il a publiés dans les années 1960 et 1970. Elle me paraît encore s'appliquer aujourd'hui même si des changements économiques sociaux importants sont survenus depuis. Dans la « nouvelle économie mondialisée », des pratiques langagières sont construites comme étant *authentiques* par les locuteurs cibles eux-mêmes et par leurs interlocuteurs, et la différence avec les années 1960, c'est qu'aujourd'hui, dans certains cas, les deux groupes semblent en tirer profit. Il en a été ainsi pour Anna dans le chapitre précédent et il en est de même pour certains artistes comme nous le verrons plus loin.

En effet, avec l'ouverture sur le monde et la valorisation du multilinguisme, la *fierté* rattachée au fait de parler deux ou trois langues est source de *profits* sur le marché de l'emploi, dans le milieu touristique comme dans le champ culturel. Ces pratiques ne sont cependant pas toutes marquées de la même valeur et les inégalités sociales basées sur la langue restent. L'éloge de la diversité masque peut-être des rapports de pouvoir qui s'expriment de façon subtile, ce que les exemples qui suivent peuvent illustrer. La fierté et le profit sont présents, mais opèrent selon des logiques complètement différentes.

DE LA DÉPOSSESSION : ENTRE LA HONTE ET LA FIERTÉ

La première illustration est tirée de la sphère politique et raconte le parcours d'une femme qui, du jour au lendemain, s'est vue parachutée de son marché linguistique régional (familier) au marché national (gouvernemental) et très officiel des langues ; j'ai parlé d'elle dans le chapitre où je traitais des techniques d'entretien.

Il s'agit d'une femme issue d'un milieu socioéconomique défavorisé et ayant comme langue familiale le chiac. Elle a fréquenté l'école française jusqu'à l'âge de 18 ans. Elle s'est ensuite engagée auprès des populations les plus défavorisées ; puis, forte de son succès, elle s'est présentée aux élections fédérales (nationales). Elle a occupé le poste de ministre responsable de la Francophonie et de ministre de la Coopération internationale de 1997 à 1998, et est devenue ministre du Travail de 1998 à 2004. Par la suite, elle a occupé le poste de ministre responsable des sans-abris entre 2003 et 2004. Sa connaissance des deux langues officielles a constitué un capital important dans l'obtention de ces postes, et son statut de francophone minoritaire a peut-être favorisé sa nomination à celui de ministre de la Francophonie.

Lors d'une émission diffusée à Radio-Canada Atlantique en 1999 sur les variétés de français parlées en Acadie, Claudette Bradshaw relate son parcours personnel et professionnel ; dans son récit, elle fait allusion aux difficultés langagières rencontrées lorsqu'elle s'est retrouvée sur le marché officiel des langues, à Ottawa, alors qu'elle était ministre de la Francophonie et qu'elle avait à discuter avec des francophones de partout dans le monde. Elle dit avoir été particulièrement perturbée lorsque certains francophones se sont moqués de sa façon de parler :

> après ça [sa nomination en tant que ministre], j'ai commencé à faire des conférences / et j'avais commencé un petit peu à améliorer mon français / mais dans mes conférences je sortais avec des mots que / dans mes conférences quand même c'était des professeurs pis c'était du monde avec le vocabulaire / pis euh je m'en rappelle un moment donné que il y a quelqu'un qu'avait ri de moi / c'était des francophones / pis je m'en rappelle euh reconduire au travail pis j'avais pleuré / parce que j'avais dit « tu sais c'est pas de ma faute pis je fais l'effort » / pis j'ai jamais oublié ça que j'avais pleuré parce que c'était des francophones qu'avaient ri de moi // j'aurais pu le prendre si ça avait été des anglophones qu'auraient ri de moi / pis après ça je m'en rappelle que je m'ai dit il y a p'us d'autres personnes qui riront de moi / parce que je vas faire un effort / fais que je faisais des conférences pis je faisais vraiment un effort / pis quand-ce Radio-Canada m'appelait là le cœur / en chiac le tchœur me / me débattait (rires) pis tu sais je me disais je vas-tu y aller je vas-tu pas y aller

Tout au long de l'émission, elle se dit *fière* d'être Acadienne, *fière* de parler les deux langues et répète qu'elle ne veut pas faire *honte* aux francophones (ce terme revient souvent) en raison de son français. Sa grande insécurité linguistique vient de son adhésion inconsciente aux principes régissant l'idéologie du standard ; loin d'adopter une attitude de contre-légitimité, elle se soumet aux jugements des personnes exerçant un discours d'autorité – où se posant comme des autorités – (Bourdieu 2001 : 284) et perd ses moyens lorsque placée sur le marché officiel des langues. Claudette Bradshaw est originaire d'un milieu modeste et ne connaît pas les lois de formation des prix sur les marchés linguistiques, encore moins les lois qui président aux marchés officiels, et elle a payé le prix de cette méconnaissance. Les *profits* reliés à sa connaissance des deux langues et la *fierté* associée à ses origines sont mis à mal dans le marché officiel, étant donné que son comportement linguistique ne s'inscrit pas dans les idéologies dominantes qui dictent le savoir-faire officialisé en matière de langue. Les inégalités sociales reliées à la connaissance ou à la méconnaissance des règles prennent ici symboliquement tout leur sens. Pas de capital linguistique sans elle. Les rapports de domination s'exercent sous des couverts d'incompréhension, de malentendus, mais en fait c'est l'idéologie du standard qui sous-tend ces rapports. Par ailleurs, la langue autorisée et convoitée sur le marché officiel ne reçoit pas du tout la même reconnaissance dans son lieu d'origine ou sur le marché franc, pour utiliser le terme de Bourdieu, puisque les *profits* de ce marché sont d'un autre ordre :

> je m'en rappelle la première fois que ma mère puis mon père m'ont observée sur la télévision // puis la première réaction a été « yoù-ce t'as appris à parler comme ça toi » (rires) ok / puis / même aujourd'hui [...] je vais chez ma mère puis mon père touT touT les samedis matins // puis il y a des moments donnés que je dis *oh my God* Claudette fais attention // tu sais oui parce que je vois que ma mère mon père vont me regarder

Les rapports familiaux risquent d'être déstabilisés par les pratiques divergentes de l'un des membres de la famille, surtout lorsque ces dernières ne sont pas perçues comme un simple changement de registre, mais bien comme faisant partie d'un autre soi qui prend forme et qui se distancie de ses origines sociales.

Dans le premier extrait, Claudette Bradshaw joue de la connivence avec l'auditoire – un auditoire régional qui écoute une dame « du coin » connue à l'échelle nationale et reconnue comme étant l'une des leurs. Elle marque son identité par la mise en scène ostentatoire d'une particularité régionale répandue, l'affrication dans *tchœur* : « pis quand-ce Radio-Canada m'appelait là le cœur / en chiac le tchœur me débattait (rires) ». *Tchœur* est ici indexé comme valeur indiquant son appartenance à l'Acadie et il y a une fierté à l'exhiber.

Les propos cités ici ont été diffusés en 1999 dans une émission d'une heure de Radio-Canada Atlantique, *Temps d'arrêt*, ayant comme thème « Parler français à Parkton[1] ». L'animateur, lui-même Acadien, est très empathique envers ses trois invités et pratique une forme d'entretien compréhensif (chapitre sur les entretiens). L'auditeur écoute des voix qui se racontent dans la plus grande aisance. Le climat favorise les confidences de Claudette Bradshaw à l'égard de son insécurité linguistique qui la

1 Parkton est un ancien quartier de la ville de Moncton.

suit dans les forums publics ; elle se permet d'être *authentique*[1] et il en est de même pour les autres participants à l'émission. Par ailleurs, l'émission dont il est question est largement écoutée dans les trois provinces maritimes et les vernaculaires sont prisés, dotés eux aussi d'un profit de distinction – ils parlent comme nous. Le marché très « officiel » de la radio atlantique est devenu dans une certaine mesure un marché très ouvert à la variation ; il n'y a plus clivage ici entre marché officiel et marché « franc » au sens où l'entendrait Bourdieu. En effet, depuis une vingtaine d'années, les médias donnent de plus en plus de place aux différences linguistiques (Coupland 2010), même que ces différences font partie de la « couleur locale » qui ajoute une plus-value aux émissions, phénomène qui prend place dans le vaste mouvement d'informalisation mondial. En Acadie, la mise en place des radios communautaires a favorisé l'ouverture à la diversité des expressions ; pour être compétitive avec ces radios, la radio publique a assoupli ses règles[2]. Cependant, cette ouverture nouvelle ne doit pas masquer l'existence des valeurs différentielles hiérarchisantes accordées aux façons de parler : la langue reste un élément clé par lequel on juge les locuteurs et à partir duquel se construisent les discriminations sociales.

CHANGER D'IDENTITÉ : L'AUTHENTICITÉ TRONQUÉE

Le second exemple est tiré d'un entretien avec une personne travaillant dans un centre d'appels à Moncton, réalisé dans le cadre de notre deuxième travail de terrain ethnographique : *la francophonie canadienne et la nouvelle économie mondialisée*. Nous avions choisi un centre d'appels de Moncton étant donné l'importance du discours provincial entourant la main-d'œuvre bilingue au Nouveau-Brunswick. En effet, à l'époque où nous avons réalisé l'enquête, en 2002, la province comme la ville

1 « L'authenticité » de cette dame a toujours été un élément qui revient dans les discours qui l'ont qualifiée tout au long de sa carrière.

2 J'ai interviewé dix personnes travaillant dans le domaine médiatique et elles m'ont toutes affirmé que Radio-Canada avait voulu se « rapprocher des gens » du milieu. Le procédé est sans doute lié à ce mouvement général qui vise à réduire les distances entre les élites et la population et qui est particulièrement présent dans les médias (Coupland 2010).

misaient sur l'économie du savoir pour restructurer l'économie provinciale et municipale :

> Les municipalités de la région, de concert avec le gouvernement provincial, ont entrepris au cours des années 1980 une restructuration de l'économie en réponse à la fermeture d'industries clés qui a causé une importante perte d'emplois ; cette restructuration privilégiait de façon délibérée les nouvelles technologies et le bilinguisme d'une partie de la population pour attirer de nouvelles entreprises, dont les centres d'appels (Dubois, LeBlanc et Beaudin 2006 : 23).

Traditionnellement, les communautés francophones à l'extérieur du Québec étaient structurées et reproduites autour d'activités économiques primaires, dont la pêche et l'exploitation des ressources naturelles (Heller et Labrie 2003). Les habiletés linguistiques n'y occupaient pas une place privilégiée. Comme la plupart des francophones vivant dans les régions du sud du Nouveau-Brunswick sont bilingues, ils sont maintenant recrutés pour occuper des postes dans les services *à la clientèle*, ce qui leur offre un certain avantage sur le marché de l'emploi.

Le centre d'appels que nous avions choisi était relié à une chaîne d'hôtels de luxe et des clients de partout en Amérique du Nord (surtout) téléphonnaient pour réserver des chambres. Lise Dubois, Mélanie LeBlanc et Maurice Beaudin, qui ont écrit un article sur le sujet, rappellent les critères d'embauche :

> La maîtrise de l'anglais est un critère *sine qua non* d'embauche au centre d'appels de Zénith (nom fictif). Lors du processus d'embauche, toutes les candidates[1], tant francophones qu'anglophones, doivent faire preuve de compétences suffisantes en anglais tant à l'écrit qu'à l'oral, par le biais d'une entrevue et de tests de grammaire et d'orthographe. Les compétences en français, quant à elles, ne sont que très superficiellement évaluées, le plus souvent par un supérieur anglophone ayant des compétences minimales en français. L'évaluation ne mesure que les compétences à l'oral et consiste pour la candidate à converser de façon plus ou moins formelle pendant environ une minute. Si la candidate semble s'exprimer de façon fluide, on suppose qu'elle possède une maîtrise suffisante de la langue française pour fonctionner dans les registres formels exigés (Dubois, LeBlanc et Beaudin 2006 : 26).

1 Les auteurs de l'article indiquent qu'ils ont féminisé toutes les désignations se rapportant aux personnes qui travaillent dans le centre étant donné qu'une forte majorité des employés sont des femmes.

Nous[1] nous sommes donc installées dans le centre pendant plusieurs semaines pour tenter de comprendre comment les langues circulaient dans cet environnement. Nous avons rencontré les directrices du centre, avons pris le café avec les employés et nous nous sommes assises avec les téléphonistes pendant de longues heures ; nous étions munies de casques d'écoute, ce qui nous a permis d'entendre les conversations des agents avec les personnes qui téléphonaient et leurs interactions avec les autres membres du personnel – s'ils n'avaient pas la réponse aux questions posées par leurs clients, ils mettaient l'appel en attente et consultaient leur superviseur (voir Boudreau et Dubois 2004). De plus, Mélanie LeBlanc, alors doctorante, a suivi le cours de formation donné à tous les nouveaux employés, formation qui a duré trois semaines (huit heures par jour). Toute la formation s'est donnée en anglais, même si une majorité des personnes présentes était francophone (bilingue) et même si la personne qui donnait la formation était elle-même francophone. Cette dernière a demandé si tout le monde comprenait l'anglais et devant l'acquiescement général, a donné son cours en anglais.

La langue anglaise était celle en usage dans toutes les sphères du centre d'appels, sauf lorsque les francophones se parlaient entre eux ; la langue de communication entre les patrons et les employés était l'anglais. Au moment de faire l'enquête, en 2002, les patrons étaient unilingues anglais même si une majorité des employés était de langue maternelle française. Le support informatique était en anglais seulement : tout ce qui défilait sur l'écran était en anglais et l'employé francophone devait traduire sur le champ l'information qu'il avait à transmettre aux clients francophones. Certains d'entre eux trouvaient la tâche ardue et ont évoqué les difficultés reliées aux passages du registre informel au registre formel, surtout ceux dont la langue de communication quotidienne était le chiac. Ils avaient peur de tutoyer la personne au bout du fil. J'ai pu constater cette difficulté alors que j'écoutais les interactions avec la clientèle ; dans la plupart des cas, cela se passait sans problème, mais la tension était présente pendant toute la conversation, surtout si l'interaction était longue. Il faut dire que le tutoiement est très fréquent en Acadie, et le fait de tutoyer quelqu'un que l'on ne connaît pas ne comporte aucune connotation négative. Ainsi, le tutoiement n'entraîne

---

1 L'équipe de l'Université de Moncton était composée de Lise Dubois et de moi-même, ainsi que des étudiantes : Mélanie LeBlanc et Chantal White.

habituellement pas de conséquences, contrairement à certaines parties du monde francophone, où il peut être interprété comme une familiarité mal placée.

La situation linguistique reflète celle de la ville de Moncton, où l'anglais domine partout dans l'espace public, sauf dans les institutions et organismes francophones. Cette domination est tellement ancrée qu'elle ne surprend personne, ni les anglophones ni les francophones. Les premiers trouvent naturel que les francophones parlent anglais dans ces espaces puisqu'ils sont bilingues ; ils trouvent même insultant que les Acadiens revendiquent plus de droits. N'ont-ils pas suffisamment de protection avec les lois existantes[1] ? Les seconds pensent la même chose – « j'ai la chance d'être bilingue, donc je vais parler en anglais pour ne pas froisser mon voisin ». Dans les espaces bilingues, comme c'est le cas dans le centre d'appels, il se produit le même phénomène que dans les écoles bilingues d'avant les années 1980 où les élèves perdaient progressivement leur français. Dans le centre d'appels aussi, les francophones perdent des compétences en français (voir LeBlanc [2013] pour l'analyse d'une situation comparable dans la fonction publique fédérale). C'était là un des éléments significatifs de l'enquête – les francophones craignaient de trébucher et faire davantage de fautes en français qu'en anglais alors que le français est leur langue première. Quatre explications sont possibles : la prédominance de l'anglais dans l'entreprise et le peu d'occasions d'user d'un français plus formel dans la vie quotidienne (l'usage du chiac à l'oral étant très répandu) ; la conscience que le français est leur langue « maternelle » et donc qu'ils devraient la « maîtriser » ; une aisance avec l'anglais qui enlève tout stress quant à l'usage dans cette langue, d'autant plus que l'écran défile en anglais sous leurs yeux et qu'ils n'ont pas à montrer une compétence de langue première en anglais ; finalement, l'intolérance de certains francophones à l'égard de la variation (par exemple, la connotation liée au tutoiement). C'est surtout ce dernier point qui a été signalé à plusieurs reprises. L'histoire suivante en dit long sur le phénomène et sur les stratégies choisies par certains pour y faire face.

1 Lise Dubois et moi-même avons réalisé une vingtaine d'entretiens avec des acteurs sociaux anglophones de la ville de Moncton en 2002 (journalistes, directeurs d'institution) et nous avons entendu le même discours. À tous, il paraissait normal que la langue de communication soit l'anglais. Les Acadiens s'étaient selon eux toujours accommodés de la situation, alors pourquoi vouloir plus ?

Christine, une employée du centre d'appels, nerveuse à l'idée de commettre un impair en français, a décidé de changer de nom pendant ses heures de travail[1]. Troquant son identité acadienne, elle s'est donné un patronyme anglophone, ce qui lui a permis d'échapper au sentiment de honte qu'elle avait éprouvé alors qu'une personne lui avait dit qu'elle ne parlait pas bien le français :

Christine	au début lorsque j'ai commencé / malgré que je suis française / ça faisait des années que j'avais pas parlé français / couramment c'est / lorsque j'ai commencé c'était ah *my god* je paniquais hein je pensais je peux avoir une appel française pis là je vas pas pouvoir dire / le bon français steure
Lise	oui
Christine	ah pis ma petite histoire était (rires) / j'ai dit ça à tout le monde // je disais / « ah euh je suis anglaise / mais j'essaie de parler le français / si je fais des erreurs s'il vous plaît corrigez-moi » / mes appels que j'avais après ils disaient « ah vous parlez bien français donc vous avez pas fait d'erreurs / mais continuez » / ils m'encourageaient là / tout ce temps-là j'étais française
Lise	oui oui
Christine	mais j'avais trop peur de parler le français parce que mon français était / était le chiac / parce que tu / la première appel que j'ai eu c'était un appel français pis il m'a / il a dit « si que tu peux pas parler mieux que ça le français passe-moi un autre agent » non non / c'était la première semaine que j'étais icitte / ah bon / j'étais ça m'avait vraiment euh /
Lise	ça t'avait euh bouleversée
Christine	ouais / pis là / après ça je leu' disais ma petite histoire pis ils étiont touT contents un[2] anglais qui parle français wow (rires)

Ayant intériorisé les attributs dévalorisants associés au vernaculaire acadien et ayant subi des remarques condescendantes de la part des francophones, elle se recompose une identité qui se veut plus en accord avec les attentes des interlocuteurs au bout du fil. Christine est consciente de l'idéologie du standard qui guide les pratiques linguistiques ou, du moins, elle y a été rapidement sensibilisée dès son entrée au travail en se faisant dire qu'elle parlait mal le français. Cette anecdote soulève la

1 Cet extrait a fait l'objet d'une analyse dans Boudreau 2012a.

2 La neutralisation du genre est très courante en Acadie, tout comme c'est le cas dans le français populaire de toute la francophonie (Gadet 1989 : 34).

question des idéologies à la base des définitions que l'on donne de la francophonie ou des critères nécessaires pour se dire francophones. Même si l'homogénéité des pratiques est de plus en plus remise en question et que la « diversité » culturelle et linguistique est de plus en plus revendiquée dans les discours savants et autres, c'est encore le modèle du français unique qui sert d'étalon au français parlé en contexte fermé.

VIVE LA DIVERSITÉ ? QUELLE DIVERSITÉ ?

Deborah Cameron, dans un article publié en 2007 et intitulé « Language endangerment and verbal hygiene : History, morality and politics », argumente que la diversité des langues et des cultures est devenue « à la mode » et est perçue comme un rempart contre la globalisation et l'uniformisation : « *"Diversity" signifying the opposite of homogenization, becomes a code-word or condensation symbol for everything globalization is felt to threaten* » (Cameron 2007 : 283). Elle explique que la célébration de la diversité est davantage rattachée à une volonté de préserver la biodiversité (reliée à une certaine écologie des langues) qu'à une redistribution des ressources entre des groupes moins dominants : « *Far less attention is given to overtly political, redistribution and recognition struggle in which many language preservation and revitalization movements are actually embedded* » (*ibid.* : 270). En effet, même si on fait partout la promotion de la diversité, il reste que les inégalités liées à la langue sont toujours aussi criantes. Si les pratiques des locuteurs doivent de plus en plus répondre à des exigences du marché international – par la standardisation par exemple –, les particularités linguistiques répondent, elles, à de nouvelles demandes sur d'autres marchés (parfois les mêmes), à savoir la vente de l'exotisme ou de l'authenticité linguistique. Cette mise de l'avant de l'ethnicité – ethnicité comme différence, ethnicité comme fierté, ethnicité comme moyen de se réapproprier un passé – n'est pas l'équivalent de l'ethnicisme[1], comme l'expliquent les anthropologues américains John Comaroff et Jean Comaroff ; en effet,

1 Selon Comaroff et Comaroff, « *ethnicity refers here to membership in a culturally constituted "people", one with customary ways and means that it takes to be distinctive and to which it is*

la revendication d'une certaine ethnicité (authenticité) par la mise en valeur d'une distinction culturelle (en terme de produit marchand) est très fréquente chez les collectivités qui doivent montrer qu'elles existent (Comaroff et Comaroff 2009 : 9 et 10) ; ce « produit » qui les place sur le marché mondial peut se vivre comme une sorte d'« empowerment » : nous existons, et nous existons parce que nous sommes « acceptés dans notre différence ». Les auteurs présentent quelques aspects positifs de cette marchandisation des particularismes : « *the identity industry is an especially apt instance of this multiply mediated tension between the universal and the particular* » (*ibid.* : 24). Dans le cas des francophones minoritaires au Canada, assujettis à l'idéologie du standard pendant longtemps, la reconnaissance et la mise en marché des particularités linguistiques et culturelles a pu jouer un rôle dans ce sens-là, « l'héritage » étant devenu un bien commercialisable à peu près partout dans le monde (*ibid.* : 15).

La mise en valeur de la diversité offre aux minoritaires un lieu d'expression dont ils étaient auparavant exclus. Aujourd'hui, avec la globalisation, des pratiques autrefois stigmatisées deviennent, pour certains, des emblèmes, des éléments discursifs resémantisés, assortis de nouvelles valeurs et d'une plus-value. Il me semble toutefois important de ne pas tomber dans le piège du politiquement correct, qui est celui de promouvoir la diversité linguistique tous azimuts sans penser aux conséquences pour les locuteurs dont le répertoire linguistique ne donne pas accès à la mobilité sociale. Les idéologies du standard et du monolinguisme sont toujours très présentes et certains locuteurs vont en payer le prix, comme on l'a vu dans les exemples précédents. De plus, dans la foulée de cet élan pour les « cultures locales », l'exotisme linguistique peut mener à la stéréotypie. Le francophone peut s'enfermer ou être enfermé dans une catégorie (unique) dont il aura du mal à se défaire. On dira ainsi que les Suisses francophones sont et parlent d'une telle façon, les Québécois d'une autre, les Acadiens aussi et ainsi de suite.

Il y a un autre élément sur lequel je voudrais revenir pour conclure ce chapitre. Depuis plus de vingt ans, il semble admis en sociolinguistique que les locuteurs puisent dans leur répertoire linguistique selon les situations et « s'ajustent » à l'interlocuteur. Tout dépend. Là encore,

---

affectively attach ; ethnicism alludes, negatively, to "tribalism" » (Comaroff et Comaroff 2009 : 10).

les inégalités sociales se présentent sous des formes masquées. Certains individus peuvent passer d'un registre à l'autre sans peine – c'est souvent le cas de ceux avec un capital linguistique diversifié et reconnu comme légitime –, alors que d'autres, une majorité, éprouvent davantage de difficultés, d'où le recours à des stratégies d'évitement qui se manifestent par des énoncés sur la langue : « je ne parle pas le vrai français, je ne parle pas vraiment français, je parle moitié anglais, moitié français, je parle le chiac, l'acadjonne », autant de détours pour échapper au jugement dépréciatif[1]. Ces commentaires étant fréquents, on peut postuler que les sentiments de dépossession à l'égard de la langue perdurent malgré les changements observés et malgré l'ouverture discursive à la différence, une ouverture qui s'opère dans des situations bien précises.

Dans les trois derniers chapitres, j'ai cherché à montrer comment des personnes ou des collectivités provenant de différents milieux minoritaires francophones construisent leur rapport aux langues, et plus particulièrement au français « standard » et à leur vernaculaire, et comment se construisent les inégalités sociales issues de ces classements. Jusque dans les années 1960, au Canada, les locuteurs devaient adhérer à un modèle unique de français, même si dans les faits, l'hétérogénéité des pratiques allait de soi (comme partout ailleurs). À partir des années 1960 et 1970, le discours sur la variation s'est manifesté à la suite de nombreuses productions culturelles (voir chapitre suivant), où chanteurs et artistes ont contesté la vision unitaire dominante et ont déclenché ouvertement un mouvement menant à l'acceptation de la variation du français par leur usage de divers vernaculaires dans l'espace public. Les artistes ont alors fait partie d'un mouvement de contestation globale de la société canadienne-française marquée par ce que d'aucuns ont appelé la Grande Noirceur, et qui a donné lieu à la Révolution tranquille au Québec et à des mouvements d'émancipation très importants en Acadie. Ces événements vont de pair avec les tentatives de légitimation du français québécois et du français acadien et ont marqué les recherches en sociolinguistique.

Depuis les années 1990, en raison de la nouvelle économie mondialisée, notamment une économie du savoir, qui mise sur les compétences

---

1 Cela n'équivaut pas à une identité fermée sur les autres langues ; la plupart parlent l'anglais dans différentes circonstances, mais ils se disent d'abord et avant tout francophones et Acadiens.

linguistiques, les minoritaires francophones ont pu mettre à profit leurs compétences bilingues. Ils ont également été en mesure de se valoriser à travers l'industrie du tourisme qui, dans la même logique de la globalisation économique, mise sur la singularité de ses produits pour attirer une clientèle friande des produits locaux (voir Moïse 2011). Des niches sont réservées à l'authentique et à la recherche du « cru », et les accents et particularités régionales participent de cette folklorisation. Mais ces impératifs économiques produisent aussi des effets inattendus. Une essentialisation des populations en question peut se produire : on crée des ethnotypes[1] à partir de traits linguistiques particuliers qu'on exhibe comme étant caractéristiques d'un groupe donné, enfermé dans une image réductrice, univoque et caricaturale. C'est justement cette idée que les artistes ont contestée, comme nous le verrons dans le chapitre suivant.

1 Dans *Le Devoir* du 22 juin 2013, un article intitulé « Comment vendre le Québec aux touristes ? » de Marco Bélair-Cirino traite justement du sujet. On voit des Chinois de Hong-Kong photographiés devant un restaurant appelé *Montréal Poutine*. Selon Jean-Claude Poitras, designer, « Tourisme Québec reste engoncé dans les mêmes clichés – les grands espaces, les baleines à bosse, les autochtones ». D'un autre côté, selon l'un des promoteurs du tourisme québécois, « On vend le Québec [...] comme l'amalgame heureux entre l'Europe et l'Amérique. Ça se passe en français. La première ressource naturelle, c'est les Québécois eux-mêmes ; leur chaleur, leur authenticité ».

DE QUELQUES PRODUCTIONS CULTURELLES EN ACADIE

> Qu'est-ce que cela veut dire venir de nulle part ?
> Gérald LEBLANC, *L'extrême frontière.*

Les artistes, et plus particulièrement les écrivains, ont joué un rôle crucial dans la remise en question des modèles linguistiques et culturels hégémoniques au Canada français surtout à partir des années 1960, et ont contribué à l'acceptation d'une plus grande variation linguistique par leur usage non conventionnel et parfois iconoclaste de leur matériau de base, la langue.

Si les écrivains du Québec et de l'Acadie ont abondamment traité des questions linguistiques dans leurs textes, cela paraît compréhensible du seul fait de la place que prend la langue dans toutes les questions entourant la construction identitaire. Lise Gauvin, écrivaine québécoise et critique littéraire, affirme que le discours métalinguistique est propre aux littératures « mineures » ou « minoritaires » :

> Comment donc nommer les diverses littératures francophones sans les marginaliser et, d'une certaine façon, les exclure ? Comment, par contre, ne pas remarquer les spécificités de ces littératures qu'on a du mal à définir ? Littératures mineures, minoritaires, petites littératures ? Tour à tour, ces désignations ont été choisies pour décrire les systèmes littéraires à la fois autonomes et interdépendants. Toutefois, malgré la disparité de leurs situations, force est de constater que les littératures québécoise, antillaise, belge francophone, ou même africaine ont en commun le fait d'être écrites en français dans des contextes où cette même langue se trouve en relation concurrentielle, voire parfois conflictuelle, avec d'autres langues. Ce qui entraîne chez ces écrivains se situant « à la croisée des langues » une sensibilité particulière à la problématique langagière, soit une *surconscience linguistique* qui fait de la langue un

> lieu de réflexion privilégiée, un espace de fiction – voire de friction. La notion de surconscience renvoie à ce que cet inconfort dans la langue peut avoir à la fois d'exacerbé et de fécond. Ce que Gaston Miron avait un jour résumé dans une admirable formule : « Parfois je m'invente, tel un naufragé, dans toute l'étendue de ma langue. » Si chaque écrivain doit jusqu'à un certain point réinventer la langue, la situation des écrivains francophones a ceci de particulier que le français n'est pas pour eux un acquis, mais plutôt le lieu et l'occasion de constantes mutations et modifications (Gauvin 2010 : 20-21 ; c'est l'auteure qui met en italique).

Lise Gauvin rappelle le malaise qui a entouré la publication du « *Manifeste pour une littérature-monde* », paru en 2007 dans *Le Monde*, publication qui avait comme objectif de montrer que la littérature française devait comprendre les auteurs de la francophonie mondiale ou encore les auteurs qui se disent francophones et qui écrivent avec leur français. L'auteure avance qu'« il y aura une véritable "littérature-monde en français" lorsque des liens seront créés d'une littérature à une autre sans passer par quelque centre que ce soit » (Gauvin 2007 : 29) ajoutant que c'est très loin d'être le cas et que, finalement, la question centrale qui se pose est justement de savoir pour qui on écrit. *Écrire pour qui ?* est le titre de son ouvrage paru la même année que le manifeste, dans lequel, à partir d'analyses de différents textes de la francophonie, elle en arrive à la conclusion que les petites littératures sont toujours en mal de statut et que cet état de fait est vécu dans un état d'intranquillité, intranquillité propre à tous les écrivains, certes, mais intranquillité très variable en fonction du lieu d'où ils parlent :

> Si la particularité des petites littératures apporte en corollaire une incertitude quant à leur place sur l'échiquier mondial, si la souffrance des écrivains, appartenant à des littératures dites mineures est de devoir s'inscrire dans une forte concurrence avec des modèles établis, la situation des littératures minoritaires ou des minoritaires est de s'appuyer sur la précarité la plus totale (Gauvin 2007 : 161).

Or cette précarité sera assumée de différentes façons, mais de manière générale, ce qui distingue les écrivains des « petites littératures », c'est qu'ils ont développé une sensibilité particulière à l'égard de leur langue et de celle des autres, qui résulte en une « surconscience linguistique » souvent associée à une insécurité linguistique qui se révèle dans les textes. La langue, qui n'est jamais donnée d'emblée, est à reconquérir et à apprivoiser pour rendre compte d'une sensibilité particulière, ce qui ne veut pas dire pour autant que les problématiques posées se résument à ce seul contexte. Par ailleurs, cet inconfort linguistique, qui est ressenti à des degrés divers selon les situations, les histoires personnelles et collectives, et les sensibilités particulières agissent sur deux pôles : il constitue à la fois un stimulant pour écrire et installe en même temps un doute permanent quant à la pertinence et à la légitimité du texte (de l'œuvre).

Il n'en va pas autrement pour les auteurs acadiens des provinces maritimes. L'Acadie est assez méconnue – pour ne pas dire inconnue – dans la francophonie internationale. Quand les francophones d'autres pays pensent à la francophonie canadienne, ils pensent au Québec. Depuis que les Québécois se sont nommés « Québécois » dans les années 1960 et non plus « Canadiens français », les autres francophones du Canada ont dû redoubler d'efforts pour se faire (re)connaître, ce qui fut le cas de l'Acadie, même si cette dernière s'était constituée comme distincte dès la fin du 19e siècle, comme je l'ai déjà dit. Avant la montée des mouvements indépendantistes au Québec, tous les Canadiens français se sentaient concernés par les « victoires » ou les reconnaissances des Québécois à l'étranger qui rejaillissaient sur tous ceux qui parlaient le français au Canada. Ainsi, en 1958, quand Félix Leclerc remporte le Grand Prix de l'Académie Charles-Cros en France pour son second album intitulé *Le train du Nord*, on souligne son succès à la radio nationale canadienne et tous les francophones prennent part à cet honneur. Félix Leclerc faisait alors partie de « notre » patrimoine. Dans les années 1960, la donne politique change les choses. La Révolution tranquille au Québec influence toutes les sphères sociétales, en particulier les questions entourant la langue. Pour mieux comprendre le contexte, un retour en arrière s'impose.

Chantal Bouchard précise qu'après la Seconde Guerre mondiale et jusque dans les années 1960, les Canadiens français (concept qui englobait alors surtout les Québécois, mais aussi les autres francophones du Canada) « tombèrent en pleine dépression collective. Jamais les propos ne furent plus pessimistes, jamais l'image qu'on donnait de la langue n'avait été aussi noire, et jamais l'autocritique aussi dure » (Bouchard 1998 : 209). L'anglais dominait à peu près tous les domaines de l'espace public et, au début des années 1960, « il se dessine une volonté collective de redresser la situation en s'attaquant à ses causes socioéconomiques et politiques » (*ibid.* : 233). C'est en effet dans cette mouvance, au moment où la province a voulu s'affirmer en tant que « nation » québécoise et se doter d'une autonomie culturelle et politique, que les grands projets de dictionnaires ont vu le jour et que l'on a consigné les différents usages des Québécois, tant les usages modernes que les usages plus anciens. C'est à la même époque que les termes *français québécois*, *québécois* et *joual* ont été popularisés pour nommer le français parlé au Québec.

En Acadie, sur une plus petite échelle, le même mouvement a suivi son cours à la même époque. Comme au Québec, les revendications politiques et sociales des années 1960 ont touché à toutes les sphères de la société, y compris à la question linguistique. C'est également à cette époque que les termes *français acadien*, *acadien* et *chiac* sont apparus sur la place publique pour désigner le français de l'Acadie. Auparavant, après la Première Guerre mondiale, il y a eu comme au Québec un vaste mouvement vers la standardisation du français, mouvement qui correspondait à une volonté de s'ouvrir sur le monde. Les archaïsmes, qui jusque-là avaient eu plutôt bonne presse, seront passés au collimateur.

Pour la même période au Québec, Chantal Bouchard affirme que la langue rurale n'est plus jugée supérieure à l'urbaine et qu'on « assiste à la contestation de la légitimité des archaïsmes et provincialismes naguère jugés précieux » (Bouchard 1998 : 214) ; elle ajoute qu'il en découle « un mouvement d'éducation populaire qui prend les allures d'une véritable campagne de presse et de radio, sans parler des nombreux livres et des concours de bon langage qui tendent tous à standardiser la langue du grand public » (*ibid.* : 213), ce qui comprend aussi un programme pour corriger la prononciation, pour en finir avec les « bouches molles » (*ibid.* : 214). L'Acadie a connu un mouvement tout à fait similaire. L'institutionnalisation des entreprises acadiennes et leur francisation se sont accompagnées d'une campagne de « bon français ». L'émission radiophonique *Parlons mieux* en est un bon exemple et s'inscrit dans cette volonté de standardisation.

Parlons mieux a été diffusé sur les ondes de Radio-Canada Atlantique de 1954 à 1969[1]. Avant de donner la parole à une enseignante des écoles élémentaires également animatrice de l'émission, le surintendant du

1 Les bandes sonores des différentes émissions font partie du Fonds d'archives déposé au Centre d'études acadiennes Anselme-Chiasson de l'Université de Moncton. Cette émission hebdomadaire a été diffusée dans toutes les écoles élémentaires du Nouveau-Brunswick.

ministère de l'Éducation de la province donne le ton dès la première émission quant à l'idéologie du français qui y prévaudra :

> Quand on aime sa langue, on n'a pas le droit de la négliger, il faut la parler de son mieux, partout et toujours. Pour ce faire, il faut choisir son vocabulaire et soigner sa prononciation. En *bon* français, les mots ne changent pas d'une région à l'autre. Et la prononciation, exception faite de quelques modalités sans importance, reste la même partout. Autrement dit, que vous parliez avec quelqu'un qui vienne du nord, du sud, de l'est, ou de l'ouest du Nouveau-Brunswick, que vous parliez avec quelqu'un qui vienne du Québec ou de la France, il faut que votre langue soit intelligible et que la leur ne vous surprenne pas. Mademoiselle Léone Boudreau va vous donner des cours de *bon* français, ces cours vous seront très utiles et ils vous aideront à parler un français dont vous serez fiers, un français comme le sien.

L'enseignante rappelle dès lors aux enfants l'importance de parler le *bon* français, qui n'est pas celui de la cour d'école :

> Bonjour tous les petits amis de la radio. On me dit que vous écoutez souvent les beaux programmes. Bien sûr, c'est si agréable les belles chansons et si amusant les belles histoires. Mais si vous les aimez ces histoires, n'est-ce pas parce que vous les comprenez ? Et si vous les comprenez bien, n'est-ce pas parce que ceux qui les racontent parlent bien ? Mais oui les petits amis, ils parlent bien et on les comprend bien. L'on aime les écouter, mais il n'y a pas que les gens de la radio, il y a aussi dans votre ville ou votre village, des personnes qui parlent bien. Vous en connaissez n'est-ce pas ? Que trouvez-vous plus beau ? Le langage des gens qui parlent bien ou le langage des écoliers qui parlent mal dans la cour de l'école ?

La démarche s'inscrit dans une volonté canadienne-française de rehausser le statut du français parlé au Canada. Avant les années 1950, l'Acadie avait adopté un discours assez neutre et parfois favorable à l'égard des régionalismes, appelés le plus souvent « archaïsmes », et ce, depuis la fin du 19e siècle. Après les années 1950 et les succès mitigés des campagnes de « bon parler », c'est toute la société qui est mise en cause et il devient évident que les « sources du mal » sont à chercher ailleurs. Comme je l'ai déjà mentionné, le discours dominant des années 1960 était celui du rejet total du bilinguisme, qu'on reliait alors à la domination économique et sociale des francophones par les anglophones au Canada français. La Révolution tranquille éclate au Québec et une révolution du même genre a lieu en Acadie pratiquement en même temps.

Dans ce chapitre, j'examinerai l'évolution et la transformation du discours sur les pratiques linguistiques au Canada français à partir des années 1960. Je m'attarderai principalement à des productions culturelles qui ont eu un impact majeur sur la façon de concevoir la francophonie en Acadie à partir des années 1970 et qui ont été à l'avant-plan d'une amorce de reconfiguration des représentations linguistiques en Acadie. Il s'agit de la publication de *La Sagouine* d'Antonine Maillet et de la diffusion à la télévision nationale de deux documentaires sur l'Acadie : *L'Acadie, l'Acadie ? ! ?* et *Éloge du chiac*. J'ai privilégié ces « événements » en raison de leur grande médiatisation et des débats linguistiques qu'ils ont suscités. Bien d'autres textes sont parus pendant cette période et auraient mérité aussi une attention particulière, mais peu ont été l'objet d'autant de commentaires. L'œuvre d'Antonine Maillet a donné une certaine légitimité au français acadien tandis que les films choisis ont suscité un questionnement sur les idéologies linguistiques les plus courantes et, par là, ont été à l'origine d'une plus grande acceptation de la variation linguistique dans le discours acadien.

AU QUÉBEC DANS LES ANNÉES 1960

C'est en 1959, à la suite de la publication dans le quotidien *Le Devoir* d'un texte intitulé « La langue que nous parlons » et signé par André Laurendeau, que le terme « joual » se popularise[1]. Laurendeau écrit : « J'ai quatre enfants aux écoles, des neveux et nièces [...] à peu près tous ils parlent JOUAL » (les majuscules sont de Laurendeau). À la fin de l'article, il déclare en parlant de sa génération : « Il me semble que nous parlions moins mal. Moins mou. Moins gros. Moins glapissant. Moins JOUAL ». Le joual connote la dégénérescence et les discours sur le joual entraînent avec eux la honte de parler le français populaire (Bouchard 1998 : 234). Bouchard résume ainsi les représentations attribuées au joual :

1 Attestée au Canada français depuis 1894 (Clapin), la forme *joual*, variante populaire de *cheval*, renvoie « à une variété de français québécois caractérisée par un ensemble de traits jugés incorrects ou mauvais [...] » (voir l'entrée JOUAL dans le *Dictionnaire historique du français québécois*).

> Le joual sert de repoussoir, il représente symboliquement, à ses débuts, tout ce que les Canadiens français rejettent d'eux-mêmes : l'état de colonisés (langue anglicisée), le sentiment de retard culturel (l'archaïsme), le peu d'instruction (ignorance de la syntaxe, du vocabulaire français), le manque de raffinement (la vulgarité), l'isolement culturel (langue incompréhensible pour les étrangers), la perte des racines, voire de l'identité (destruction, dégénérescence, décomposition, etc.) (Bouchard 1998 : 237).

Elle ajoute, détail important, que les pratiques linguistiques populaires d'avant-guerre et celles des années 1960 étaient effectivement les mêmes, mais que ce qui change la donne, c'est la perception que s'en font dorénavant les gens (*ibid.* : 238) ; surgit alors la conscience de « mal parler ». Le terme « joual » résonne désormais auprès du grand public et « l'émergence d'un mot nouveau dans une société s'accompagne toujours d'un concept nouveau dans la conscience collective » (*ibid.* : 240). Le terme a alors été relayé dans les médias, tant par les journalistes que par les locuteurs (dans les lettres d'opinion, par exemple), et a donné lieu à la querelle du joual qui a eu un effet important sur les représentations sociales et linguistiques : l'image d'un français imaginé dans une unicité factice, tel qu'il était présenté dans les discours dominants, est brisée. Les opinions se diversifient. Robert Charlebois et d'autres artistes chantent en joual dans l'Osstidcho en 1968 et connaissent un succès retentissant, justement parce qu'ils osent s'éloigner de la chanson française traditionnelle : ils jouent et chantent en « québécois ». Louise Forestier, l'une des parolières de l'Osstidcho, a affirmé en 2008 : « Ç'a été ça, notre révolution : écrire et jouer ce qu'on voulait, se réapproprier notre langue, et composer des musiques qui *swingnent*, inspirées du rock américain[1] ». Séduit, le public, composé essentiellement de jeunes *boomers*, leur a donné raison : « Le spectacle a eu l'effet d'une bombe ! Il y avait tellement de spectateurs qu'en quelques mois on est passés du Théâtre de Quat'Sous à la Place des Arts, avant d'aboutir à l'Olympia de Paris ! ».

Outre les chansonniers, Jacques Renaud, romancier québécois, écrit en 1964 un roman en joual intitulé *Le cassé*. Son intention est manifeste : illustrer la dépossession culturelle et linguistique des Québécois ; il dénonce un français « déplorable » qu'il faut à tout prix transformer.

---

1 Site web consulté le 22 juin 2013. Texte de Marie-Hélène Proulx sur les compétences clés intitulé *Vision : la liberté d'expression* (carriere.jobboom.com/carriere/comptences/2008/01/.../pf-4772972.html).

Quelques années plus tard, en 1968[1], Michel Tremblay présente *Les belles-sœurs* dans un tout autre esprit : il s'agit de montrer comment les gens s'expriment *naturellement* dans la vie de tous les jours, sans jugement, et sans pour autant légitimer le joual. Il existe et c'est tout. « Michel Tremblay manifeste une solidarité avec les locuteurs du joual, et contre Major[2], croit qu'on ne pourra passer à autre chose sur le plan littéraire tant et aussi longtemps que la réalité linguistique n'évoluera pas » (Larose 2004 : 239). André Brochu rappelle que « l'immense talent de l'auteur lui permet de mettre en relation la misère existentielle et linguistique d'une communauté humaine défavorisée avec la dimension tragique, porteuse des mythes fondateurs de l'Occident et de libérer ainsi la parole retenue captive en chacun des êtres » (Brochu 2000 : 265).

Depuis les années 1970, le français parlé au Québec a tour à tour été désigné comme étant *le français*, *le joual*, *le français québécois* puis *le québécois*, avec des représentations différentes pour chacune de ces désignations selon le positionnement des locuteurs qui en parlent et selon les valeurs qu'ils leur attribuent. Mais avec les événements de la Révolution tranquille, l'idéologie du français unique ne sera plus aussi hégémonique ; le français québécois s'autonomise et se distancie du français de France ; les immigrants francophones arrivent en grand nombre au Québec, à partir des années 1980 surtout, et apportent avec eux leur français – la situation culturelle est alors beaucoup plus hétérogène et les pratiques du français également. Il en est de même en Acadie. Les événements suivants en témoignent.

LA SAGOUINE

La pièce de théâtre *La Sagouine*, d'Antonine Maillet, est jouée en Acadie et au Québec en 1971 et connaît un succès immédiat ; elle sera acclamée en France quelques années plus tard. La pièce a été jouée plus de 2000 fois et est toujours aussi populaire aujourd'hui qu'il y a 40 ans. Antonine Maillet met en scène une vieille dame d'origine très modeste

1 La pièce fut écrite en 1965 et jouée en 1968.

2 Il s'agit ici d'André Major, écrivain québécois, qui avait dénoncé le joual comme « une langue pauvre, ou de pauvre » (Larose 2004 : 239).

qui travaille comme femme de ménage « qui achève sa vie à genoux devant son seau, les mains dans l'eau » (Maillet, 1971 : 9). C'est toute la condition humaine des « petites gens » qu'elle trace au travers de ses monologues, qui portent sur les différentes étapes de la vie (les saisons, la guerre, la vieillesse, les espoirs, les déceptions, la mort). Et c'est dans son français à elle qu'elle réfléchit sur le monde qui l'entoure. Dans la préface du livre, l'auteure présente ainsi son personnage :

> Je vous la livre comme elle est, sans retouches à ses rides, ses gerçures, ou sa langue. Elle ne parle ni joual, ni chiac, ni français international. Elle parle la langue populaire de ses pères descendus à cru du XVIe siècle. Elle ne sait pas, la Sagouine, qu'elle est à elle seule un glossaire, une race, un envers de médaille. Car elle se définit comme une « citoyenne à part entchére ». Ce qu'elle ignore, c'est que la part des autres est plus entière que la sienne (Maillet 1971 : 9).

Lorsque j'ai vu *La Sagouine* pour la première fois en 1972, j'ai été étranglée par l'émotion, partagée entre le rire et les larmes pendant toute la séance. Je n'étais pas la seule. En plus de l'émotion éprouvée devant cette « pauvre » dame, d'une lucidité implacable, qui réfléchissait sur le monde en lavant la « place » (le plancher), je partageais aussi le bonheur exaltant qui jaillissait des rires de la salle à mesure que la comédienne usait des expressions « typiques » de la région. C'était comme si les spectateurs ne pouvaient pas imaginer que les traits très stigmatisés de leur vernaculaire soient ainsi mis en scène et qu'ils soient entendus à la face du monde[1]. C'était la stupeur heureuse.

Les intentions d'Antonine Maillet étaient les mêmes que celles de Michel Tremblay : donner à voir les « petites gens » qui parlent dans la langue de tous les jours. Cette langue, traditionnellement réservée à un usage oral et privé, était alors entendue par des milliers de francophones du monde entier, ce qui a eu pour effet de lui donner une reconnaissance à l'extérieur de l'Acadie et une certaine légitimité. La langue populaire acquiert un autre statut ; elle n'est pas toujours appréciée et continue à être dévalorisée par certains, mais elle existe, elle est « identifiable », se distingue d'autres parlers populaires en français et participe à définir

1 La pièce est jouée à chaque été au Pays de la Sagouine, situé à Bouctouche dans le sud-est du Nouveau-Brunswick. Le Pays de la Sagouine est une reconstitution du village imaginaire d'Antonine Maillet. Fondé en 1992, il attire chaque année des milliers de visiteurs qui viennent écouter des comédiens qui mettent en scène les personnages des romans de l'auteur.

l'identité acadienne. Si c'est davantage la dimension sociale de la pièce qui a touché les gens – il est en effet question de l'exclusion des dominés de différentes sphères de la vie en société et des inégalités sociales qui régissent les comportements –, le choix de langue n'est pas anodin et rend les personnages familiers. Ce sont les exclus du capital linguistique légitime qui peuvent aussi y trouver leur compte ; l'auteure leur donne une voix, une voix qui résonne hors de la sphère privée où elle était restée confinée depuis toujours.

Avant de laisser parler *La Sagouine*, je cite un extrait de *Par derrière chez mon père*, un autre texte de Maillet, paru un an plus tard ; l'extrait reprend en substance les mêmes thèmes que ceux énoncés dans « le recensement » de *La Sagouine*, mais en français standard. Le texte invite à repenser les éléments traditionnellement constitutifs de l'identité acadienne. Je donne à lire les deux passages l'un après l'autre afin de montrer l'impact « poétique » du vernaculaire dans l'écriture de *La Sagouine*. Dans le premier extrait, le texte a plutôt une valeur référentielle, tandis que dans le second, il est doté d'une portée affective qui livre un portrait singulier d'une réalité quasi impossible à rendre dans un français neutre.

> Extrait 1 : *Par derrière chez mon père*
> *Un Acadien, qu'est-ce ?*
> – C'est la même chose qu'un Québécois ?
> – Non, c'est pas la même chose.
> – C'est un Canadien, alors ?
> – Non plus, pas tout à fait.
> – Un Québécois est-il un Canadien ?
> – De moins en moins.
> – Un Français ?
> – C'est difficile à dire.
> – Alors un Acadien n'est ni français, ni canadien, ni québécois ; il est quoi, au juste ?
> – Un Acadien.
> – Mais l'Acadie n'est pas un territoire juridique, n'est-ce pas une ancienne colonie rayée de la carte en 1713 ?
> – Rayée de la carte, et pourtant elle est là.
> – Mais juridiquement parlant, elle n'est rien.
> – On ne parle jamais juridiquement chez nous.
> – Tout de même, vous reconnaissez que l'Acadie n'est pas une circonscription administrative indépendante, qu'elle n'est plus une unité territoriale reconnue.
> –. . .
> – N'est-ce pas ?

– Pas reconnue, non, mais connue de tout le monde.
– Bon, puisqu'on la connaît, elle est quoi précisément ?
–...
– Je vais vous expliquer... Ou plutôt, je vais vous raconter. Vous savez, au pays, on a gardé assez longtemps la langue des temps anciens. Pas pour faire exprès, mais parce qu'on n'avait pas le choix. Quand on est tout seul durant deux siècles entre la mer et la forêt à parler ce français emporté de Touraine, et qu'on n'entend pas autre chose, et... et qu'on ne la trouve pas si mauvaise cette langue de Rabelais et de la Reine de Navarre : cette langue gonflée de grous mots qui vous sortent tout drouette des pigrouins, et vous ébarouissent, et vous grafignent le gorgoton, et vous fouettent comme une hâriotte, djable, vous la gardez c'te langue, et une bonne escousse (Maillet 1972 : 85-87).

Extrait 2 : *La Sagouine*
[...] je vivons en Amarique, ben je sons pas des Amaricains. Non, les Amaricains, ils travaillont dans des shops aux États, pis ils s'en venont se promener icitte sus nos côtes, l'été, en culottes blanches pis en parlant anglais. Pis ils sont riches, les Amaricains, j'en sons point. Nous autres je vivons au Canada ; ça fait que je devons plutôt être des Canadjens, ça me r'semble.
[...] Ben ça se peut pas non plus, parce que les Dysart, pis les Caroll, pis les Jones, c'est pas des genses de notre race, ça, pis ça vit au Canada itou. Si i'sont des Canadjens, je pouvons pas en être, nous autres. Par rapport qu'ils sont des Anglais, pis nos autres, je sons des Français.
[...] Non, je sons pas tout à fait des Français, je pouvons pas dire ça ; les Français, c'est les Français de France. Ah ! pour ça, je sons encore moins des Français de France que des Amaricains. Je sons plutôt des Canadjens français, qu'ils nous avont dit.
[...] Ça se peut pas non plus, ça. Les Canadjens français, c'est du monde qui vit à Québec. Ils les appelont des Canayens, ou ben des Québécois. Ben coument c'est que je pouvons être des Québécois si je vivons point à Québec ?... Pour l'amour de Djeu, où c'est que je vivons, nous autres ?
[...] En Acadie, qu'ils nous avont dit, et je sons des Acadjens. Ça fait que j'avons entrepris de répondre à leu question de natiounalité coume ça ; des Acadjens, que je leur avons dit. Ça, je sons sûrs d'une chouse, c'est que je sons les seuls à porter ce nom-là. Ben ils avont point voulu écrire ce mot-là dans leu liste, les encenseux. Parce qu'ils avont eu pour leu dire que l'Acadie, c'est point un pays, ça, pis un Acadjen c'est point une natiounalité, par rapport que c'est pas écrit dans les livres de Jos Graphie.
Eh ! ben, après ça, je savions pus quoi trouver, et je leur avons dit de nous bailler la natiounalité qu'i'voudriont. Ça fait que je crois qu'ils nous ont placés parmi les Sauvages (Maillet 1986 [1971] : 191-192).

Des pièces qui traitent du recensement en Acadie, il pourrait y en avoir des dizaines. Ce qui fait l'originalité de la Sagouine, c'est la forme, la manière de mettre au monde le personnage, ce qui est le propre de toute œuvre littéraire. Quand on connaît « la surconscience linguistique » qui anime les auteurs des littératures minoritaires, on comprend qu'Antonine Maillet a eu sa manière à elle d'agir sur la situation. Elle explique dans un entretien avec Lise Gauvin en 1997 pourquoi elle a choisi de faire parler la Sagouine en français acadien traditionnel :

> Je me sentais au départ handicapée, parce que je ne parlais pas *bien* (ce que je croyais *bien*) comme les Français, comme les Québécois. [...] En somme, je n'avais qu'à apprendre la vraie langue française standard, ordinaire : la langue presque académique ou celle que l'on parle, que l'on écrit, car elle pouvait s'apprendre, rapidement, à l'école, tandis que le bagage dont j'avais hérité ne pouvait pas s'apprendre à l'école : il devait être transmis de père en fils – et j'en avais hérité. C'était pour moi un avantage (Gauvin 1997 : 98-99).

Et c'est ce bagage transmis qu'elle a mis dans la bouche de la Sagouine. Antonine Maillet dit qu'elle a alors compris qu'elle venait d'écrire « une langue qui ne s'était jamais écrite avant, qu'[elle] venait de faire faire à l'Acadie le passage de l'oral à l'écrit[1] » (*ibid.* : 103).

À la fin des années 1990, alors que nous réalisions des entretiens dans le cadre du projet *Prise de parole 1*, quelques personnes nous ont parlé des effets libérateurs qu'avait eus sur eux la pièce, dont Nicole, fonctionnaire qui travaillait au gouvernement fédéral :

> c'est une langue orale [la langue de la Sagouine] qui a été apprise pendant des générations // pis moi je me rappelle là / on a / il y avait des personnes qui venaient du Québec / la personne avait dit euh / je cherche un élastique / ma belle-mère dit « elle est dans la tirette à fatras » la personne du Québec elle a absolument rien compris / parce moi (xxx) c'était / c'était absolument épouvantable de parler de même mais / quand on se met à chercher « tirette » pis quand on cherche « fatras » / oui on arrive à trouver que la « tirette à fatras » on sait exactement qu'est-ce que c'est / puis on / comment je dirais là / on se sentait inférieurs / avec notre langage local là / qui faisait bien notre affaire [...] mais là quand d'autres arrivaient pis / comment ça une « tirette à fatras » / tu sais / là on se sentait un petit peu inférieurs / jusqu'à ce que Antonine [Antonine Maillet – les gens ont tendance à l'appeler Antonine en Acadie] sorte avec son livre *La Sagouine* / pis après ça sais-tu qu'on était populaire comme le djable hein // les gens étaient bien contents de nous entendre parler / moi combien de fois que ça m'est arrivé d'aller au Québec

1 L'Acadie a été une société essentiellement définie par l'oral jusqu'au début du 20e siècle. Peu d'œuvres littéraires ont été écrites avant cette date.

> pis ils disaient vous / vous êtes Acadienne / je disais oui je suis Acadienne / pis c'était purement par notre manière de parler

Pascale Casanova écrit que « la tâche principale des fondateurs de littérature c'est, en quelque sorte, de fabriquer de la différence » (Casanova 1999 : 302), et que « fabriquer de la différence, c'est créer des ressources spécifiques » (*ibid.* : 305), avec celle, par exemple de la langue populaire qui peut devenir un capital symbolique, un capital littéraire. Elle ajoute que le théâtre, là où la parole populaire est célébrée, peut constituer un instrument de « normalisation » des langues émergentes (*ibid.* : 312). Je la cite lorsqu'elle évoque *Les belles-sœurs* de Michel Tremblay, propos qui font écho à la situation littéraire acadienne et aux retombées identitaires de *La Sagouine* :

> De la même façon, au Québec, au moment de l'émergence des premiers mouvements indépendantistes, et alors que les théoriciens de la dépendance québécoise se disaient « colonisés » par les instances du Canada anglais, c'est une pièce de théâtre, *Les Belles Sœurs* de Michel Tremblay, qui bouleversa totalement et durablement les règles du jeu littéraire québécois. Écrite en joual et montée en 1968, la pièce, qui mettait en scène un groupe de femmes ouvrières de Montréal, eut un succès immédiat et retentissant. Tremblay donne au joual – langue populaire érigée en porte-drapeau national –, par la simple écriture théâtrale, un statut littéraire : qu'il puisse être prononcé sur un plateau de théâtre achevait de le légitimer à la fois comme langue du peuple québécois et comme langue littéraire (*ibid.* : 317).

Avec une lucidité implacable qui met dos-à-dos le désir d'exister à la face du monde et la position excentrée qui est celle de son personnage dans le « grand monde », Antonine Maillet poursuit une démarche à peu près semblable. Elle a posé, dans la langue régionale, la question « nationale », en y ajoutant celles que se posent les « petites gens » sur leur existence à eux, métaphore de celle du peuple acadien tout entier. Par ce procédé, la langue traditionnelle acadienne cesse d'être un « objet de la honte » pour devenir un capital (« on était populaire comme le djable ») tant pour la population locale que pour les gens d'ailleurs, bien qu'elle prenne des valeurs différentes selon la perspective adoptée. La réception positive d'une œuvre à l'extérieur contribue à sa légitimation, surtout dans les petites cultures très dépendantes du jugement des autres. Or, si *La Sagouine* a été acclamée dans la francophonie internationale, c'est en Acadie qu'elle a suscité les réactions les plus ambivalentes et c'est autour de la langue que s'est concentré le débat.

RÉACTIONS AMBIVALENTES

Le choix de langue d'Antonine Maillet a été l'objet de discussions dans les journaux, dont cet éditorial de *L'Évangéline* paru le 24 août 1971 :

> Des snobs regretteront aussi le parler archaïque de la Sagouine, donc le parler prêté à l'héroïne tout le long du livre. Nous croyons au contraire que c'est une des caractéristiques charmantes de ce volume. Il n'est pas question de recommander le maintien de ce vieux parler de chez nous quoique nous ne devrions pas en avoir honte. Nous devons tendre au français universel comme tous les Français du monde. Mais il reste un fait ; c'est que les couches populaires acadiennes ont conservé, à cause de conditions historiques et démographiques, le vieux parler du 17e siècle que leurs ancêtres avaient apporté du Poitou. Ce vieux parler n'est pas un patois ni une langue bâtarde, mais celle qui se parlait à la cour d'Henri IV. Et si nous devons mener une lutte aux anglicismes, genre « chiac », si nous devons tendre au français universel, nous n'avons pas à rougir du vieux langage de nos ancêtres qui était considéré le plus beau parler de France d'alors, et dont malheureusement trop de vocables riches et expressifs ont disparu du français moderne sans être remplacés. Cobir, faire zire, etc. sont de vieilles expressions françaises dont on ne trouve plus d'équivalents aujourd'hui.

À la suite de cet éditorial ont paru d'autres textes mettant en vedette la langue régionale, dont les chroniques intitulées *Le coin à Piquine* (du 15 février au 3 août 1972), écrites en français traditionnel. À ces chroniques ont succédé diverses opinions du lecteur, les unes tolérantes à l'égard des archaïsmes, les autres s'en indignant.

L'Évangéline du 10 février 1972, « Chronique Le coin à Piquine. Notre parler acadien » (non signé) :

> Les lecteurs auront compris qu'il ne s'agit pas de vouloir faire revivre notre parler archaïque, quels que soient ses titres de noblesse passés. Nous ne croyons pas qu'il serait avantageux pour nous de cultiver un parler qui nous couperait de la francophonie universelle et nous isolerait à nos dépens. Il est évident qu'il faut s'appliquer à parler le bon français moderne à nos enfants et inciter ceux-ci à le parler correctement.
> [...] Ceci étant dit, nous croyons qu'il est important, tandis qu'il en est temps encore, de laisser les textes dans ce style, pour l'histoire : nos ancêtres n'ayant pas eu l'occasion ou la possibilité de le faire. Nous ne doutons pas que notre vieux parler est un phénomène en voie de disparition.

L'Évangéline du 14 février 1972, « La Sagouine et la Piquine », par Hervé Richard :

> En faisant la lecture de la Piquine dans notre journal et quelquefois quand la *Sagouine* se fait entendre à la télévision, on ne cesse de nous ahurir, de nous fatiguer, de nous importuner avec une surabondance d'expressions exagérées du quinzième et du seizième siècle dont la plupart n'ont jamais existé, expressions que leurs auteurs se plaisent à inventer. En lisant la PIQUINE, on se croirait en Chine. Si l'on veut absolument faire un retour vers le passé, alors que l'on se serve du latin, langue autrefois répandue en Europe, plutôt que de nous servir des mots incompréhensibles [...]. Et quant à la *Sagouine*, il n'est pas plus permis aux lanceurs de livres qu'aux autres mortels d'adresser des propos médisants ou calomniateurs au sujet de certaines familles supposées de l'élite de certaines paroisses ou de gens soi-disant pauvres et par conséquent peu instruits. On devrait plutôt s'évertuer à offrir des prix de fin d'année aux jeunes de nos écoles qui feront le plus d'effort à parler correctement leur langue.

Si la présentation de la pièce a eu un effet libérateur pour les uns, la mise en scène du français populaire a fait craindre à d'autres une stéréotypisation, un enfermement du locuteur acadien dans une image exotique liée à une certaine idée du terroir, incompatible avec celle d'une modernité qui appelle à la standardisation dans le contexte canadien du moins. Michel Beniamino rappelle que « le choix des particularismes [dans un texte rédigé par un auteur provenant d'une situation de langues en contact] relève d'une représentation de la culture [...] et que la distribution des "particularités lexicales" doit pouvoir être expliquée, si l'on ne veut pas s'en tenir à une problématique du pittoresque, de la "saveur des mots qui consiste en fait à ramener le texte à une problématique régionaliste" » (Beniamino 1999 : 280). Il semble cependant que la démarche littéraire d'Antonine Maillet transcende le régionalisme, et ce, par les propos de son personnage qui épouse la voix des dépossédés du monde, où qu'ils soient, ceux dont les pratiques linguistiques ne sont pas conformes à celles attendues. La langue populaire de la Sagouine pourrait bien être ici le prototype de celle de n'importe quelle classe sociale défavorisée et dépossédée des pratiques légitimes, mais il se trouve qu'elle représente un parler encore vivant en Amérique du Nord.

Antonine Maillet a donné une « certaine » légitimité à ce parler jusqu'alors stigmatisé et a contribué à réduire le sentiment de honte ressenti par une partie de la population à l'égard de ses pratiques. Mais ce sont les personnes déjà sensibilisées aux questions linguistiques (les dominants surtout) qui peuvent se permettre d'user sciemment et ponctuellement de ces expressions devenues soudainement « à la mode » – en effet, les gens pour qui ce parler fait partie de leur répertoire quotidien n'ont pas le luxe de s'interroger sur son bien-fondé et ne « gagneront » rien à offrir en spectacle des éléments stigmatisés de leur langue, ce qui de toute façon ne leur viendrait jamais à l'esprit et contribuerait à les maintenir « à leur place ».

En outre, c'est par un processus de reconnaissance établi par des personnes autorisées que des formes oubliées ou méconnues peuvent être remises en circulation sur le marché des langues. Ce sont surtout les locuteurs déjà garants d'une autorité en la matière qui vont les mettre de l'avant, soit parce qu'elles contribuent à nourrir une « authenticité » qui les rend rentables – c'est le cas des artistes par exemple – soit comme marque de connivence avec le groupe – connivence toujours ponctuelle et qui peut être interprétée comme de la condescendance.

Au tournant de 1970, un film largement diffusé sur la scène nationale agira lui aussi, à sa manière, sur les représentations sociales et linguistiques des Acadiens.

L'ACADIE, L'ACADIE[1] ? ! ?

En 1971, année de la publication de *La Sagouine*, le film *L'Acadie, l'Acadie ? ! ?* est diffusé sur le réseau de la télévision nationale canadienne. Le documentaire, projeté d'un bout à l'autre du pays, montre des jeunes francophones vivant en Acadie révoltés de leur situation de minoritaires linguistiques. L'un des réalisateurs, Pierre Perrault, commente ainsi son film :

> À l'université de Moncton il s'est passé une chose fondamentale : c'est la prise de parole. Si les gens d'ici apparaissent silencieux et effacés, c'est qu'ils n'ont pas eu l'occasion de prendre la parole. Je suis sûr que la parole du film est contenue dans tous les Acadiens. Et je suis sûr qu'ils ne se reconnaîtront pas. Ils diront : « C'est gens-là sont des petites têtes brûlées, nous autres on n'est pas comme ça ». Quelques-uns se reconnaîtront, d'autres refuseront. Ce que

1 Le film peut être téléchargé à partir du site de l'Office national du film du Canada (ONF).

> je montre dans ce film, c'est l'Acadien. L'Acadien peut être libéré. Je crois que ce film sera très difficile, très pénible à voir en Acadie, un peu comme *L'éloge du chiac*, mais plus encore (Perrault, journal *L'Évangéline*, le 7 janvier 1972).

Le documentaire s'inscrit dans un mouvement qu'on a appelé « néonationaliste », amorcé au milieu des années 1960, et les étudiants qui y figurent seront les prototypes de « ces orphelins culturels, contestataires des années 1960, qui seront les premiers et les plus actifs dans le projet critique de réappropriation collective qui s'annonce alors » (McKee-Allain et Thériault 1993 : 357).

Les protagonistes du film remettent en question la mainmise de la religion catholique en Acadie, l'autoritarisme qui en découle, la passivité de l'élite à l'égard de la domination anglophone, la culture du secret. Les questions linguistiques cristallisent les manifestations – on veut enterrer la peur (peur de s'exprimer, peur de revendiquer) et la honte (honte d'être francophone, honte d'être Acadien). Quelques milliers de personnes marchent sur l'hôtel de ville de Moncton pour revendiquer le français dans les services municipaux. Une telle manifestation, c'est du jamais vu ! Les étudiants iront jusqu'à occuper pendant deux semaines l'édifice principal de l'Université, paralysant ainsi son fonctionnement. Ces événements reçoivent une bien mauvaise presse, tant des anglophones (lettres dans les journaux) que des francophones (qui n'ont jamais usé de tels moyens pour parvenir à leurs fins). En effet, lorsque ces événements ont lieu en 1968 et 1969, soit *avant la sortie du film*, les manifestations sont violemment critiquées et les contestataires universitaires sévèrement punis – plusieurs étudiants sont expulsés de l'Université et des professeurs vont perdre leur emploi[1].

Joël Belliveau inscrit le mouvement des étudiants de l'Université de Moncton dans la logique d'autres mouvements sociaux menés en Occident au cours des années 1960 :

> La modernité avancée est donc arrivée en Acadie du Nouveau-Brunswick au même moment que dans le reste de l'Amérique du Nord. Elle a toutefois une « saveur » différente au sein de cette communauté linguistique minoritaire. Le néonationalisme qui a accompagné le passage dans cette nouvelle ère était une tentative de profiter des bienfaits de celle-ci tout en conservant les atouts

1 Le Département de sociologie sera fermé ; ses professeurs seront accusés d'avoir été les instigateurs des contestations.

> de la communauté. Le néonationalisme et le communautarisme s'avèrent donc liés à l'arrivée de la modernité avancée en Acadie. Ils ne constituent pas une simple *réaction* à cette modernité, mais une adaptation particulière (Belliveau 2008 : 392).

Pierre Perrault et Michel Brault, réalisateurs du film, avaient comme objectif de départ de produire un documentaire sur l'ensemble des francophones minoritaires du Canada afin d'illustrer les ravages de l'assimilation à l'anglais. Alors qu'ils étaient en début de tournage dans l'Ouest canadien, ils ont appris qu'il se passait des événements inusités en Acadie et qu'une révolte fermentait à l'Université de Moncton. Ils s'y sont rendus, s'y sont installés pendant plusieurs mois avec leurs caméras et leurs micros, et ont réalisé un film sur l'Acadie. J'étais alors étudiante à l'Université et je me rappelle bien leur présence : ils étaient de toutes les manifestations publiques, tant culturelles qu'académiques, discutaient avec les gens, filmaient et interviewaient certaines personnes. Au début, leur présence intriguait, puis elle est s'est normalisée – l'équipe de tournage faisait partie du décor. Rappelons que nous sommes alors dans les grands moments de la ferveur nationaliste au Québec, et que les réalisateurs du film sont partisans de son indépendance.

L'Acadie, l'Acadie ? ! ? est un film d'une durée de deux heures avec des péripéties diverses qui montrent le cheminement des étudiants vedettes qui, progressivement se radicalisent en prenant conscience des injustices que subissent les Acadiens sur le plan social et linguistique, les deux étant indissociables dans le contexte. À la fin du film, les spectateurs voient les policiers arriver sur les lieux où les étudiants rebelles occupent le pavillon où loge l'administration de l'Université ; ils enjoignent les étudiants de quitter les lieux, les assurant qu'ils n'auront pas de casier judiciaire. Les étudiants sortent de l'édifice en se serrant les coudes et en chantant. Cette scène est l'une des plus marquantes ; on entend alors les étudiants rebelles dire que la seule chance pour les Canadiens français de s'en sortir, c'est de partir vivre au Québec. « L'Acadie », dira l'une d'entre elles, « ce n'est qu'un détail ». Le film se termine par de gros plans sur les protagonistes principaux qui quittent Moncton, pour partir soit vers le nord du Nouveau-Brunswick (dans la Péninsule acadienne), soit au Québec. La situation pour les francophones paraît assez désespérée et c'est sans doute le message qui a été entendu ailleurs, au Canada et surtout au Québec. Mais quand le documentaire est projeté sur l'écran au réseau national, il entraîne des effets inattendus sur les lieux mêmes de sa production.

C'EST NOUS, ÇA ?

En Acadie, la réception du documentaire par le grand public est d'un tout autre ordre que celui anticipé par ses producteurs : l'œuvre n'est pas interprétée comme un constat d'impuissance des Acadiens. C'est au contraire un appel à l'action. Je l'ai dit, les activités des étudiants des années 1968 et 1969 avaient été mal reçues par le grand public qui condamnait les manifestations (grèves et occupations). Ces méthodes d'action ne correspondaient pas à celles préconisées par l'Ordre de Jacques Cartier (la Patente) – la négociation lente et sans « bruit » –, particulièrement mises à mal par les étudiants qui, de leur côté, ne voulaient plus continuer de « se taire[1] » et qui revendiquaient d'autres méthodes pour tenter de mettre fin aux inégalités sociales.

Lors d'une marche publique organisée par les étudiants pour obtenir des services municipaux en français à l'hôtel de ville de Moncton – en vertu d'une commission nationale reconnaissant aux deux groupes linguistiques des services dans leur langue – et à laquelle ont participé 2000 personnes, Pierre Perrault et Michel Brault étaient sur place et ont filmé la manifestation. Ils ont aussi filmé la scène où quatre étudiants demandent aux élus de la ville de traiter équitablement les deux groupes linguistiques de la ville. Les étudiants sont humiliés par les membres du conseil municipal : en effet, les conseillers se mettent à tousser pendant que les étudiants parlent, noyant leurs paroles dans un bruit assourdissant ; le maire les somme de s'exprimer en anglais ; il leur refuse toutes leurs requêtes pour finalement leur recommander de retourner sur les bancs d'école et de « faire leurs devoirs ». La scène, particulièrement violente sur le plan symbolique, fait le tour du Canada et suscite des sentiments d'indignation dans tout le pays. Une manifestation spontanée a lieu à Moncton après la sortie du film.

Les Acadiens se sont vus en action pour la première fois à l'écran ; ils ont pu constater *de visu* l'affront du maire Jones à leur égard et à l'égard

1 Dans le film, une section est intitulée « se taire », où l'on voit les protagonistes discuter des méthodes d'action à envisager et où ils fustigent les moyens employés par la Patente : « agir dans l'ombre, ne pas faire de bruit ».

des francophones, les injustices subies par les vieillards de Moncton qui n'avaient pas le droit de parler français dans leur foyer[1], etc. Beaucoup d'Acadiens savaient qu'ils étaient victimes d'injustices et qu'ils devaient se battre pour obtenir le moindre droit, mais ils avaient en quelque sorte intériorisé les mécanismes de domination et s'étaient presque résignés à leur sort. La présentation du film à la télévision nationale en 1971 sur les événements survenus en 1968-1969 a eu l'effet d'une bombe. Les actions des contestataires se trouvaient tout à coup légitimées et donnaient à tous un certain sentiment de fierté : « *Nous*, on a pu faire ça ? On a pu se lever contre les injustices, on a pu faire parler de *nous*[2] à travers le pays ? » C'est tout un peuple qui s'est reconnu dans ces actions et qui s'en est réclamé. Alors que les cinéastes voulaient montrer la « perte de la langue et la perte de l'identité », la population acadienne y a plutôt vu des gens – des minoritaires en révolte – lutter pour se libérer d'une peur atavique qui les avait contraints au silence pendant des décennies et cette lutte était perçue comme un acte émancipateur. La sortie publique et nationale du film a donc servi des intérêts divergents. Pour certains, il a confirmé la difficulté de vivre « hors Québec » ; pour d'autres, il a brisé les stéréotypes montrant les minoritaires comme des êtres passifs peu enclins à l'action.

Tout comme cela avait été le cas après la présentation publique de *La Sagouine*, la présentation du film *L'Acadie, l'Acadie ? ! ?* sur le réseau de télévision national a suscité de nombreuses réactions dans les journaux acadiens. La majorité des lettres parues dans la rubrique « Opinion du lecteur » de *L'Évangéline* ont appuyé les idées principales contenues dans le documentaire, à savoir celles d'enterrer la peur et de revendiquer haut et fort une identité francophone ; en témoigne cette lettre du 11 février 1972, signée Claudette Maillet et intitulée « Un deuxième grand dérangement » :

> L'identité acadienne, la seule qui nous reste, c'est de décider d'en avoir une. Celle-là pas un maudit anglais pourra nous l'enlever. À bout de ressources, la Sagouine conclut ainsi ses réflexions sur le recensement : « Ça fait qu'ils seront ben obligés de me reconnaître quand c'est que je marcherai à coté de

1 Au Canada, les maisons de retraite pour les vieillards sont appelées des *foyers*.

2 À la suite de la réception humiliante faite par le Conseil de ville à la délégation étudiante, d'autres étudiants de l'Université de Moncton sont allés porter une tête de cochon à la résidence du maire de l'époque, Leonard Jones, reconnu pour son antibilinguisme. Cet événement a fait les manchettes des journaux nationaux.

> z-eux sus le chemin du roi. » Elle a raison la Sagouine mais à condition que nous *marchions* et non que nous *rampions* (C'est l'auteure qui souligne).

En somme, le documentaire *L'Acadie, l'Acadie ? ! ?* s'est révélé un instrument de conscientisation en Acadie même pour les gens habitués à réclamer leurs droits de façon beaucoup plus modérée. Deux éditoriaux de *L'Évangéline* (10 et 13 janvier 1972) seront consacrés au film, tous deux favorables aux actions des étudiants.

Pour les tenants de la sociolinguistique critique, tout comme ceux du *critical discourse analysis* (CDA), il est important d'analyser les intérêts des personnes qui produisent les discours et d'en analyser les retombées pour les différents groupes concernés. *L'Acadie, l'Acadie ? ! ?* a été produit dans le contexte politique des années 1960 par des personnes ancrées dans le discours modernisant dont il a été question au chapitre précédent et a eu un impact différent selon les régions.

ON NE SAIT PAS SI ON EST FRANÇAIS. L'IDÉOLOGIE DU STANDARD EN ACTION

Le documentaire a surtout mis l'accent sur les luttes menées pour obtenir un bilinguisme plus égalitaire dans la province du Nouveau-Brunswick et dans la ville de Moncton, donc, sur le statut des langues en présence, plutôt que sur la qualité de la langue. De temps à autre, on y entend des étudiants discuter des effets du bilinguisme sur leurs pratiques et, conformément à l'idéologie dominante de l'époque dans les milieux militants et contestataires francophones au Canada, le bilinguisme est désigné comme le responsable de la « piètre » qualité du français des Acadiens. L'une des étudiantes en sciences sociales, Carmelle Gaudet, réfléchit à la situation des francophones de Moncton ; pour elle, la situation inégalitaire entre les deux groupes est particulièrement injuste pour les Acadiens et les brime dans leurs moyens d'expression :

> Surtout pour ceux qui vont rester [en Acadie] et qui vont être médiocres, qui vont ni parler français, ni parler anglais [...]. Même nous, on est dans une situation très angoissante. On ne sait pas si on est Acadien si on peut parler français. On essaie bien. Mais on n'arrive jamais à traduire ce que l'on voudrait écrire ou dire. On ne peut pas le faire ; on n'est pas la personne qu'on est en réalité. On ne peut pas la refléter. Comment on doit la refléter ? C'est en parlant et en écrivant qu'on peut la refléter et on ne peut pas le faire (Gaudet dans le film *L'Acadie, l'Acadie* ?1 ?).

Joël Belliveau revient lui aussi sur la question de la langue pendant les événements et montre que le discours sur les « jeunes qui parlent mal » était très présent dans les années 1960 :

> Dès que les étudiants se mettent à réfléchir à la situation des Acadiens, ils sont régulièrement confrontés à cette idée du « mal parler » acadien. Par exemple, après le RJA [Ralliement Jeunesse Acadienne] de 1966, le Dr Alfred Bastarache avait émis des commentaires désobligeants envers ces étudiants qui prétendaient prendre position sur des questions linguistiques alors que « [q]uand ils parlent français, ils le parlent mal[1] ». Les étudiants sont susceptibles de trouver ce discours partout, y compris chez certains des adultes qui s'allient avec eux contre le maire Jones en février de 1968. Ainsi, alors même que le conseiller municipal francophone Léonide Cyr s'alliait de facto avec les manifestants en tentant de résister à la motion pour le renouvellement du serment d'allégeance, son épouse affirmait aux médias : « Notre problème acadien, c'est notre langue bâtarde, remplie d'anglicismes [...]. On est paresseux intellectuellement, on veut avoir nos droits, on critique les Anglais, mais on ne fait pas d'efforts pour parler correctement le français[2] » (Belliveau 2008 : 294).

Les étudiants (contestataires) du film relayent ce discours dans le journal étudiant de l'Université, *L'Insecte*, mais en mettant davantage l'accent sur les mécanismes de la domination qui expliquent la situation. On n'essentialise plus : les Acadiens *parlent mal* en raison du bilinguisme inégalitaire et non parce qu'ils « ne font pas d'efforts » ou parce qu'ils « sont ainsi depuis toujours ». Les discours parus dans *L'Insecte* expriment le rejet de la vision du bilinguisme institutionnel de l'époque, un bilinguisme *coast to coast* qui symbolise pour les étudiants l'acculturation et la soumission à l'égard des dominants. À titre d'exemple, Pierre Bluteau affirme en avril 1969 : « parmi ces dangereuses politiques, il y a le bilinguisme généralisé [...], seul le colonisateur ou le colonisé inconscient prône la nécessité du bilinguisme ». À quelques reprises dans le film, les étudiants affirment leur volonté de ne plus être colonisés (par l'Angleterre dans ce cas-ci).

Par ailleurs, le thème de l'identité fait office de véritable leitmotiv dans le film, comme on peut le voir dans une scène où une dizaine de

1 « Les adultes impressionnés par le Ralliement des Jeunes », *L'Évangéline*, 6 avril 1966, p. 3 (cité dans Belliveau 2008).

2 « Notre problème acadien, c'est notre langue bâtarde, remplie d'anglicismes », *L'Évangéline*, 12 février 1968 (cité dans Belliveau 2008).

personnes réunies dans un petit village, Cap-Pelé, discourent sur la difficulté de se nommer : Canadiens, Canadiens français, Acadiens, les trois à la fois ; seule l'étudiante québécoise arrive à se définir : *je suis Québécoise et mon pays c'est le Québec.* Les Acadiens qui l'entourent expliquent leur malaise à ne choisir qu'une seule désignation ; ils revendiquent une identité plurielle. L'un des protagonistes, Régis Brun, étudiant en histoire, répond ainsi au cinéaste qui lui demande *Qu'est-ce qu'un Acadien ?* : « Je ne sais pas ce que je suis. Je ne sais pas ce qu'est un Canadien, un Acadien. Je ne sais pas si je suis un Canadien, un Acadien, un anglophone ou un francophone. Je suis un bâtard », discours qui s'inscrit à contre-courant des idéologies nationalistes de l'époque. Cette discussion évoque l'extrait du « recensement » de *La Sagouine* que je viens de commenter et qui se termine par le personnage disant « je leur avons dit de nous bailler la natiounalité qu'i' voudriont ». Comment se définir quand on n'a pas de pays, pas de frontières, pas de gouvernement ? La question court en filigrane dans tout le film. Bernard Gauvin, étudiant en sociologie, dira : « Mon pays à moi c'est le lieu où je pourrai me développer en tant que francophone, le lieu où je pourrai développer ma personnalité propre. Dans le moment je ne sens pas que je peux le faire au Nouveau-Brunswick », discours qui s'inscrit dans l'idéologie néonationaliste de l'époque.

CE N'EST PAS NOUS, ÇA !

Trois ans plus tôt, en 1968, était sorti le documentaire *Éloge du chiac* produit par l'un des réalisateurs de *L'Acadie, l'Acadie ? ! ?*, Michel Brault. Le documentaire a lui aussi été présenté à travers le Canada sur le réseau national de Radio-Canada. *Éloge du chiac* fait entendre des élèves âgés de 12 à 15 ans d'une école française de Moncton[1] qui discutent du bilinguisme et des variétés de français de la région. Certains d'entre eux disent s'exprimer en chiac[2], discutent de la place du vernaculaire dans différentes situations de communication et s'insurgent contre les

1 L'âge est approximatif. Il est impossible de connaître l'âge exact des protagonistes, mais une enseignante de cette école intermédiaire (entre la 7e et la 9e année, soit des enfants de 12 à 15 ans) m'a dit que l'on avait regroupé les élèves les plus loquaces dans une salle pour les besoins du film. Ils étaient une vingtaine.

2 Ce qui est intéressant dans le film, c'est que les élèves disent s'exprimer en chiac et revendiquent son existence. Quand on examine la langue des élèves dans une perspective descriptive, on s'aperçoit qu'ils parlent un français émaillé d'archaïsmes avec très peu

sentiments de domination qui contraignent au silence les gens qui parlent chiac. Pendant la discussion, une élève revient sur son milieu familial et explique que ses parents « non éduqués[1] » ne voudraient pas parler le « bon français », lié pour elle au « français de Montréal » ; si elle est consciente des différences sociales créées par la langue, elle s'empresse de dire que ses parents pourraient comprendre les réalisateurs du film (présents dans la salle) qui viennent de Montréal et que ces derniers comprendraient ses parents. Elle ajoute qu'elle ne voudrait pas parler « en bon français » avec ses parents ni avec les gens de son village, parce que ce sont « des pauvres gens » – surtout pour ne pas établir de distance avec eux. Elle explique que parler « en bon français » ne sert pas à grand-chose, puisque c'est la connaissance de l'anglais qui est essentielle si l'on veut trouver un emploi[2], rajoutant qu'à l'extérieur de l'école et de la famille, il existe peu d'endroits où faire usage du français. Une discussion animée est enclenchée. Le film se termine par des élèves qui crient « Vive le chiac ! » et « Vive le chiac libre ! ».

Je fais souvent écouter ce film à mes étudiants inscrits en sciences du langage. Au courant des années 1990, pendant le cours de sociolinguistique, les étudiants, particulièrement émus par le film, ont voulu rencontrer l'élève dont il vient d'être question. Après quelques semaines de recherche, je l'ai retracée. On était en 1996. Elle avait autour de 45 ans. Je l'ai rencontrée à son bureau – elle travaillait dans une banque – et l'ai invitée à venir dans mon cours pour discuter de son parcours. Après avoir exprimé certaines réticences – le campus était un lieu étranger pour elle –, elle a accepté. Au début, elle était mal à l'aise, parlait peu et s'hypercorrigeait. L'atmosphère était lourde. Elle se souvenait d'avoir participé à une discussion filmée alors qu'elle était adolescente, mais n'en gardait aucun souvenir précis. Nous avons regardé le film ensemble. Après le visionnement, les étudiants lui ont posé des questions et cette dernière, constatant leur ouverture et leur sincérité à vouloir comprendre, s'est mise à parler. La discussion a duré trois heures – elle a apporté des précisions sur son parcours professionnel, a parlé de la langue/des

---

d'anglais, ce qui ne correspond pas à la définition habituelle que l'on donne du chiac, d'où la difficulté de définir les vernaculaires et de tracer des frontières entre les parlers.

1 Ce sont ses termes.

2 Elle explique qu'elle a cherché à travailler l'été précédent dans un camp (colonie de vacances) et que la connaissance de l'anglais était obligatoire.

langues de ses enfants, et des siennes. Ses positions n'avaient guère changé ; elle continuait à dire que le chiac et l'anglais constituaient ses « deux langues » principales ; elle employait le chiac à la maison et l'anglais au travail (situation de diglossie qui était la sienne) ; elle avait usé d'un acadien « standard » avec nous.

L'Acadie, l'Acadie ? ! ? portait principalement sur le statut des langues en présence, sur les processus de domination d'un groupe linguistique sur l'autre et sur les luttes menées pour l'obtention de l'égalité linguistique entre les deux groupes. Ces questions sont largement débattues et, même s'il y a dissension quant à la façon d'arriver à une certaine égalité, il est relativement facile de discuter du statut des langues et de recueillir un consensus quant à la domination exercée. Il en va tout autrement lorsqu'il s'agit de la « qualité de la langue ». Sujet brûlant, difficile à traiter et rarement abordé dans la perspective des inégalités sociales. Les conditions d'acquisition du capital linguistique sont rarement mises de l'avant. Il paraît « normal » et « naturel » de s'exprimer comme il convient dans les différentes situations et ceux qui n'y arrivent pas sont déconsidérés. La discrimination qui s'exerce contre les locuteurs de classes socioéconomiques défavorisées continue et s'exprime souvent à travers les jugements portés sur leur parler (Milroy et Milroy 2003 : 153).

La « qualité » de la langue suscite toujours des discussions intenses et le débat s'enflamme lorsqu'il est question du chiac, variété stigmatisée par excellence. C'est ce qui s'est passé après la présentation du film *Éloge du chiac* au réseau national.

L'auteur[1] d'un éditorial du quotidien *L'Évangéline* entame le débat. Il demande pourquoi « ressusciter le chiac », terme qui serait selon lui disparu depuis longtemps.

> Beaucoup de téléspectateurs acadiens ont été furieux. Dans un certain sens, ils avaient raison. Le défaut qu'on peut lui reprocher [c'est] celui de ne montrer qu'un aspect de la réalité et de la présenter de telle façon qu'il semble que ce soit la seule et entière réalité [...]. D'abord, nous croyons que le terme lui-même de « Shiac[2] » n'est plus en usage et est oublié depuis longtemps.

1 Les éditoriaux de l'époque étaient anonymes. Celui-ci, intitulé « Le Shiac », date du 4 février 1970.

2 Le mot *chiac* s'écrivait « shiac » ou « chiac », selon les personnes et les textes dans les années 1960 et 1970. Il semble qu'aujourd'hui ce soit « chiac » avec un [c] qui tende à s'imposer comme orthographe d'usage.

> Pourquoi le ressusciter[1] ? [...]. Il est vrai que l'on trouve une classe d'Acadiens à Moncton et dans certains autres milieux qui déflorent leur langue française par des anglicismes nombreux et affreux. Mais qui leur jettera la pierre ? Qui dénombrera les parents acadiens d'aujourd'hui qui n'ont pas pu aller à des écoles françaises, qui n'ont pas pu poursuivre leurs études en français parce que les écoles françaises faisaient défaut ? À part quelques exceptions, les écoles secondaires en milieu acadien sont un phénomène tout récent et à Moncton, un phénomène de moins de dix ans. Dans bien des centres, pour les Acadiens à Moncton, il n'y avait pas de choix : ils devaient poursuivre leurs études en anglais ou rester ignorants [...]. On trouve en plus à Moncton toute une classe aussi nombreuse d'Acadiens et de francophones qui ont bénéficié de nos écoles modernes, de nos collèges et de notre université et qui parlent un français qui se compare avantageusement à celui des Québécois d'un même niveau de culture.

Les éditorialistes craignent les généralisations et les stéréotypes liés aux locuteurs du chiac qui pourraient se cultiver dans le reste du Canada français et insistent sur le fait que le documentaire « ne donne pas un portrait fidèle du parler acadien de Moncton ». La majorité des réactions au film dans la rubrique « L'opinion du lecteur » sont également très négatives : on dénonce le *français petit-nègre* des enseignants et des élèves des écoles françaises, on le qualifie d'*argot*, de *patois*, de *jargon*, de *baragouin*, de *charabia* (15 février 1970). Le français joualisant est décrié : « nous parlons tous joual en Acadie à qui mieux mieux, les uns que les autres » (16 février 1970). Une Acadienne ayant épousé un Québécois[2] et vivant à Montréal depuis 37 ans a écouté le film en présence de Québécois le Jour de l'An :

> Vous ne saurez assez comprendre combien je fus mortifiée de voir une telle représentation des plus biaisées, sur le réseau National de Télévision. J'étais entourée de tous les miens Canadiens français... on me prit à partie, affaire de rire ! Le Shiac, expression certainement oubliée car je n'ai jamais entendu ce mot depuis mes 37 ans de résidence ici.
>
> À vous Acadiens, il faut faire justice. Vous avez tant travaillé pour garder votre langue mère. De peine et de misère vous avez obtenu des couvents,

1 Dans une lettre à l'opinion du 24 mars 1970, Narcisse Doiron affirme que l'expression « shiac » vient du nom de la paroisse de Shédiac, que les anciens nommaient *gédaic*, nom d'origine amérindienne ; Doiron raconte que les gens de Shédiac allaient travailler au Madawaska à la frontière du Québec et que si leurs hôtes leur demandaient d'où ils venaient, ils répondaient « d'Shédiac ». Les Madawaskaiens comprenaient « chiac » et disaient alors : « ce sont des chiacs ».

2 C'est la raison invoquée pour son déménagement à Montréal : « qui prend mari prend pays », dit-elle dans sa lettre à « L'opinion du lecteur » de *L'Évangéline* du 12 février 1970, qu'elle intitule « Faites travailler les paresseux ». La lettre est signée Rachel C. Bourque.

> collèges, puis votre belle université française de Moncton. Que d'efforts à Memramcook par les professeurs.
> Vos arrières-parents [*sic*] acadiens firent des grands sacrifices financiers et autres pour envoyer leurs enfants aux études dans des institutions françaises de la province de Québec et ailleurs.
> Aujourd'hui, beaucoup de ces hommes sont devenus des notables, médecins, avocats, dentistes, etc. Ils font honneur à la population acadienne.

En réaction à ces textes, il s'ensuit une discussion sur les inégalités sociales rattachées aux pratiques langagières (« Faites votre choix, messieurs, dames : réaction ou mort », 12 février 1970 ; « La raison pour le chiac », 13, 14 et 15 mars 1970). Certains insistent sur le fait que le chiac constitue bel et bien la langue socio-maternelle de plusieurs francophones ; d'autres affirment que le chiac est le résultat de la situation de bilinguisme qui prévaut au Nouveau-Brunswick et que certains avantages y sont liés, comme le fait que les enfants vont jouer avec les deux codes, les mêler, créer d'autres mots, etc. En somme, *Éloge du chiac* a suscité le tout premier débat sur le chiac et a donné vie à cette variété sur la place publique en la nommant, lui assignant du même coup une existence, un statut privilégié, que l'on soit d'accord ou non. Depuis, on n'a pas cessé de parler du chiac ; il est devenu une partie d'un « nous » collectif qui désigne une identité plurielle dans les années 2000, désignation qui aurait été tout simplement impensable dans les années 1960 et 1970. Je cite à nouveau Bourdieu :

> L'officialisation [du nom] trouve son accomplissement dans la *manifestation*, acte typiquement magique (ce qui ne veut pas dire dépourvu d'efficace) par lequel le groupe pratique, virtuel, ignoré, nié, refoulé, se rend visible, manifeste, pour les autres groupes et *pour lui-même*, et atteste son existence en tant que groupe connu et reconnu, prétendant à l'institutionnalisation. Le monde social est aussi représentation et volonté, et exister socialement, c'est aussi être perçu, et perçu comme distinct (Bourdieu 1982 : 142 ; c'est l'auteur qui souligne).

LES RETOMBÉES

Véritables événements discursifs, les deux films ont entretenu les débats sur la langue depuis leur sortie. En 2009, Marie Cadieux réalise *Éloge du chiac, part two*, et fait intervenir quarante ans plus tard les élèves du premier film. Sur le site de wat.tv[1], on peut lire :

---

1 Site consulté en septembre 2013 : http://www.wat.tv/video/eloge-chiac-part-30vat_30vah_.html.

> Hommage et questionnement à la fois, il s'agit d'un film d'amour/haine sur la langue acadienne actuelle, particulièrement celle du sud-est du N.-B. Celle qui fait régulièrement couler l'encre des débats journalistiques, celle qui aujourd'hui fait accourir à Moncton des chercheurs de partout, celle qui inspire et dérange à la fois les amoureux de la langue, qu'ils soient poètes, auteurs-compositeurs, professeurs ou… cinéastes. Laisser éclater la langue populaire du Sud-Est acadien, la questionner aussi, grâce à un point de départ fascinant : revisiter les enfants et l'enseignante du film de Michel Brault qui, il y a 40 ans, ont débattu de leur amour de leur langue, avouant du même coup aussi leurs malaises et leurs fragilités. So… hop in, attachez vo't calotte, on s'en va par là, pis pas avec le pied su'l break !

Le deuxième film sur le chiac sera l'occasion de relancer la discussion sur la place du vernaculaire en Acadie : moults débats radiophoniques et télévisés ont suivi la projection du documentaire. Ces débats sur le chiac – les débats se cristallisent toujours autour du chiac – illustrent encore une fois l'importance de la nomination d'un vernaculaire. Robert Lafont a montré que l'effacement de la désignation constitue un moyen par excellence pour faire mourir une langue : « L'appareil attaque d'autant mieux l'adversaire qu'il l'efface dans le geste de le désigner » (Lafont 1997 [1977] : 25). Le chiac n'a pas pu être « effacé » ou réduit au franglais justement à cause de son nom et ce nom, comme on l'a déjà montré, tient lieu d'emblème.

En 2007, alors que j'assistais à un colloque à Rennes, je suis passée par une foire qui se déroulait dans les rues de la ville. Je m'arrête à un kiosque de chaussures, je bavarde avec le commis qui reconnaît mon accent « canadien ». Il me demande presque aussitôt si je connais le groupe 1755 ; je lui fais répéter la question. Oui, il s'agit bel et bien du groupe acadien 1755 – groupe musical acadien très connu depuis les années 1970 qui chante en chiac. Je lui demande si c'est en raison de mon accent acadien qu'il me pose la question ; il répond que c'est à cause de mon accent *canadien*. Il sait que le groupe 1755 est canadien, il est un grand admirateur du groupe et il n'arrive pas à se procurer leurs disques en France. Il me dit connaître les paroles de plusieurs de leurs chansons par cœur. Je n'en reviens pas et pourtant il est tout à fait normal que des groupes canadiens – québécois ou acadiens – soient connus et reconnus en France. C'est mon inconscient de locuteur minoritaire francophone qui a pris le dessus. Cela me paraissait incompréhensible (même si aujourd'hui, en écrivant cet essai, je me surprends de ma réaction d'alors). C'est sans doute parce que je viens d'un lieu marqué par le mélange de langue, ce lieu honni par plusieurs francophones depuis un siècle en raison du discours très négatif qui a circulé sur les francophones de la région. Le poète Gérald Leblanc n'a-t-il pas écrit les vers suivants pour cette raison ?

> qu'est-ce que ça veut dire venir de Moncton ? une langue bigarrée à la rythmique chiac. encore trop proche du feu. la brûlure linguistique. Moncton est une prière américaine, un long cri de coyote dans le désert de cette fin de siècle. Moncton est un mot avant d'être un lieu ou vice-versa dans la nuit des choses inquiétantes. Moncton multipiste : on peut répondre fuck ouère off et ça change le rythme encore une fois. qu'est-ce que ça veut dire, venir de nulle part ? (Leblanc 1988 : 161).

Le poète va tenter de renverser les valeurs attribuées aux pratiques linguistiques des francophones vivant à Moncton. Sa démarche est motivée par le désir de mettre fin au sentiment d'insécurité linguistique partout présent et qui s'ajoute à la sensation de « venir de nulle part », entreprise menée avec d'autres artistes, comme nous le verrons dans le prochain chapitre.

DIFFÉRENCE LINGUISTIQUE ET PROFIT DE DISTINCTION

> La seule accumulation légitime pour l'auteur, comme pour le critique, pour le marchand de tableaux, comme pour l'éditeur ou le directeur de théâtre, consiste à se faire un nom, un nom connu et reconnu, capital de consécration impliquant de consacrer des objets (c'est l'effet de griffe ou de signature) ou des personnes (par la publication, l'exposition, etc.), donc de donner valeur, de tirer les profits de cette opération
> Pierre BOURDIEU, *Les règles de l'art.*

Tout écrivain doit faire des choix quant à son mode d'écriture et aux ressources linguistiques qu'il privilégie. Dans le cas des écrivains acadiens, ou bien ils mettent en scène l'hétérogénéité de leurs pratiques – de façon parcimonieuse ou ostentatoire –, ou bien ils choisissent de masquer cette distinction et de se fondre dans la grande masse des écrivains francophones. La littérarisation de la langue populaire n'a pas comme vocation première de produire un effet – même si elle peut le faire et même si l'auteur en est conscient –, mais bien d'illustrer une réalité autre. Pascale Casanova avance que « la question de la *différence* linguistique se pose à tous les dominés littéraires quelle que soit leur situation objective, c'est-à-dire leur distance linguistique et littéraire à l'égard du centre » (Casanova 1999 : 349). Traitant de la situation des écrivains d'Amérique du Nord qui doivent se distinguer, elle avance : « en l'absence d'idiome de substitution, les écrivains sont contraints d'élaborer une *nouvelle* langue ; ils détournent les usages littéraires, les règles de correction grammaticale et littéraire et affirment la spécificité d'une langue *populaire* » (*ibid.* : 383) ; elle affirme qu'« une *nouvelle* langue est ainsi créée, par la littéralisation de pratiques orales » (*ibid.* : 384).

Qu'en est-il des productions artistiques en Acadie depuis les années 1990 ? Comment le rapport à la langue se manifeste-t-il et avec quelles visées ? Est-ce que la valeur ajoutée aux produits « authentiques » a joué d'une façon ou d'une autre dans la mise en marché d'œuvres littéraires par exemple ? Est-ce que la mise en écriture d'un français stigmatisé peut être source de reconnaissance et de profit pour un auteur ? Je m'arrête ici sur quelques phénomènes qui ont émergé dans la sphère culturelle et qui ont eu des répercussions sociales et linguistiques significatives.

Je m'attarderai plus précisément aux textes de deux écrivains du sud-est du Nouveau-Brunswick, Gérald Leblanc et France Daigle. Je les privilégie en raison de leur conscience avérée de leur état de minoritaire et de leur aspiration à donner sens à cette précarité, double mouvement qui tisse leurs textes et qui se manifeste dans les choix de langues opérés. Je les choisis aussi parce qu'ils me semblent représenter ce dilemme que François Paré exprime si bien dans *Théories de la fragilité* :

> Si la littérature me paraît répondre à cette angoisse profonde qui nous fait vivre et progresser dans le savoir, si la littérature est en fait un antidote à l'oppression, c'est parce qu'elle permet de rêver à l'ouverture, à l'hétérogénéité, au multiple, à la menace, à la dispersion. Je sais que je n'avance rien de nouveau. Toute la pensée critique de cette fin de siècle s'articule sur une telle vision de l'hétérogène et du manque. Cette vision est-elle singulièrement déterminante pour les cultures de la minorisation ? Ou viendra-t-elle renforcer, obliquement, sous le couvert de l'ouverture à la différence, les structures mêmes de la domination ? Car, encore une fois – et cette question est cruciale – n'appartient-il pas aux dominants de risquer une vulnérabilité stratégique dont on sait qu'elle les conduit, dans un théâtre où ils s'instituent comme victimes, à un renforcement de leur position centrale ? (Paré 1998 : 51).

C'est à ce travail d'équilibriste que sont soumis les écrivains des littératures périphériques et les enjeux littéraires et sociaux sont énormes. Raoul Boudreau se demande d'ailleurs si « une approche différentielle de certains textes littéraires produits dans un contexte particulier, souvent définis par le manque par rapport aux normes des grandes littératures, peut[-elle] avoir l'effet inverse de celui qui était visé ? » (Boudreau 2010 : 236-237). Il rappelle que

> toute littérature littéraire digne d'intérêt et qui aspire à renouveler le discours dans lequel elle s'inscrit navigue sur la voie étroite entre ces deux pôles et doit y négocier un espace qui lui permette à la fois d'être comprise comme appartenant à ce discours, mais aussi de le transformer (*ibid.* : 237).

Transformer le discours, ce n'est que par la langue que les auteurs peuvent le faire et dans le cas des littératures exiguës, ce sont les discours sur la langue (son statut, ses formes) qui seront privilégiés.

MONCTON, UN ESPACE DIFFICILE À AIMER (UN ESPACE DIFFICILE POUR AIMER)[1] ?

Gérald Leblanc est connu pour avoir célébré Moncton dans ses textes. Son univers est marqué par le bruit de la ville, par le mélange culturel et linguistique qui la caractérise, par l'américanité et, conséquemment, par le rapport qu'il entretient à l'égard des pratiques linguistiques hétéroclites de son milieu. Il adore New York et y a fait de nombreux séjours, mais Moncton reste au centre de son univers : « *Moncton et New York / c'est du relief / deux extrêmes / le petit et le gros et je suis très bien dans les deux places / les deux pôles oui c'est ça parce que moi j'adore Moncton / j'aime bien bien ça / mais ça me prend New York pour me rééquilibrer / ou me déséquilibrer pour revenir ici je ne sais trop*[2]. » Par son discours, il « construit » littéralement Moncton comme une capitale culturelle, comme un lieu de contradictions et de tensions qui alimente sa création :

> nous continuons d'aller vers les couleurs, vers des musiques et vers des livres. nous tentons de cerner les formes de notre douleur. tu me demandes pourquoi nous allons vers ce qui nous détruit. nous aimerions nous déraciner mais nous avons toujours été flottants dans nos origines. de notre histoire apprise dans les chuchotements (Leblanc 1988 : 160).

Ses textes sont pour la plupart écrits en français « standard », mais l'auteur commente abondamment le chiac et l'hybridité linguistique de

---

1 La phrase est tirée de la préface écrite par Herménégilde Chiasson dans *L'extrême frontière* (1988) de Gérald Leblanc.

2 Le passage est tiré d'un entretien que Gérald Leblanc a accordé en 1998 au groupe de recherche auquel je participais.

la région monctonienne. Dans le texte liminaire de son recueil *L'éloge du chiac*, publié en 1995, il écrit :

> le chiac est une invention humaine qui passe de bouche en bouche jusqu'à l'expression inédite d'une réalité et d'un contexte. De nombreux poètes sont plurilingues, dans la même langue, et je ne m'en inquiète guère, y a vraiment rien de wrong avec ça… ce n'est plus le moment de taire ce que nous avons à dire et encore moins la façon de le dire. Ça chatouille la luette, ça dégourdit l'oreille (Leblanc 1995 : 12).

En 1997, il publie un roman, *Moncton Mantra*, où il décrit son rapport ambivalent à l'égard de sa ville, partagé qu'il est entre le bonheur de pouvoir vivre entre plusieurs langues et l'irritation qu'il ressent souvent de ne pas être compris dans *sa* langue :

> En fin d'après-midi, en sortant du bureau, je me promène souvent en ville. Je m'imprègne de son rythme, de ses rues, de son affichage unilingue et de ses langues oscillantes. L'effet me déroute souvent. J'ai l'impression que ma langue n'appartient pas à ce décor, tout en sachant qu'elle habite cette ville depuis toujours, subtile, séditieuse. Je remarque, après avoir décidé de ne plus parler anglais nulle part, que je l'entends moins. Ou plutôt le français passe au premier plan, entouré d'un bruit, autre, comme celui d'une radio qui joue dans une pièce à côté. Ainsi je circule dans ma langue en explorant ma ville (Leblanc 1997 : 47-48).

Raoul Boudreau écrit que « Gérald Leblanc est très conscient de l'image négative de Moncton et de son déficit de reconnaissance, mais aussi des immenses possibilités de ce désert, de l'anarchie de cette extrême frontière » (Boudreau 2007 : 40). Leblanc construit Moncton comme une ville d'action (artistique) et il croit à son discours. D'autres après lui y croiront aussi. Des jeunes poètes et musiciens vont faire de Moncton leur matériau de création. Pour Catherine Leclerc, qui commente *Moncton Mantra*,

> Moncton et ses langues mêlées ouvrent à la fois sur la spécificité acadienne et sur l'Amérique tout entière et elle donne la parole à Gautreau, le narrateur : « Je veux des histoires de ville, des contradictions et des exaltations urbaines, la vie d'aujourd'hui quoi, comme moteur de création » (*Moncton Mantra*, p. 104). Et pour lui, le chiac est le langage le plus approprié pour exprimer l'identité acadienne urbaine et moderne : « La langue que je parle est un mélange de français dit standard et de vieux français acadien qui me vient de mon origine villageoise, parsemé de bouts d'anglais. Le chiac, c'est

> tout ça aussi, mais mêlé davantage dans une symbiose assez originale. Gilles m'apprenait à apprécier la musique de cette langue, la musique de l'expérience d'une ville, son aspect ludique » (*Moncton Mantra*, p. 30) (Leclerc 2007 : 117).

Sa langue, Gérald Leblanc la présente comme étant composée par les différentes ressources de son répertoire, mais en même temps, le citadin qu'il est n'a guère le loisir de vivre sereinement *ses* langues dans *sa* ville ; il doit constamment faire des choix dans le quotidien, surtout lorsqu'il fait ses courses – soit il s'accommode et parle la langue de l'autre, soit il se révolte. Cette contradiction, il l'assume et même la célèbre, comme dans un poème écrit en 1998, et non publié de son vivant. Le poème est intitulé *Identité(s)*[1].

> Identité(s)
>
> [...]
> je suis Acadien
> comme Raymond LeBlanc
> « je jure en anglais tous mes goddams de bâtard
> Et souvent les fuck it me remontent à la gorge
> Avec des Jesus-Christ projetés contre le windshield
> Saignant medium-rare »
> je suis chiac itou
> je suis de Bouctouche et de Moncton
> je suis gay
> je suis bisexuel à l'occasion
> je suis trilingue sur le continent mais alors :
> who am I when I speak English
> Quién soy cuando hablo español
>
> qui suis-je encore
> selon les autres qui me baptisent sans me demander
> je suis un francophone hors Québec
> un dead duck
> un cadavre encore chaud
> comme l'expriment avec l'élégance
> qui les caractérise
> certains nationalistes in vivo québécois

---

1 Le poème écrit en 1998 paraît en 2007 dans la *Revue de L'Université de Moncton*. Il revendique le français de référence, le français acadien (l'aspiration des [h] dans certains mots comme *homard*, *haler*, *haschich*), l'anglais (pour « jurer » mais aussi pour lire et chanter – il nomme les auteurs et les chansonniers anglophones qu'il aime), le chiac et l'espagnol, toutes ces langues qui le caractérisent et qui lui offrent « une autre façon de dire » le monde.

ailleurs je suis un Frenchie
à l'accent qui va avec
à ce qui paraît
c'est-à-dire j'ai l'accent
qui semble inspirer le mépris
le malaise ou la suffisance

chez moi je suis ce que j'imagine
dans les passages qui m'ont marqué
de Sor Juana Inés de la Cruz
à Walt Whitman qui écrivait :
« I am large, I contain multitudes »
à Billie Holiday dans « Lover Man »
la obra de Octavio Paz
me atraviesa
entre el arco y la lira
de mi delirio de interpretación [...]

Cette identité plurielle revendiquée, elle n'a pas qu'une visée théorique, elle est motivée par une nécessité induite par les conditions réelles de coexistence que vivent les minoritaires, conditions à assumer pour survivre. C'est la seule voie offerte aux gens qui ont à vivre quotidiennement la diversité, une diversité non factice, et qui témoigne, dans plusieurs cas, d'une extrême fragilité comme le signale Pierre Neveu :

> D'une certaine manière, si l'extrême fragilité de lieux exigus comme Sudbury ou Moncton peut nous atteindre aujourd'hui, et cela même quand on habite Montréal ou quelque autre lieu, n'est-ce pas parce qu'il y a là les points avancés d'une fragilité planétaire et que le Monde n'est jamais davantage exemplaire dans ces lieux excentrés où la conscience du particulier n'exprime pas son universalité mais exprime plutôt sa difficulté d'y accéder, son aspiration vaine et dérisoire à la grandeur (Neveu 1999 : 432).

Cette particularité, c'est France Daigle qui va l'illustrer dans ses romans, une particularité justement marquée par toutes les contradictions liées aux conditions de vie dans les lieux de la francophonie exiguë.

LA VARIATION À LA MODE

Si Gérald Leblanc a célébré l'américanité de Moncton – son plurilinguisme, son hétérogénéité linguistique, le mélange des langues et des identités –, une autre romancière de Moncton, France Daigle, a également campé ses personnages dans « la ville ». Dans ses quatre derniers romans, *Pas pire*, *Un fin passage*, *Petites difficultés d'existence* et *Pour sûr*, le vernaculaire des francophones de Moncton occupe une place de choix et c'est ce qui m'a intéressée.

France Daigle a publié une vingtaine de romans depuis 1983. Avec son roman *Pour sûr*, elle a obtenu en 2012 le prestigieux Prix du Gouverneur général du Canada, qui couronne chaque année une œuvre littéraire. La quasi-totalité des dialogues du roman de plus de 700 pages sont en chiac et, dès la première page, le lecteur est plongé dans une écriture qui le déstabilise :

> – Papa, chante ça que tu vas faire après.
> – Aprèèès...
> Terry avait répondu un peu distraitement, en récoltant les vêtements qui traînaient ici et là dans la chambre.
> – Tu sais ! Après quante[1] on va dormir. (Daigle 2011 : 9 ; il s'agit des premières lignes du roman).

En exergue du roman, l'auteure écrit : « Merci à tout le monde qui a ëver fait dequoi pour moi, pis ça fait pas mal de monde. » *Pour sûr* est un roman sur la langue. Les commentaires métalinguistiques abondent, comme c'est le cas dans l'exemple suivant où le père, Terry, parle à son fils :

> – T'as jamais entendu Pépére Thibodeau dire *coq-mort* ?
> – ...
> – Un coq-mort, c'est ça qu'on fait bouillir l'eau du thé ou du café dedans. Tout le monde appelait ça de même avant.
> – Pourquoiisse que t'as des lignes bleues sus les bras, Papa ?

1 La transcription « oralisante » donne déjà le ton ; la langue orale sera suggérée graphiquement. L'auteur aurait tout aussi bien pu écrire : « quand » puisque la liaison se fait avec un [t] à l'oral partout dans la francophonie.

> – C'est des veines. C'est des petits tuyaux qui faisont voyager le sang partout dans le corps. T'en as, toi aussi.
> Étienne examine ses avant-bras.
> – Les tiens sont plus gros.
> – Plus grosses. On dit *une veine*, *une grosse* veine, pas un gros veine (*ibid.* : 524).

Mais revenons en arrière. En 1994, France Daigle publie un roman intitulé *Pas pire*, où elle écrit des dialogues en chiac pour la première fois. Ses romans précédents présentaient des personnages « universels », qui auraient pu vivre à peu près n'importe où ; elle abordait alors les mêmes thèmes que l'on trouve chez un bon nombre d'écrivains : l'amour, le désir de reconnaissance, la quête, la mort. France Daigle a commencé par écrire des romans minimalistes, très abstraits, inspirés du nouveau roman français. L'Acadie n'y est pas nommée, même si on peut considérer que l'omniprésence de la mer en est un rappel. La phrase est très dépouillée, jusqu'à l'ellipse, centrée autour d'un infinitif dans le premier de ses romans, *Sans jamais parler du vent*, qui ne porte aucune trace volontaire de la langue acadienne (Boehringer 2012). Ce n'est que progressivement que l'Acadie apparaît dans ses romans, pour finalement y occuper presque toute la place. Le premier de cette « série », *Pas pire*, obtient d'excellentes critiques au Québec et en Acadie. Le rapport à la France et à son français[1] y est omniprésent – les personnages entretiennent une relation ambivalente à l'égard de la langue parlée par les Français, un malaise de parler un vernaculaire qui paraît très éloigné de la façon de parler de ces derniers, tout en revendiquant un parler local (le chiac) présenté comme étant une donnée indissociable de la réalité monctonienne et comme constitutive de l'identité acadienne. Ce qui est intéressant ici, c'est que l'évolution des littératures émergentes commence généralement par une phase politique et nationaliste (Deleuze et Guattari, 1975 : 32-33 ; Casanova, 1999 : 275-281) avant d'accéder à une deuxième phase plus proprement littéraire ; c'est le contraire qui s'est produit dans le cas de France Daigle. Il semble que cette évolution s'explique par les conditions sociales propices à un tel changement. Le chiac des années 1990 n'est plus l'objet de honte qu'il était dans les

1 Bien qu'il existe de nombreuses variétés de français en France, dans l'imaginaire de nombreux Acadiens, il existe *un* français parlé en France qui correspond à une sorte de norme mythique et qui est associé à un modèle idéal, comme je l'ai expliqué dans le premier chapitre.

années 1970, sauf dans certains milieux élitistes. Au contraire, avec le mouvement amorcé par les artistes qui ont fait la promotion de la variation linguistique – une promotion qui visait à ébranler la conception monolithique du français dans laquelle beaucoup de francophones ne pouvaient et ne peuvent encore se reconnaître –, l'usage régional s'est vu doté d'un autre statut. Le chiac devenait garant d'une « authenticité » hautement prisée dans un univers où tout s'uniformise. De plus, l'auteure n'avait pas à montrer sa compétence en français, l'ayant déjà établie avec ses premiers romans.

Dans ses derniers romans, France Daigle met en scène une représentation littéraire des usages linguistiques de Moncton et s'inscrit du même coup dans la logique (marchande) du faire-valoir de l'authenticité comme une plus-value. Cette réalité-là, autrefois masquée dans des procédés d'écritures très feutrés – parce que peu associée à une fierté « marchande » et encore moins porteuse de profits symboliques ou matériels –, se donne à voir aujourd'hui en raison de la recherche du « cru », de « l'original », de « ce qui distingue » et qui justement apporte un profit de distinction. France Daigle met souvent en scène des Français et des Acadiens qui sont appelés à se rencontrer, ce qui lui donne l'occasion de montrer les différences linguistiques et de réfléchir à ces différences, tout en montrant subtilement les rapports de domination qui pourraient surgir entre les deux, même si elle opte pour l'option inverse, une cohabitation souhaitée et réussie par les deux groupes.

UNE ACADIENNE À *BOUILLON DE CULTURE ?*

Dans *Pas pire*, la romancière met en scène Terry Thibodeau, un capitaine de bateau qui emmène les touristes en excursion sur la rivière Petitcodiac, près de Moncton, et son amie Carmen Després ; tous deux parlent un français régional émaillé de réalisations « archaïques » comme « Y allont » ou « Y achetont » et de quelques emprunts à l'anglais. L'autre couple du roman, c'est Hans et Élizabeth, qui eux parlent un français standard, le français « rêvé » de Terry et Carmen. Camil Gaudin est l'ami qui accompagnera la narratrice à Paris, lors de son passage à l'émission *Bouillon de culture*. Ce dernier a fréquenté l'Université, mais il s'exprime toujours dans le français régional acadien. Ces personnages parlent donc avec leur français, ce qui donne lieu à des commentaires métadiscursifs nourris, à des malentendus, à des tensions.

Le passage suivant illustre l'un de ces malentendus ; il est issu d'une rencontre entre un écrivain français de passage dans la région et l'Acadien Terry, sur le bateau de ce dernier. La marée s'étant retirée plus rapidement que prévu, le bateau est resté coincé :

> – J'ai pas de veine.
> Un peu figé, Terry ne s'aventura pas à répondre, mais il jeta un coup d'œil furtif aux poignets de l'homme, à tout hasard.
> – Ça ne vous ennuie pas, vous ?
> Terry hésita.
> – Si je m'ennuie ?
> Le Français crut simplement que Terry n'avait pas bien entendu sa question.
> – Ça ne vous ennuie pas... de rester coincé comme ça, enfermé ?
> Terry chercha une réponse simple.
> – Non. Je dois être accoutumé.
> – Moi je déteste. Ça me donne les boules.
> Terry essaya de s'imaginer ce que ça pouvait vouloir dire d'avoir des boules. Il ne savait pas non plus quelle grosseur de boules imaginer. Il pensa simultanément à des boules à mites et à des boules de billard. (Daigle 1998 : 151).

L'auteure joue abondamment de la variation linguistique et le roman fourmille d'interactions marquées par les malentendus et les quiproquos. Le lecteur est témoin de plusieurs rencontres entre Acadiens et des personnes qui incarnent les différentes façons de parler le français, différences mises en contraste et constamment évaluées par les différents protagonistes. Le point culminant est atteint lorsque l'héroïne est invitée par Bernard Pivot à se rendre sur le plateau de *Bouillon de culture* présenter son roman. Son ami, Camil, l'accompagne à Paris et les deux se promènent dans la ville avant l'enregistrement :

> Au cours de la journée précédant l'enregistrement de *Bouillon de culture*, nous nous sommes promenés dans Paris, Camil et moi, le temps de nous refaire l'oreille aux accents et aux intonations et, passant sans doute pour des touristes américains, de nous faire répondre en anglais, plus souvent qu'à notre goût. Quand nous étions fatigués, nous nous arrêtions dans des cafés.
> – C'est étrange. C'est comme si y nous entendaient pas.
> – J'sais
> – Peut-être que juste avant de nous entendre, y nous voient, pis là, y a comme de quoi qui cloche dans leur tête
> – Tu crois qu'on a de l'air si pire que ça ?
> – J'sais pas. Des fois, ça prend pas grand-chose.
> – ...

– …
– Peut-être qu'y entendent personne vraiment.
– Y a ça aussi. (*ibid.* : 146).

L'impression de ne pas exister aux yeux du monde (« c'est comme si y nous entendaient pas ») bouleverse Camil et la narratrice – la langue est un facteur, croient-ils, puisqu'ils se font répondre en anglais –, mais il y a plus, « on ne les voit pas », métaphore de l'invisible reliée à la condition de minoritaire peut-être, mais aussi et surtout allusion à tous les dominés qui ne sont ni vus, ni entendus et dont il ne reste pour se faire voir et se faire entendre que le travail de création, comme dans le passage suivant où la narratrice pense à sa performance à venir sur le plateau de *Bouillon de culture* :

> Et puis qu'est-ce que je leur dirais à *Bouillon de culture* ? Que la mort, ou tout au moins l'inexistence, est inscrite dans nos gènes ? Que tout repose dans la manière, dans l'art de s'y faire ? Que tout est affaire de légitimité ? Légitimité de ce que nous sommes aux yeux du monde et à nos propres yeux. Être et paraître. Par/être, être par. Voir et être vu. Reconnu. Que tout ne repose pas que sur l'arbitraire, l'invisible et l'injuste. Remonter le cours de l'histoire, descendre dans l'inconscient à la recherche de fondements, d'explications, de justifications, d'interprétations de sa propre existence dans les lieux où il n'y a parfois aucune manière d'être, d'exister, de voir et d'être vu. Et enfin, peut-être que oui, pour toutes ces raisons, écrire (Daigle, 1998 : 107).

France Daigle pose ici la question fondamentale de la légitimité, des locuteurs légitimes et des autres, les exclus. Plus précisément, son roman est consacré à comprendre les processus d'acquisition de cette légitimité. Les rapports de pouvoir sont évoqués – *l'arbitraire, l'invisible et l'injuste* – l'historicité aussi – *remonter le cours de l'histoire* […] *à la recherche de fondements, d'explications, de justifications, d'interprétations* – et elle rejoint Foucault, dans le sens « d'une inversion d'un mouvement régulateur » dans l'histoire (Foucault 1968 : 726) alors qu'elle questionne les « voix d'autorité » qui s'érigent en définisseurs des normes légitimes.

Le soir de son passage tant attendu à l'émission française, l'héroïne trouve facilement les mots pour s'exprimer. Camil est tout épaté de constater qu'elle ait réussi « une aussi bonne performance » :

> – Pis j'ai vraiment aimé t'entendre. C'est vraiment intéressant ce que t'as à dire. Je trouve que t'es brillante. Sérieusement. *J'en reviens pas que tu viens de par chez nous.*

> – Ben, pour dire le vrai, des fois ça serait plus simple si j'étais juste normale.
> – Ah, nous autres les Acadiens, on a ben de la misère quand on se distingue. C'est comme si qu'on avait peur de briller (p. 158 ; c'est moi qui souligne).

Le sentiment de dépossession et d'illégitimité qui consiste à penser que *tout ce qui existe est en dehors de soi* est exprimé dans ces mots : *j'en reviens pas que tu viens de par chez nous.* Tout ce qui touche à la culture ou à la facilité d'expression ne peut venir que d'ailleurs – ce que j'avançais dans l'introduction. Les propos de Camil font écho ici aux vers de Gérald Leblanc, « qu'est-ce que ça veut dire venir de nulle part ? », interrogation qui invite à investir « ce » lieu *difficile à aimer* pour Herménégilde Chiasson, mais lieu de création en raison justement de son état de « non-lieu », vierge, ouvert à l'infini des possibles. C'est Antonine Maillet qui disait dans un entretien : « Nous avons tout à dire parce qu'aucun Mauriac n'est venu décrire notre Bordeaux, ni aucun Mistral chanter notre Provence » (1978 : 100).

Une fois sortie du studio d'enregistrement, la protagoniste continue la conversation avec Camil :

> Je m'en voulais de donner l'impression à Camil que je n'étais pas fière de moi ou pas contente de mon sort. Bien sûr que ses compliments me faisaient plaisir. Mais je réentendais aussi la conversation que j'avais eue avec la coiffeuse qui m'avait coupé les cheveux quelques semaines avant mon départ.
> – T'écris des livres ? Vraiment ? Geeeeee... je savais pas même qu'y avait du monde qui faisiont ça par icitte.
> – Awh, oui, y en a pas mal.
> – Vraiment ? Wowww... (*ibid.* : 159).

La marginalité de l'intellectuel dans le milieu est évoquée et la narratrice donne à voir la grande distance entre l'écrivain et « les autres », distance qui laisse présager toutes les tensions liées au choix de langues dans le milieu et à l'arrachement auquel il doit se livrer : celui qui sort du milieu, que ce soit par la langue ou autrement, risque d'être ostracisé.

Dans les romans *Un fin passage* (2001) et *Petites difficultés d'existence* (2002), qui suivent la parution de *Pas pire*, les mêmes personnages sont présents et parlent le chiac, mais leur rapport au vernaculaire se transforme ; en effet, ils se débarrassent peu à peu de leurs complexes pour en arriver à s'exprimer très librement, même en présence de l'étranger type, incarné par un peintre d'origine européenne vivant à New York, qui vient s'installer à Moncton avec sa femme d'origine française. Dans *Petites difficultés d'existence*, Terry et Carmen ont déjà un enfant et en attendent un autre ; ils s'interrogent sur la langue qu'ils vont transmettre à l'enfant : « Carmen trouve que je devrais me forcer pour mieux parler français. À cause du petit. Et de la petite qui s'en vient. A trouve que c'est pas beau un enfant qui parle chiac » (Daigle 2002 : 153-154).

POUR SÛR QUE C'EST SUR LA LANGUE

Sur la quatrième de couverture du dernier roman de France Daigle, *Pour sûr*, on peut lire que le récit constitue à la fois « une défense et illustration de la langue chiac, une réflexion sur les cultures minoritaires et leur obsession linguistique, un jeu de pistes, le roman d'un pays et de ceux qui l'habitent ». Les mêmes personnages que dans *Pas pire* (avec d'autres) discutent en français (en chiac ?), s'interrogent sur leur français, parfois acceptent leur parler, parfois le rejettent ou veulent le modifier. La narratrice intervient de temps en temps pour commenter différents passages avec des remarques (savantes) qui s'insèrent entre les dialogues ; dans les sections *chiac détail* (une dizaine en tout) – sorte de chroniques qui émaillent le roman –, elle explique pourquoi on privilégie telle ou telle tournure phonétique, morphosyntaxique ou lexicale. Par exemple, elle va s'arrêter sur l'usage du « Y » à la place du pronom « il », sur le « a » au lieu du « elle », sur l'usage du « é » dans « pére » et « mére » (Daigle 2011 : 48) en s'appuyant sur des textes littéraires français (Maupassant pour l'usage du Y, *ibid.* : 13), exactement comme c'était le cas pour Pascal Poirier à la fin du 19e siècle, démarche que l'on retrouve dans l'extrait suivant :

> Lorsqu'il trouva le mot *rouf* dans le dictionnaire, Terry remarqua que l'unique définition du terme correspondait en tous points à la description de Daudet, dont on citait d'ailleurs la phrase en exemple. Le mot provient du néerlandais roef, et sa signification est la même. Terry chercha ensuite *roof* dans le dictionnaire anglais, découvrit qu'il provenait aussi du néerlandais *roef*, qui désigne ce petit abri sur le pont d'un bateau, mais que les Anglais utilisent pour désigner un toit, une maison, le palais de la bouche et un sommet. Terry sentit qu'il venait lui même d'atteindre un sommet :
> – Les Acadiens croyont qu'y parlont mal quante qu'y disont *rouf*. Y croyont qu'y disont *rõof* à la française.
> – …

> – Pis la phrase que le dictionnaire donne comme exemple est la même qui m'avait fait aller au dictionnaire in thẽ fĩrst plãce ! C'est la première fois que ça m'arrive (*ibid.* : 101).

L'auteur intervient également pour expliquer l'usage de marques qui peuvent intriguer le lecteur. Elle justifiera ainsi l'usage du tilde qui émaille les conversations de ses personnages :

> Le tilde sert à distinguer les mots prononcés en anglais des mots prononcés en français. Il latinise l'anglais. Quant à l'accent aigu sur la terminaison d'un verbe censé être prononcé en anglais, il indique que la fin du mot doit être francisée. Il s'agit d'une forme fréquente de chiaquisation (*ibid.* : 438)

Cette volonté de faire entendre un français « très distinct » est sans doute liée à une intention délibérée de l'auteure d'insister sur les différences. D'autres avant elle ont fait entendre de l'oral acadien, sans utiliser un système aussi lourd de conventions orales. L'accent sur les différences est notable dans les nombreux passages métatextuels sur la transcription elle-même.

Ce qui constitue en effet la singularité du roman, c'est que l'auteure fait intervenir des protagonistes qui parlent dans leur vernaculaire et qui cherchent à expliquer les usages du coin et en particulier l'usage des expressions *anglaises*. Dans la citation, Terry, consterné de trouver autant d'emprunts intégrés au français dans le dictionnaire – alors que le discours public montre constamment du doigt les anglicismes des francophones – trouve dérisoires les tentatives mises de l'avant pour justifier tel ou tel usage, surtout les usages « anglais », les seuls qui semblent « entendus » comme dérogeant à la norme. Dans *Pour sûr*, ce sont les emprunts qui sont interpelés, interrogés et stigmatisés, alors que les archaïsmes, dont on aurait pu penser qu'ils auraient été aussi évalués, passent inaperçus.

Tout comme dans le roman *Pas pire*, Terry et Carmen s'inquiètent du français de leurs enfants, Marianne (2 ans) et Étienne (5 ans) :

> – Ein Marianne ? On dit *sauter*, pas *jũmpér, sauter.*
> Marianne regardait Terry, n'était pas certaine de comprendre à quoi son père voulait en venir.
> – Auter ?
> – C'est ça, Marianne, sauter.
> Et Marianne leva les bras en sautant :

– Auter !
– C'est ça, Marianne, sauter. Oké, on embarque dans l'auto asteure.
Mais le papa est peu disposé à attendre que Marianne ait sauté un petit moment.
– Oké, Marianne, c'est fini. Viens dans l'auto asteure.
Marianne arrêta finalement de sauter et laissa Terry l'installer dans son siège.
– Papa ! La trũnk est pas fermée !
– La *valise*, Étienne, on dit *valise.*
– Beaucoup de monde disont *trũnk*
– Peut-être, ben nous autres, on dit *valise.* Compris ? (*ibid.* : 169)

À travers les efforts des parents pour s'approprier leur langue, c'est toute une collectivité que France Daigle met en scène ; elle illustre tout au long du roman le français parlé dans la région par une majorité d'Acadiens (*embarque dans l'auto asteure*), comme dans la scène suivante où Terry commente avec sa compagne le développement linguistique de sa fille dans sa langue à lui :

– J'ai juste le feeling qu'a parle pas beaucoup pour son âge. Comme aujourd'hui, quante alle a dit ça, ça m'a fessé qu'a dit pas souvent des vrais mots. Tu trouves pas ?
– Peut-être qu'elle a pas grand-chose à dire. Y a du monde comme ça.
– Je sais que tous les enfants se développont pas de la même wé, qu'y en a qui marchont plus tard, d'autres qui parlont plus tard ou qui portont des drapeaux[1] plus longtemps… (*ibid.* : 69)

Parfois, ce sont les enfants qui prennent le relais :

– Ãnyway, ça, c'est dequoi que vous apprendrez prõbably à l'école ben je vous le dis asteure au cas qu'y seriont en retard dans le programme pis qu'y skĩpperiont cte partie-là.
– Papa ! Tu dis trop de mots anglais !
Terry resta surpris.
– C'est vrai, mon garçon. Des fois ça sort comme ça, pis on dirait que je peux pas l'arrêter.
Chico ne comprenait pas ce qu'il y avait de mal à dire des mots anglais.
– Nous autres, on dit des mots anglais.
Terry essaya de lui expliquer :
– Nous autres aussi, on en dit. C'est juste qu'on essaye de dire le plusse de mots français qu'on peut.
– À cause ?

1 Couche de bébé (pour plus de détails, voir le *Dictionnaire du français acadien* d'Yves Cormier [1999].

Terry chercha une réponse simple.
– Ben parce qu'on est français.
– Awh (*ibid.* : 416).

Si l'auteure va s'interroger sur la « valeur » des pratiques d'ici, « parler chiac est encore un déshonneur » (*ibid.* : 25)[1], ce sont surtout les anglicismes qui feront les frais de son questionnement. Finalement, à la fin du roman, les protagonistes repensent l'utilité de ces remises en question continuelles, d'autant plus que *Le Robert*, ouvrage de référence par excellence – et qui vient de France, par-dessus le marché –, va consigner beaucoup de termes anglais dans son dictionnaire, termes que les personnages du roman n'imagineraient pas figurer dans un dictionnaire *ici*. Les raisonnements de Carmen sont mis à mal et elle se sent déstabilisée, ce dont elle fait part à Ludmilla, une amie qui parle « un français de référence » :

– Moi, j'ai peur d'avoir été brãinwashée.
– À quel sujet ?
– Au sujet du français.
– D'accord. Et qu'est-ce que cette peur éveille en toi ?
– De la rage.
– Est-ce que tu peux expliquer ?
– L'autre jour, j'ai charché le mot *snoro* dans les dictionnaires acadiens, ben y était pas là. Sõ là j'ai pensé de 'garder dans le *Robert*, ĩn cãse que ç'aurait été un vrai mot français. Sus la page 2009 du dictionnaire, yoùsque le mot *snoro* aurait dû être si ç'avait été un bon mot, y avait quarante z-autres mots. Pis gũess whãt ? La moitié de ces mots-là étiont anglais ! Je vas vous les dire, oké ?
– !
– Slip (plusse y avait *string* en nouère dans la définition), *slogan, slow, smart, smash* (pis *smasher*), *smithsonite* (celui-là, je n'étais pas sûre), *smocks, smog, smoking, smolts, smurf, snack* (pis *snack-bar*, avec *fast-food* en nouère dans la définition), *sniff* (pis *sniffer*), *sniper, snob, snober, snobinard* pis *snobisme, snowboard, snow-boot* pis *soap-opéra*. Exactement la moitié des mots de la page veniont de l'arabe pis de l'italien, pis du Denmark pis de la Hollande, pis d'autres places de même. En toutte, y avait à peu près cinq mots qu'on peut dire qu'y veniont vraiment du français. Ça c'est cinq sus quarante.
– ... ? !
– !... ? ?... !

1 Tout comme c'était le cas pour Dano LeBlanc (*Acadieman*), les mots chiac ici renvoient aux formes de français traditionnel acadien. Partant des chroniques de LeBlanc (*chiac, word of the day*), j'ai analysé le phénomène dans un article paru en 2009 où je montre la difficulté à nommer ce que contient le chiac.

> – ?... !!... ?
> – ! ?
> – ...
> – Sõ là j'ai farmé le dictionnaire, j'avais à moitché peur de tchèquer les autres pages (*ibid.* : 656-657).

Le clin d'œil humoristique porté par l'auteure à travers Carmen amène subtilement une interrogation sur la construction de la légitimité linguistique et sur l'arbitraire de cette construction.

La toute fin du roman renoue avec *Petites difficultés d'existence* où il était question des enfants qui parlent en chiac (« c'est pas beau un enfant qui parle chiac »). Carmen raconte une histoire au petit Étienne et la termine par la phrase : « Pis l'amandier a fleuri » et Étienne de répondre : « Ça c'est bien parler français, ein Maman ? » (*ibid.* : 629), réponse touchante de l'enfant qui rend compte d'un ensemble de représentations ; si l'enfant s'extasie devant cette formule, banale pour certains, c'est parce qu'elle est rarement entendue dans son milieu, détail qui rend compte de la difficulté de s'approprier le français de référence.

J'ai justement mobilisé le roman *Pour sûr* parce qu'il m'a semblé refléter les situations que j'ai essayé de décrire, parce qu'il reprend à sa façon des discours entendus, en propose d'autres, et surtout parce qu'il met en scène des personnages qui reprennent, chacun à leur manière, des thèmes que j'ai abordés dans cet essai. À travers ses dialogues, l'auteure fait entendre *des gens parler* ; elle familiarise le lecteur avec des *voix* que l'on n'entend pas dans les textes littéraires du Canada français, celle des Acadiens vivant en milieu minoritaire et dont les pratiques linguistiques ont été et sont encore stigmatisées. L'accent est placé sur la différence, différence dans l'expression surtout, et loin de tomber dans une forme de misérabilisme, les protagonistes assument cette différence, la commentent et tentent de lui donner un sens.

Si je reviens aux propos de Pascale Casanova sur la nécessité pour les auteurs des régions périphériques de fabriquer de la différence par « l'élaboration d'une "nouvelle" langue au sein même de leur langue [...] afin de créer la distance la plus grande possible avec le rôle politique lorsque la langue est la même » (Casanova 1999 : 383-384), on peut avancer sans trop se tromper que France Daigle a réussi ce pari. Elle a répondu à la domination politique et linguistique des Centres – Paris et Montréal surtout – en proposant un matériau littéraire singulier, un matériau qui l'inscrit dans la littérature francophone mondiale et qui lui a conféré une reconnaissance importante – le Prix du Gouverneur général – en raison justement de cette spécificité.

Il me semble important de souligner que la différence linguistique revendiquée et assumée n'a pas eu pour effet d'exclure la romancière du champ littéraire légitime, mais bien au contraire de lui tailler une place de choix dans ce champ et de lui conférer un profit de distinction. Elle a rendu visibles et audibles des formes de français stigmatisées par une transposition littéraire fine – le français des protagonistes sonne juste, leur parole est crédible pour ceux qui connaissent le vernaculaire – qui rend compte d'une réalité sociolinguistique de la francophonie, sans doute ignorée ou peu connue. Cette mise en scène de la langue d'*ici* n'est pas étrangère à un discours qui a circulé en Acadie et qui a eu une influence politique et sociale importante, discours qui a mis de l'avant la nécessité de s'émanciper des tutelles extérieures, et d'inscrire une parole (qu'elle soit littéraire, sociale ou politique) dans sa matérialité, dans un milieu précis, dans ce cas-ci, en Acadie.

AGIR SUR LE DISCOURS PAR LE DISCOURS

Herménégilde Chiasson, artiste multidisciplinaire originaire de la Péninsule acadienne, vivait dans le sud-est du Nouveau-Brunswick depuis plus de vingt ans, en 1998, au moment de nous accorder un entretien dans le cadre d'une recherche sur la construction identitaire acadienne[1]. Il a joué un rôle déterminant dans la diffusion d'un discours en rupture avec le discours dominant, discours qui s'incarne principalement à Moncton :

> j'ai commencé à développer un discours qui disait qu'essentiellement l'Acadie était ici / et que toute cette idée / toute cette notion de l'Acadie de la diaspora est faite [parce que] le discours est en dehors de nous / c'était extrêmement choquant / et qu'en fait ce qu'il fallait faire c'était rapatrier le discours // donc ça m'a amené sur la place publique et j'ai été amené à occuper certains postes / j'ai été entre autres / ben d'abord j'avais siégé sur plusieurs jurys

1 Il m'a donné la permission de rendre publics ces extraits.

> mais j'ai surtout été président de l'Association des artistes professionnels du Nouveau-Brunswick / Acadiens professionnels du Nouveau-Brunswick / donc ça m'a amené euh / vraiment à faire partie de plusieurs débats / entre autres sur le rôle de Radio-Canada le rôle des médias / le rôle des artistes / le rôle de la culture en milieu, etc.

L'écrivain, comme plusieurs jeunes Acadiens, a étudié en France, à Paris, et s'est imprégné de la culture française ; ce séjour lui a permis de repenser son rapport au Québec :

> je trouvais ça très stimulant d'être à Paris / je trouvais que c'était peut-être plus intéressant que d'être à Montréal / en même temps j'ai toujours vu qu'il y avait comme une espèce de tension entre le Québec et l'Acadie / venant de ça parce qu'il y a deux Acadie selon moi / il y a en une qui est fabriquée ici par les Acadiens / puis il y en a une autre qui est fabriquée au Québec par des Acadiens vivant au Québec / mais qui est essentiellement fabriquée au Québec / donc l'Acadie qui est fabriquée au Québec se reflète aussi dans le discours / c'est une Acadie très folklorique et une Acadie mythique qui n'existe pas d'après moi / les gens qui vont au Pays de la Sagouine ou au Village Historique Acadien / ils voient pas l'Acadie / ils voient une image / j'ai souvent pensé qu'être Acadien c'est un peu comme figurer dans un film muet / on ne nous entend pas nulle part

Herménégilde Chiasson s'est toujours révolté contre cette image acadienne projetée de l'extérieur, qui rend les gens passifs et qui engendre une dépendance à l'égard de discours produits ailleurs. Il rejette la vision répandue dans le discours dominant voulant que les Acadiens ne soient pas capables de problématiser leur situation ; cette vision essentialiste, il l'a toujours combattue publiquement en s'appuyant sur des données, souvent économiques. Par exemple, il s'insurge contre le fait que les fonds publics attribués à la télévision publique de Radio-Canada ne soient pas redistribués équitablement aux francophones du Canada afin qu'ils puissent avoir une antenne nationale pour se faire entendre et parler à la fois d'eux **et** du monde. Il ne veut pas d'une Acadie qui ne puisse parler que de l'Acadie, ce qui se passe souvent. Il revendique la possibilité de traiter de questions nationales ou internationales comme tout le monde et de participer à la problématisation d'autres réalités que la sienne. Une Acadie réduite à elle-même ne peut être que folklorique et accessoire. L'essentiel de son projet d'écriture a été d'inciter les gens à prendre la parole au lieu de se laisser définir par d'autres :

> on a une image / on est des Acadiens / des gens gentils déportés / assimilés / mais on ne peut pas avoir de discours c'est-à-dire on ne peut pas réfléchir là-dessus / du moment où on a une tribune / je me souviens un moment donné on avait participé à une table ronde / une émission qui s'appelait *Le Point* à l'époque / et du moment / c'est-à-dire quand on parlait que bon / je sais pas moi qu'on mange la poutine râpée ou des choses de même ça allait / il y avait aucun problème tout ça a passé / mais du moment où on générait des idées / du moment où on réfléchissait à haute voix sur notre devenir / au montage ils ont tout éliminé ça / et pour moi c'était comme tellement clair et évident que / quand on parle et qu'on exprime des problèmes ça / c'est sûr que / je veux dire / du moment où on commence à discourir / la réalité se complexifie / la force du mythe c'est sa réduction / c'est le fait que / on peut dire qui sont les Acadiens

L'écrivain raconte dans une anecdote qu'il a voulu faire un film sur la neige, mais que l'Office national du film a refusé son scénario – un Acadien qui veut parler d'autre chose que de l'Acadie ? –, alors que tous les films qui montrent les Acadiens ou les francophones hors Québec en train de disparaître sont acceptés avec enthousiasme. Il réfute ce discours qui fait la promotion d'une Acadie déterritorialisée, une Acadie dépossédée présente essentiellement dans l'imaginaire, dans les rêves, dans les fantasmes ; une Acadie sans pouvoir, sans influence, sans prise directe sur le milieu. Il commence donc à revendiquer un autre discours, fabriqué « ici » celui-là, un discours qui sera repris par une majorité d'intellectuels et qui concourt à recréer un espace discursif ancré dans un milieu donné :

> la revendication en Acadie c'est une revendication sur le plan socioculturel / c'est pas une Acadie folklorique / c'est pas une Acadie de déportation / c'est pas une Acadie de drapeau / c'est une Acadie actuelle c'est-à-dire où les artistes expriment une réalité qui se passe ici mais qui pourrait se passer partout ailleurs

Il affirme d'ailleurs que le fait de nommer un territoire comme étant l'Acadie, le fait de rapatrier le discours a permis aux Acadiens de la province, et de Moncton en particulier, de revendiquer leur juste part de financement pour des projets culturels.

La réappropriation d'un discours sur l'Acadie d'*ici* a entraîné des changements importants dans tous les domaines d'activités liés à la production culturelle. Il a fallu d'abord se doter d'outils matériels, ce qui comprenait la mise en place de troupes de théâtre avec des productions locales et régionales, des maisons de production cinématographique, des maisons d'édition et un festival international de films francophones[1] avec la projection des films réalisés en région. Selon Chiasson, pour s'approprier une réalité, il faut pouvoir la raconter soi-même et ne pas se contenter de faire partie du récit en tant que simple figurant. Il faut créer *sur place* et ne plus laisser aux autres le soin de se définir :

> c'est que ça devient impérieux et euh / ben incontournable de / d'avoir le contrôle éditorial / de ses productions parce que si i faut qu'on se fie au Québec donc / à ce moment-là c'est le Québec qui va décider qu'est-ce qu'on fait [...] ben je veux dire qu'est-ce qu'on avait / l'histoire que les Anglais nous racontaient / ou l'histoire que le Québec nous racontait [...]

La volonté de se réapproprier un discours moderne urbain *sur place* a eu pour effet de créer des tensions entre ceux qui vivent *ailleurs* et ceux qui vivent *ici*, entre les artistes des régions rurales et les artistes des régions urbaines. C'est dire que la catégorisation sociale est construite selon différents paramètres et que peu importent les discours, il y a ceux qui en font partie et ceux qui restent dans les marges, ceux qui sont dominants et ceux qui sont marginalisés. De discours marginalisé, le discours des écrivains est devenu à son tour dominant en produisant des exclus ou des gens qui s'en disent victimes.

La réappropriation d'un discours confisqué fait partie du processus d'autonomisation de tout groupe qui cherche à s'émanciper d'une « tutelle » extérieure, qu'elle soit identifiable ou non, afin de se rendre visibles, afin d'exister aux yeux du reste du monde. C'est peut-être ce qui s'est passé chez de jeunes artistes et intellectuels des années 2000, qui par leur usage très libre et **volontaire** du chiac, ont bien fait sentir leur présence chez eux et ailleurs. Ils ont été à l'origine d'un autre débat sur les pratiques linguistiques, mais cette fois le débat a commencé au Québec.

---

1 Le festival international du cinéma francophone en Acadie (FICFA) se tient annuellement à Moncton depuis 1987 et, dans les dernières dix années, il a attiré près de 20 000 personnes par année.

RADIO RADIO ET LISA LEBLANC : QUAND TOUT BASCULE !

Depuis quelques années, le groupe Radio Radio[1] et la chanteuse Lisa Leblanc[2] remportent un grand succès auprès du public québécois. Cette dernière, issue d'un petit village près de Moncton, a été lauréate du Festival international de la chanson de Granby (Québec) en 2010, festival prestigieux qui a lieu annuellement et qui consacre de jeunes chanteurs du Canada francophone. Elle a alors 20 ans. En 2012, elle sort son premier album qui connaît instantanément un succès fulgurant au Canada francophone ; la chanteuse gagne le Félix de la révélation de l'année au gala de l'ADISQ en octobre 2012 et l'une de ses chansons, *Ma vie c'est d'la marde*, est couronnée chanson de l'année au même gala[3]. Le groupe Radio Radio remporte le Félix de l'album de l'année au même concours. Le 26 octobre, un chroniqueur du quotidien montréalais *Le Devoir*, Christian Rioux affirmait : « Radio Radio se complaît dans la sous-langue d'êtres handicapés en voie d'assimilation », ce qui a provoqué beaucoup de réactions tant au Québec qu'en Acadie, réactions semblables à celles qui ont eu cours à différents moments de l'histoire collective récente[4].

Un autre chroniqueur, Antoine Robitaille, a affirmé dans *Le Devoir* du 30 octobre 2012 :

> Pour survivre et prospérer en Amérique, le français a eu et a besoin du nombre et des lois. La démographie du début du 20e siècle a été pour lui une planche de salut. Les lois linguistiques des années 1970 ont aussi été cruciales. Mais, à l'époque, une poésie et une chanson, à la fois significative et populaire, avaient exprimé et renforcé le mouvement d'attachement au français. Tout finissait en chanson.

---

1 Le groupe Radio Radio, très connu au Québec, chante et rappe en français acadien, en acadjonne et en chiac. Les musiciens sont tous originaires de l'Acadie.

2 Il a été question de Lisa Leblanc au chapitre 2 (Congrès mondial acadien de 2014).

3 Ces prix sont décernés annuellement dans diverses catégories par l'Association québécoise de l'industrie du disque, du spectacle et de la vidéo (ADISQ).

4 La polémique a resurgi dans *Le Devoir* en août 2014 au sujet de la langue du groupe de rappeurs montréalais les Dead Obies, à qui l'on reproche de créoliser le français. Voir la réponse solidement argumentée de l'un des membres du groupe : « Dead Obies et le franglais : la réplique aux offusqués », publié dans l'hebdomadaire culturel montréalais *Voir* (http://voir.ca/jepenseque/2014/07/23/la-replique-aux-offusques, consulté le 27 août).

> Aujourd'hui – l'ADISQ l'a démontré – même si le mot « pays » est absent des refrains, une cohorte de poètes, de compositeurs et d'interprètes, perpétuent la tradition. Concédons toutefois que le chiac de Lisa Leblanc, le franglais extrême de Radio Radio, par exemple, ont quelque chose de déprimant, notre chroniqueur Christian Rioux le notait avec raison vendredi. Malgré leur je-ne-sais-quoi d'indiscutablement inventif et créatif, ces textes semblent être empreints des pires stigmates du statut minoritaire. Rendus étrangement « cool », aux yeux de plusieurs, en cette ère de globish.

Dans ces cas-ci, les textes de Radio Radio et de Lisa Leblanc sont instrumentalisés pour montrer *l'état d'avancement de la détérioration du français en Acadie.* Les chroniques de Rioux et de Robitaille ont déclenché un débat sur Internet tant au Québec qu'en Acadie, d'autant plus que les critiques provenaient de figures d'autorité québécoises.

Ce qui est remarquable dans ces derniers débats, c'est l'attitude des artistes qui ne ressentent pas le besoin de s'expliquer ou de justifier leur choix de langue – très peu de métadiscours –, contrairement à ce qui aurait été le cas dans le passé. Ils jouent de leur identité – l'identité comme performance – et en retirent des profits à la fois matériels et symboliques. Comme l'indique Coupland, « "being myself" is itself a performance option » (Coupland 2003 : 426), et c'est ce positionnement stratégique qu'adoptent ces artistes. En octobre 2013, Lisa Leblanc s'est fait connaître en France et a gagné le prix France Inter/Télérama du premier album francophone. Elle est l'invitée de Laurent Ruquier à l'émission *On n'est pas couché* en décembre de la même année où elle affirme et assume sa différence en tant que francophone. Lorsqu'on lui demande où elle a commencé à jouer de la musique, elle répond : dans un *bar* (bar étant prononcé à l'anglaise). Quelqu'un la reprend gentiment : « un bar ? » prononcé à la française, mais au lieu d'acquiescer, elle s'arrête de parler et le regarde d'un œil perçant et reprend sa prononciation à elle – elle répète « bar » à l'anglaise à plusieurs reprises – et les personnes sur le plateau se mettent à prononcer « bar » à la façon de Lisa Leblanc. Cet extrait a été visionné plus de 30 000 fois et commenté dans les réseaux sociaux. Son aplomb a été applaudi.

Les Hay Babies, groupe formé en 2012 et réunissant trois jeunes chanteuses du Nouveau-Brunswick de plus en plus connues sur la scène nationale, adoptent la même attitude. Je les ai écoutées raconter leur « histoire » au réseau de la radio nationale en juin 2013, et à la journaliste de Montréal, qui est revenue à plusieurs reprises sur leur choix de langue, l'une d'elles a répondu : « le chiac, c'est notre langue et c'est comme ça que c'est. C'est notre façon de parler ». Aucun discours « sur », aucun discours pour expliquer « pourquoi ».

Se présenter « telles qu'elles sont » fait sans doute partie des stratégies de distinction artistique et permet de s'attirer des profits tant symboliques que matériels. Cependant, miser sur l'authentique peut aussi entraîner des conséquences inattendues. L'une des membres du groupe a affirmé en novembre 2014 au même réseau radiophonique que les gens étaient davantage intéressés à leur façon de parler le français qu'à leur musique et qu'elle s'en inquiétait. L'authentique serait-il devenu un nouvel exotisme qui fige les gens concernés dans une nouvelle catégorie, réduisant du même coup leur identité à leur manière de parler ?

De tous les temps, des artistes ont mis à mal les conventions sociales. Il a toujours été de bon ton de jouer de la langue. Mais de là à y mettre des emprunts, à ne pas se préoccuper de la syntaxe, voilà qui ébranle l'édifice, surtout dans la francophonie. Est-ce à dire que l'attitude est répandue dans le grand public ? Loin s'en faut. L'univers artistique est régi par des règles qui ne sont pas celles de locuteurs « ordinaires » obligés de se conformer aux normes sociales des différents espaces qui sont les leurs.

La volonté de s'afficher le plus authentiquement possible n'est pas propre aux artistes acadiens et prend des formes différentes selon les contextes, mais dans les petits milieux où les artistes sont des emblèmes identitaires en raison de leur exposition médiatique, ce genre d'attitude devient vite l'objet de curiosité de toute la collectivité. Tous les jours, la télévision et la radio régionales consacrent une partie de leurs émissions aux activités culturelles ; les groupes qui se produisent dans le public sont vite connus et les critiques entourant leur performance à l'étranger sont reproduites et commentées dans les médias locaux. Les productions artistiques qui font usage du chiac aujourd'hui n'attirent pas nécessairement l'attention en Acadie – il y en a tellement –, c'est lorsqu'elles dépassent la sphère régionale et qu'elles font parler d'elles à l'extérieur que le débat se (re)transpose en Acadie.

Ces jeunes artistes, peut-être à leur insu, remettent en question l'hégémonie de la culture dominante en matière de langue, et leurs gestes d'insoumission ont pour effet de libérer la parole, en Acadie du moins. Les francophones des milieux minoritaires parlent… dans leur français… et de plus en plus. Ils ne parlent pas tous selon le « standard » attendu, mais ils parlent, ce qui augure un changement en profondeur. De plus, des artistes francophones qui pendant longtemps ont opté pour chanter en anglais ont décidé de chanter en français, dans leur français, conscients des profits de distinction (marchande) que peut rapporter ce choix. Ces personnes se réapproprient leur langue, sans pour autant mettre de côté les éléments composites de leur culture qui comprend la langue anglaise. Avant les années 1980, c'était la partie francophone qui était mise au rancart – sauf dans la famille, à l'école et dans certains espaces publics – non pas parce qu'il était impossible de parler dans sa langue, comme c'est le cas dans les régions très minoritaires, mais parce qu'ils ne voulaient pas en user, de peur d'en faire un mauvais usage.

C'est finalement Herménégilde Chiasson qui réussira le mieux à dire, en quelques mots, ce que j'ai essayé d'expliquer dans cet essai :

> Comment parler de notre différence, nous qui sommes nés de l'excuse, essayant vainement de rattraper le cours du temps, tandis que d'autres s'enferment dans leurs privilèges, faisant paraître à volonté des routes magiques et des forêts enchantées ? (Chiasson 2006 : 162)

ÉPILOGUE

> Mais Prudent avait le don,
> C'était un don.
> Avant d'apprendre à lire, Prudent avait appris à écouter.
> Et c'était un don que plusieurs saviont point pratiquer.
> Pour écouter, il fallait se taiser.
> Fallait suspendre ses racines, fondations et foyers
> pour faire de la place pour l'autre,
> pour mieux voir ça que l'autre voulait nous montrer.
> Georgette LEBLANC, *Prudent*.

Si j'ai écrit cet essai à ce moment-ci de ma carrière, c'est parce que ce retour sur mon parcours de chercheure m'est apparu comme une nécessité, pour moi d'abord – écrire à la première personne a constitué une véritable libération – et ensuite pour tous les étudiants et les gens que j'ai rencontrés qui m'ont paru d'une façon ou d'une autre enfermés dans des rapports de domination ou encore qui l'avaient été un jour ou l'autre. Dans certains cas, j'en ai été témoin, dans d'autres, ce sont ces personnes qui m'ont raconté leur sentiment de dépossession culturelle et langagière, dépossession souvent liée à une histoire collective, parfois combinée à une impression de vivre dans les marges – venir de nulle part –, deux conditions qui rejaillissent sur leurs pratiques langagières – parler une langue déviante, ne faire partie de la francophonie que par défaut. Capitale pour moi cette idée de raconter ces histoires, de ne pas les laisser tomber dans l'oubli, amnésie qui en plus de les anéantir, masque le fait qu'elles sont le produit d'inégalités d'un ordre social souvent à déconstruire, amnésie qui brime toute pensée émancipatrice. J'ai voulu faire entendre des voix, surtout celles qui n'osent pas souvent s'exprimer dans ce qu'elles appellent « leur » langue, et aussi comprendre les mécanismes à la base de ces assujettissements – parfois consentis – à des idéologies linguistiques qui les excluent de la prise de parole dans la sphère publique et qui par le fait de leur adhésion à ces idéologies, s'excluent elles-mêmes. En d'autres mots, les dominés, par leur consentement à cette domination, participent du processus d'exclusion en étant mus par une conviction ou une honte intériorisée voulant qu'ils n'aient rien à dire ou qu'ils ne puissent le dire « comme il faut ».

Ce projet d'écriture a été aussi l'occasion de revenir sur les étapes qui m'ont constituée comme chercheure – sur les terrains que j'aurais abordés autrement peut-être, mais même là, je n'en suis pas certaine. Les approches et les terrains privilégiés à « ces moments-là » reflètent sans doute ce qui comptait pour moi à l'époque, avec l'habitus social et historique qui était le mien. Si j'ai pu lire *Ce que parler veut dire* dès le début de mes études en sociolinguistique, ce n'est que plus tard que j'ai véritablement compris sa portée émancipatrice ; une œuvre « parle » et fait sens lorsque les conditions font qu'elle sera entendue par le chercheur. L'« accueil » des textes est relié à plusieurs facteurs : aux discussions les entourant, aux terrains fréquentés, aux personnes rencontrées et à la passion de comprendre. Mais parmi toutes les lectures qui s'offrent au chercheur, ce dernier va faire des choix, selon ce qui le constitue comme personne. Didier Éribon réalise que « l'on se *reformule*, [que] l'on se recrée (comme une tâche à reprendre indéfiniment), mais on ne se formule pas, on ne se crée pas » (Éribon 2009 : 229 ; c'est moi qui souligne). C'est donc dans cet esprit d'une subjectivité assumée que j'ai voulu faire écouter les paroles entendues, les sortir de l'ombre, donner une voix à ces personnes, et peut-être aussi montrer que ces voix que l'on dit singulières sont aussi collectives, produites par l'histoire et les conditions sociales qui les ont modelées, qui font qu'elles se donnent à entendre ou non.

Je suis aussi consciente que j'évolue dans un lieu privilégié qui est celui du monde universitaire, qui offre un espace de liberté peu commun pour produire des recherches et que la chercheure que je suis est tributaire de ce milieu, avec les différentes positions qui ont été les miennes tout au long de mon parcours. J'ai dû faire la médiation entre mon habitus social d'Acadienne et ma position occupée dans l'espace universitaire – avec les avantages et les désavantages liés au fait d'être

« de la place », d'être du dedans et du dehors à la fois, avec tout ce que cela comporte de « lucidités et de cécités associées », pour reprendre une formule de Pierre Bourdieu (Bourdieu 1984 : 48). J'ai toujours eu à l'esprit que ce qui est donné à voir dans l'immédiat doit impérativement être soumis à une autre logique de connaissances qui oblige à penser au-delà, à mettre à l'épreuve ces phénomènes en les confrontant à d'autres et ainsi se remettre soi-même continuellement en question.

Plus j'ai avancé dans mes recherches, plus j'ai adopté une perspective constructiviste, approche où les connaissances ne sont pas « des données », mais une construction, ce qui suppose d'examiner les intérêts (les siens tout autant que ceux des groupes dont on étudie les discours) et les processus mis en œuvre pour construire les langues et les locuteurs, tels qu'ils se donnent à voir pour eux-mêmes et pour les autres. J'ai surtout privilégié l'étude des idéologies pour comprendre les comportements linguistiques et sociaux afin d'en examiner les conséquences pour les locuteurs. L'idéologie du standard en français par exemple, voulant que la variété standard soit la seule légitime dans certains endroits, a pu contraindre des gens au silence ou encore a pu susciter toute une gamme de réactions, allant d'une volonté manifeste de contre-légitimité linguistique (comme dans le cas de nombreux artistes qui ont sciemment contesté l'ordre établi en matière de norme langagière) à une transgression plus subtile des voix d'autorité (féminisation des textes, mise en scène de la variation avec plus ou moins d'insistance selon la volonté consciente de provoquer, ou tout simplement selon le désir de faire voir une autre réalité ou celui d'afficher une identité particulière en français)[1].

C'est le phénomène de l'insécurité linguistique qui découle directement de l'idéologie du standard qui m'a particulièrement intéressée parce qu'il brime la parole du locuteur, allant jusqu'à le bloquer, à des degrés divers, dans son expression. On pourrait croire que ce phénomène n'a plus cours étant donné le discours sur la variation et sur l'hétérogénéité qui est sur toutes les lèvres. En effet, ce discours a supplanté celui sur l'homogénéité et la pureté de la langue. Au Canada, il est devenu banal, même si de temps en temps des voix s'élèvent encore pour déplorer l'état

1 Si l'hétérogénéité des pratiques langagières semble admise – il est bien évident que les pratiques sont variées – il reste que dans le discours dominant, on ne cesse de déplorer que le français ne soit pas parlé de la même façon par tout le monde.

supposément « lamentable » du français (voir dernier chapitre). Malgré l'acceptation de l'hétérogénéité linguistique – une des grandes avancées de la sociolinguistique –, il reste que les inégalités sociales reliées à l'usage de certaines ressources dans certaines situations demeurent d'actualité. Des phrases comme celle relatée par Pierre Bourdieu – « Il le dit bien, donc cela a des chances d'être vrai » (Bourdieu 2002a : 104) – sont aussi actuelles aujourd'hui qu'hier, d'où la force symbolique de la langue légitime et le capital attribué aux personnes qui sont attitrées comme celles pouvant agir en tant que modèles. Je me suis toujours indignée des stratégies de condescendance consistant à vouloir se montrer « comme » ou « en phase avec », stratégies qui ont pour résultat de creuser davantage l'écart entre ceux qui savent manier tous les registres de langues comme il le faut et les autres, stratégies qui enferment les gens dans une culture locale qui peut s'avérer tout aussi contraignante que son contraire. Je reprends une réflexion de Bourdieu pour revenir sur l'idée avancée dans le troisième chapitre : « le phénomène d'*hypocorrection*, caractéristique du parler petit-bourgeois, n'est possible que parce que celui qui transgresse la règle [...] manifeste par ailleurs [...] qu'il pourrait parler correctement » (*ibid.* : 105). Je le redis : ne joue pas avec la langue qui veut. Ce sont les personnes déjà légitimées qui peuvent se permettre de le faire ou encore les artistes, par exemple, étant donné que la créativité et les jeux avec la langue participent des attentes formulées envers les créateurs. Mais là non plus, il ne faut pas croire à une liberté totale. Les artistes obéissent à certaines règles, même à celle « obligée » de contrevenir aux règles. Les conditions de réception des vernaculaires marginalisés ou dévalorisés sur d'autres marchés sont dans ce cas remplies. De là à penser que l'alternance entre les différents registres se fait sans problème pour tous, il y a tout un monde, car l'idée, justement, qu'il est donné à tous les locuteurs de faire alterner leur vernaculaire selon les situations de communication est une idée fausse importée d'ailleurs et trop souvent plaquée sur des situations où les questions ne se posent pas de la même façon.

RETOUR SUR L'ACADIANITÉ

J'ai regardé la première émission de *Méchante soirée* (le 20 octobre 2013), émission de variété produite en Acadie et diffusée à la télévision nationale de Radio-Canada. L'animateur a présenté ses deux acolytes, dont un musicien originaire du sud-est du Nouveau-Brunswick. Il a présenté ce dernier comme parlant le français, l'anglais et le chiac et, le plus naturellement du monde, le musicien l'a repris en disant : « ben le français… moyen », rajout qui m'a paru en phase avec ce que j'ai essayé d'expliquer dans cet essai, à savoir qu'il existe une *surconscience linguistique* assez généralisée. La réplique du musicien est révélatrice d'une volonté de dire sa différence – une différence qu'il se construit ou qu'il anticipe de la part des téléspectateurs – et de sauver la face dans les émissions à venir. Il aura signifié le côté qu'il juge marginal de sa francité avant qu'il ne soit relevé par d'autres. Le fait qu'il soit originaire du sud-est du Nouveau-Brunswick n'est pas anodin ; les deux autres animateurs, originaires du nord-est de la province, et donc du milieu majoritaire, sont très à l'aise en français. Par ailleurs, le musicien en question savait qu'il était écouté aussi dans sa région, où les impératifs pour user du vernaculaire sont extrêmement puissants. Françoise Gadet, dans un article sur la standardisation au quotidien, écrit qu'il est courant que les tenants du standard ne comprennent pas pourquoi tout le monde ne parle pas en français standard. Si tout était si simple ! En effet, l'auteure rappelle que :

> Labov a su soulever un problème apparemment anodin : comment se fait-il que les locuteurs, même s'ils savent fort bien ce qui est standard (ou ce que c'est de « bien parler »), font perdurer l'usage de traits non standard (« mal parler ») ? On pourrait ajouter : pourquoi, si le standard a si bien montré sa supériorité sociale ? Ces questions appellent une réflexion sur l'identité et la valeur du vernaculaire pour les locuteurs tiraillés dans l'ambivalence entre vernaculaire et standard. Dans les suggestions pour étendre par apprentissage l'ampleur des répertoires linguistiques, l'identité n'est pas prise en compte : on fait comme s'il suffisait de prendre la mesure de la différence entre traits standard et non standard, en rapport à l'« approprié » (Gadet 2002 : 292).

Dans la même émission, les Hay Babies, dont il a été question au dernier chapitre, figuraient parmi les invités et l'une d'entre elles, aussi originaire du Sud-Est, a demandé à l'animateur d'excuser son langage alors qu'elle parlait de son « réalisateur fétiche », mais dans un sens tout à fait particulier, celui de la conscience de transgresser les usages du milieu. Les Hay Babies connaissent un succès grandissant et ont parcouru à l'été 2013 le Québec et la France. Or, il a paru évident que pour la chanteuse, le terme « fétiche » lui était étranger (ou sonnait bizarrement dans sa bouche), tout comme cela a été le cas pour l'expression « enjoliveur de roue » pour le personnage d'*Acadieman* de Dano Leblanc, qui raconte que si un francophone de Moncton usait de cette dernière expression au lieu de *hubcap*, son interlocuteur « hallerait ses bottes », c'est-à-dire se mettrait à courir pour s'enfuir, tellement l'expression semble liée à une autre francophonie. Dans la même veine, une informatrice m'a raconté à quel point le terme « décapotable » (une voiture à toit ouvrant) paraissait étrange aux adolescents qu'ils étaient dans les années 1960, habitués à appeler ces voitures des « convertibles » (prononcé à la française ou à l'anglaise). Ces phénomènes peuvent désormais s'interroger à la lumière de la citation précédente. Dans les trois cas, c'est le « standard » qui paraît « inapproprié », ce qui montre bien l'importance d'étudier la valeur investie dans les pratiques langagières selon les marchés et selon les locuteurs. Dans le cas de la musicienne des Hay Babies, c'est la volonté de s'approprier des expressions françaises « hors de l'ordinaire » qui, tout étranges qu'elles soient dans son milieu, peuvent lui attirer des profits dans les marchés de plus en plus internationaux sur lesquels elle se produit maintenant. Ces petites anecdotes, les chercheurs les entendent et il leur revient d'en faire sens.

SUR LES EFFETS DE LA RECHERCHE

Le linguiste qui vit dans un milieu où l'usage d'une langue est porteur d'enjeux identitaires très marqués est constamment sollicité pour intervenir dans les débats publics sur la langue. Il arrive qu'il soit taxé de relativiste ou de laxiste tout simplement parce qu'il essaie d'expliquer les mécanismes à la base de la production des phénomènes linguistiques tels qu'on peut les observer dans les pratiques quotidiennes.

Dans certains cas, on peut comprendre les critiques. Il m'est arrivé plus d'une fois d'avoir à expliquer aux médias pourquoi « les gens parlent comme ils parlent » ; position inconfortable que j'ai dû assumer avec le lot d'incompréhension qu'un entretien de quelques minutes peut entraîner ou encore par la sélection d'extraits qui est faite par les journalistes. En effet, il est difficile de déstigmatiser des pratiques qui sont dévalorisées. Les locuteurs savent d'instinct que certaines pratiques linguistiques donnent accès à des profits matériels et symboliques et ils veulent en profiter. Il me semble important pour les linguistes (ou pour toute personne pressentie comme étant légitime pour traiter des questions de langue) de ne pas tomber dans le piège de l'idéologie de la diversité avec un grand D sans penser aux conséquences pour les locuteurs. Qui peut se permettre de jouer des registres de la langue sans conséquences négatives ? Qui a les moyens de le faire ? Est-ce que les inégalités sociales entrent ici aussi en ligne de compte ? Le concept d'*hygiène verbale* développé par Deborah Cameron répond à plusieurs de ces interrogations.

L'« hygiène verbale » est un concept qui renvoie à la façon dont les personnes évaluent, jugent, entrent dans la langue « *reflect on language in a critical (in the sense of "evaluative") way* » (Cameron 2002 : 9), ce qui suppose qu'elles cultivent des valeurs et des normes à l'égard des pratiques et qu'elles ont comme objectif avoué ou non d'agir sur les langues. Deborah Cameron argumente sur la nécessité pour le linguiste de tenir compte des opinions exprimées par les citoyens dans les débats sur la langue. Les linguistes adoptent souvent une attitude de surplomb à l'égard de ces derniers en admettant difficilement que la langue est un sujet qui intéresse la population, et donc qu'ils n'en sont pas les seuls responsables ni les seuls autorisés à en parler, et qu'il est « normal » qu'à peu près tout le monde puisse émettre des opinions sur les pratiques linguistiques et qu'il est sain que ce soit ainsi. Elle questionne la tendance des linguistes à se montrer soit très prescriptivistes en ne tolérant aucune variation, soit, au contraire, très laxistes en se disant allergiques à toute forme de prescriptivisme (*ibid.* : 8). Elle soutient que les attitudes (les représentations) entretenues à l'égard des langues sont idéologiques, et que les linguistes et les citoyens partagent finalement des valeurs communes, même si les linguistes ont tendance à croire qu'ils pratiquent une certaine neutralité à l'égard des phénomènes langagiers. L'auteure avance que les linguistes adoptent trop souvent une position purement descriptive à l'égard des phénomènes langagiers, ce qui rend la communication difficile avec la population. Voulant être le plus mesurés possible dans leurs jugements, les linguistes aspirent à se débarrasser des idées reçues sur les langues et se contentent alors de décrire les phénomènes langagiers, en faisant abstraction des profits qui sont associés aux différentes formes linguistiques, ce qui explique qu'ils soient souvent mal compris. Or comme le rappelle l'auteure, ce qui unit les linguistes et les citoyens, c'est justement qu'ils ne veulent pas laisser les choses telles quelles, qu'ils veulent agir sur les questions langagières, et cela, parce qu'ils y rattachent des valeurs. Elle soutient que les premiers sont souvent puristes dans leurs propres productions langagières – du moins à l'écrit – et dans leurs pratiques quotidiennes – ils corrigent leurs enfants, voient à ce qu'ils soient dans les meilleures conditions d'apprentissage possible, s'assurent qu'ils aient accès au registre de langue qui leur rapporte des avantages divers. Elle rappelle que le linguiste est lui-même porteur de valeurs, qu'il n'est pas a-normatif et qu'il doit en être conscient. Il n'est pas indifférent à l'égard de tel ou tel usage, malgré sa prétention contraire.

Le chercheur investi dans ses projets n'en sort pas indemne. Il est déstabilisé et transformé à la rencontre de personnes et de lieux qui sont porteurs d'une expérience de vie autre. De plus, les personnes rencontrées ne sont jamais que « ces personnes-là », puisqu'elles sont traversées ici et là dans leur récit par les discours entendus et par les personnes qu'elles ont elles-mêmes rencontrées. Le dialogisme de Mikhail Bakhtine prend ici tout son sens. Par ailleurs, si le chercheur est marqué par ses rencontres, la réciproque est parfois vraie – la réflexivité n'est pas réservée aux seuls chercheurs. Il est arrivé à quelques reprises que les personnes rencontrées me contactent pour demander un autre rendez-vous, affirmant que l'entretien avait provoqué chez elles des réflexions et des questions dont elles voulaient (re)discuter. C'est ainsi que l'altérité dans la réflexivité prend tout son sens. Et c'est là qu'il faut, pour aller dans la même voie que Didier de Robillard :

> traduire en permanence, négocier du sens dans des contextes autres, dans des historicités autres (et surtout en prendre conscience) tout cela à la fois bien entendu, le sens dépendant de l'identité, du contexte, de la temporalité et toutes les combinatoires possibles (Robillard 2008 : 93).

POUR CONCLURE

Didier Éribon reprend dans *Retour à Reims* l'inspirante formule d'Annie Ernaux dans *Les années* sur « la mémoire qui se déshumilie », expression qui m'a semblé directement liée à mon propos. Ce retour sur mon parcours relevait d'une volonté d'expliquer les mécanismes de domination reliés au sentiment de dépossession linguistique et culturelle éprouvé par de nombreux francophones (qu'ils vivent dans les marges ou non) et de lever l'hypothèque qui brime leur prise de parole. Tout au long de l'écriture de ce récit, j'ai ressenti un bonheur certain, un sentiment proche d'une libération, tout en sachant que je ne réussirais jamais à enrayer ce sentiment d'illégitimité intellectuelle que je ressens depuis toujours, tout comme peuvent le ressentir d'autres personnes pour toutes sortes de raisons, semblables aux miennes ou non.

L'analyse des idéologies m'a obligée à adopter une posture réflexive (examiner mon propre rapport à la langue de mon milieu ainsi que mon rapport à ma propre langue bien entendu) et aussi à historiciser mes recherches – sortir de l'ici et maintenant – pour voir dans le temps comment ont émergé certaines idéologies, pourquoi et dans quel but, pour servir quels groupes de locuteurs et avec quelles conséquences pour les locuteurs **des marges** surtout. Ces marges sont bien entendu géographiques, mais surtout sociales ; le travail de terrain que j'ai pu réaliser a fait émerger une constante, celle d'une distance sociale ressentie entre ceux qui contrôlent les mécanismes de production de la langue légitime et les autres, entre ceux qui savent jouer des registres de la langue et les autres. Même s'il y a des exceptions, les premiers sont souvent dotés d'un capital culturel acquis dès l'enfance et cultivé depuis lors, alors que les seconds l'ont acquis par miettes – et même s'ils l'ont très bien acquis, ils continuent de se sentir dépossédés de ce capital de distinction. J'ai le vif souvenir de l'entretien mené avec cette dame qui occupait une position importante au gouvernement fédéral et qui entretenait un rapport douloureux avec le français. Socialement, elle était pourtant « arrivée », mais la différence sociale que ramenaient à la surface ses origines modestes à chaque fois qu'elle trébuchait dans sa langue ne s'est jamais effacée.

Mes différentes recherches m'ont aussi menée à me poser des questions sur les idées importées d'ailleurs pour analyser une situation donnée, car même si pour tout sociolinguiste qui travaille dans une perspective ethno-sociolinguistique critique, c'est le terrain qui domine et non les théories, cet adage est loin d'aller de soi dans un milieu à tradition intellectuelle récente.

Dans *Le discours antillais*, Édouard Glissant pose une question qui me paraît fondamentale : « Comment peut-on être français en Amérique ? » (Glissant 1997 [1981] : 309) ; et même s'il la pose pour situer la Martinique à l'intérieur du cadre français, je peux transposer sa façon de problématiser les phénomènes linguistiques et culturels antillais à l'Acadie, avec les différences qui s'imposent évidemment. La question « comment être francophone autrement ? » m'a interpelée depuis le début de mes recherches puisque cette question se pose pour tous les francophones qui se sont sentis dépossédés de leur langue à un moment ou à un autre et pour qui *parler français* voulait dire quelque chose.

BIBLIOGRAPHIE

AHEARN, Laura M., « Agency », *Journal of Linguistic Anthropology*, vol. 9, n° 1-2, 1999, p. 12-15.

ALI-KHODJA, Mourad, « La sociologie à l'épreuve de l'exiguïté. Périodisation et analyse comparative des travaux portant sur l'Acadie », *Balises et références. Acadies, francophonies*, éd. Martin Pâquet et Stéphane Savard, Québec, Presses de l'Université Laval, 2007, p. 175-212.

ALI-KHODJA, Mourad, « Réflexion sur les figures de l'intellectuel et du savant en milieu francophone minoritaire », *Minorités linguistiques et société/Linguistic Minorities and Society*, éd. Pierre Foucher, n° 3, 2013, p. 41-55.

ALI-KHODJA, Mourad, et Annette BOUDREAU, *Lectures de l'Acadie. Une anthologie de textes en sciences humaines et sociales. 1960-1994*, Monréal, Fides, 2009a.

ALI-KHODJA, Mourad, et Annette BOUDREAU, « Du concept de minorité à la pensée de l'exiguïté : pour une autre compréhension des phénomènes linguistiques », *Langage et société*, vol. 3, n° 129, 2009b, p. 69-80.

ALI-KHODJA, Mourad, et Marc JOHNSON, « Identité et création culturelles en Acadie : des artistes en quête de légitimité ? », *Revue de l'Université de Moncton*, vol. 27, n° 2, 1994, p. 229-237.

ALLAIN, Greg, et Maurice BASQUE, *Une présence qui s'affirme. La communauté acadienne et francophone de Fredericton, Nouveau-Brunswick*, Moncton, Éditions de la Francophonie, 2003.

ALLAIN, Greg, Isabelle MCKEE-ALLAIN et Joseph Yvon THÉRIAULT, « La société acadienne : lecture et conjonctures », *L'Acadie des Maritimes. Études thématiques des débuts à nos jours*, éd. Jean Daigle, Moncton, Chaire de recherche en études acadiennes (Université de Moncton), 1993, p. 341-384.

ANCELET, Barry Jean, « Valoriser la variabilité pour préserver une identité linguistique », *Port-Acadie. Revue interdisciplinaire en études acadiennes*, Pointe-de-l'Église, Université Sainte-Anne, n° 6-7, 2004-2005, p. 21-40.

ANCELET, Barry Jean, et Amanda LAFLEUR, « La revitalisation endogène du cadien en Louisiane », *Le français en Amérique du Nord. États présents*, éd. Albert Valdman, Julie Auger et Deborah Piston-Hatlen, Québec, Presses de l'Université Laval, 2005, p. 411-437.

ANDERSON, Benedict, *Imagined Communities : Reflections on the Origin and Spread of Nationalism*, Londres, Verso, 1983.

ANDERSON, Benedict, *L'imaginaire national. Réflexions sur l'origine et l'essor du nationalisme*, Paris, La Découverte, 2002.

APPADURAI, Arjun, *Modernity at Large : Cultural Dimensions of Globalization*, Minneapolis, University of Minnesota Press, 1996.

APPADURAI, Arjun, *Après le colonialisme. Les conséquences culturelles de la globalisation*, Paris, Payot, 2005 [1996].

APPADURAI, Arjun, éd., *Globalization*, Durham et Londres, Duke University Press, 2001.

ARACIL, Luís V., « Bilingualism as a myth », *Revista/Review interamericana*, vol. 2, n° 4, 1973, p. 521-533.

ARRIGHI, Laurence, « Le français parlé en Acadie : description et construction d'une "variété" », *Minorités linguistiques et société/Linguistic Minorities and Society*, éd. Annette Boudreau, vol. 4, 2014, p. 100-125.

ARRIGHI, Laurence et Annette BOUDREAU, « La construction discursive de l'identité francophone en Acadie ou "comment être francophone à partir des marges ?" », *Minorités linguistiques et société/Linguistic Minorites and Society*, éd. Pierre Foucher, vol. 3, 2013, p. 80-92.

AUROUX, Sylvain, éd., *Histoire des idées linguistiques*, t. 3, Sprimont, Pierre Mardaga éditeur, 2000.

BABITCH, Rose Mary, « The English of Acadians in the seventeenth century », *Actes du colloque annuel de l'Association de linguistique des provinces atlantiques*, Pointe-de-l'Église, Université Sainte-Anne, vol. 3, 1979, p. 96-115.

BÉDARD, Édith, et Jacques MAURAIS, éd., *La norme linguistique*, Québec, Conseil de la langue française (Gouvernement du Québec) et Paris, Dictionnaires Le Robert, 1983.

BELLIVEAU, Joël, « Naissance d'un discours discordant. Identité et mobilisations étudiantes à l'Université de Moncton avant "L'Acadie, l'Acadie ? ! ?" (1960-1967) », *Adaptation et innovation. Expériences acadiennes contemporaines*, éd. André Magord, vol. 3, 2006, p. 51-75.

BELLIVEAU, Joël, *Tradition, libéralisme et communautarisme durant les « Trente glorieuses ». Les étudiants de Moncton et l'entrée dans la modernité avancée des francophones du Nouveau-Brunswick, 1957-1969* [thèse de doctorat], Montréal, Université de Montréal, 2008.

BENIAMINO, Michel, *La francophonie littéraire. Essai pour une théorie*, Paris, L'Harmattan, 1999.

BÉRUBÉ, Julie, *Discours et idéologies linguistiques en Acadie du Nouveau-Brunswick. L'exemple de la presse et du milieu scolaire* [thèse de doctorat], Moncton, Université de Moncton, 2010.

BLANC, Michel, « Mélange de codes », *Sociolinguistique. Concepts de base*, éd. Marie-Louise Moreau, Hayen, Pierre Mardaga Éditeur, 1997, p. 207-210.

BLANCHE-BENVENISTE, Claire, et Colette JEANJEAN, *Le français parlé. Transcription et édition*, Paris, Didier Érudition, 1987.

BLANCHET, Philippe, « Quels "linguistes" parlent de quoi, à qui, quand, comment et pourquoi ? Pour un débat épistémologique sur l'étude des phénomènes linguistiques », *Carnets d'Ateliers de Sociolinguistique 1. Un siècle après le « Cours » de Saussure. La Linguistique en question*, éd. Philippe Blanchet, Louis-Jean Calvet et Didier de Robillard, Paris, L'Harmattan, 2007, p. 229-294.

BLANCHET, Philippe, *La sociolinguistique de terrain. Méthode et théorie. Une approche ethnosociolinguistique de la complexité*, Rennes, Presses universitaires de Rennes, 2012 [2000].

BLOMMAERT, Jan, éd., *Language Ideological Debates*, Berlin et New York, Mouton de Gruyter, 1999.

BLOMMAERT, Jan, *Discourse*, Cambridge, Cambridge University Press, 2005.

BLOMMAERT, Jan, *The Sociolinguistics of Globalization*, Cambridge, Cambridge University Press, 2010.

BLOMMAERT, Jan et Fons VAN DE VIJVER, « Good is not good enough : Combining surveys and ethnographies in the study of rapid social change », *Tilburg Papers in Culture Studies*, n° 65, 2013, p. 1-13.

BOEHRINGER, Monika, « L'édition critique de *Sans jamais parler du vent* de France Daigle », *Port-Acadie. Revue interdisciplinaire en études acadiennes*, Pointe-de-l'Église, Université Sainte-Anne, n° 20-21, 2012, p. 167-182.

BOUCHARD, Chantal, *La langue et le nombril. Histoire d'une obsession québécoise*, Montréal, Fides, 1998.

BOUCHARD, Chantal, *Méchante langue. La légitimité linguistique du français parlé au Québec*, Montréal, Presses de l'Université de Montréal, 2011.

BOUDREAU, Annette, « Discours et idéologies linguistiques. Les minorités linguistiques au Canada ou comment être francophone autrement », *Les Cahiers de linguistique. Revue de sociolinguistique et de sociologie de la langue française*, éd. Françoise Gadet, Bruxelles, Fernelmont, vol. 38, n° 2, 2012a, p. 9-36.

BOUDREAU, Annette, « Discours, nomination des langues et idéologies linguistiques », *Les français d'ici. Description, représentation et théorisation*, éd. Davy Bigot, Michael Friesner et Mireille Tremblay, Québec, Presses de l'Université Laval, 2012b, p. 89-109.

BOUDREAU, Annette, et Raoul BOUDREAU, « La littérature comme moyen de reconquête de la parole. L'exemple de l'Acadie », *Glottopol*, éd. Claude Caitucoli, n° 3, 2004, p. 166-180.

BOUDREAU, Annette, et Lise DUBOIS, « Français, acadien, acadjonne : Competing discourses on language preservation along the shores of the Baie Sainte-Marie », *Discourses of Endangerment*, éd. Alexandre Duchêne et Monica

Heller, Londres et New York, Continuum International Publishing Group, 2007, p. 99-120.

BOUDREAU, Annette, et Marie-Ève PERROT, « "Le chiac, c'est du français." Représentations du mélange français/anglais en contexte inégalitaire », *Hybrides linguistiques*, éd. Henri Boyer, Paris, L'Harmattan, 2010, p. 51-82.

BOUDREAU, Annette, et Chantal WHITE, « The turning of the tides in Acadian Nova Scotia : An Example of how heritage tourism is changing language practices and representations of language », *Revue canadienne de linguistique/ Canadian Journal of Linguistics*, vol. 49, n° 3-4, 2004, p. 1001-1025.

BOUDREAU, Raoul, « La création de Moncton comme "capitale culturelle" dans l'œuvre de Gérald Leblanc », *Revue de l'Université de Moncton*, éd. Raoul Boudreau et Jean Morency, vol. 38, n° 1, 2007, p. 33-56.

BOUDREAU, Raoul, « Paratopie et scène d'énonciation dans la littérature acadienne contemporaine », *(Se) raconter des histoires. Histoire et histoires dans les littératures francophones du Canada*, éd. Lucie Hotte, Sudbury, Éditions Prise de parole, 2010, p. 233-248.

BOUDREAU, Raoul, et Mylène WHITE, « Gérald Leblanc : écrivain cartographe », *Paysages imaginaires d'Acadie. Un atlas littéraire*, éd. Marie-Linda Lord et Denis Bourque, Moncton, Institut d'études acadiennes et Chaire de recherche en études acadiennes (Université de Moncton), 2009, p. 40-57.

BOURDIEU, Pierre, *Ce que parler veut dire. L'économie des échanges linguistiques*, Paris, Éditions Fayard, 1982.

BOURDIEU, Pierre, *Homo Academicus*, Paris, Éditions de Minuit, 1984.

BOURDIEU, Pierre, *La misère du monde*, Paris, Éditions du Seuil, 1993.

BOURDIEU, Pierre, *Les règles de l'art. Genèse et structure du champ littéraire*, Paris, Éditions du Seuil, 1998 [1992].

BOURDIEU, Pierre, *Langage et pouvoir symbolique*, Paris, Éditions Fayard, 2001.

BOURDIEU, Pierre, *Questions de sociologie*, Paris, Éditions de Minuit, 2002a [1984].

BOURDIEU, Pierre, *Le bal des célibataires. Crise de la société paysanne en Béarn*, Paris, Éditions du Seuil, 2002b.

BOURDIEU, Pierre, *Esquisse pour une auto-analyse*, Paris, Raisons d'agir, 2004.

BOURDIEU, Pierre, Jean-Claude CHAMBOREDON et Jean-Claude PASSERON, *Le métier de sociologue*, Berlin, Mouton de Gruyter, 2005 [1968].

BOURDIEU, Pierre, et Loïc J. D. WACQUANT, *An Invitation to Reflexive Sociology*, Chicago, University of Chicago Press, 1992.

BOURQUE, Denis et Chantal RICHARD, *Les Conventions nationales acadiennes. Tome 1 (1881-1890). Memramcook (1881). Miscouche (1884). Pointe-De-L'Église (1890)*, Moncton, Université de Moncton et Institut d'études acadiennes (Université de Moncton), 2013.

BOUTET, Josiane, *Construire le sens*, Berlin, Peter Lang, 1994.

BOUTET, Josiane, et Monica HELLER, « Enjeux sociaux de la sociolinguistique : pour une sociolinguistique critique », *Langage et société*, vol. 3-4, n° 121-122, 2007, p. 305-318.

BOUTHILLIER, Guy, et Jean MEYNAUD, *Le choc des langues au Québec. 1760-1970*, Montréal, Presses de l'Université du Québec à Montréal, 1972.

BOYER, Henri et Jean-François DE PIETRO, « De contacts en contacts : représentations, usages et dynamiques sociolinguistiques », *L'Écologie des langues. Mélanges William Mackey/Ecology of Languages. Homage to William Mackey*, éd. Annette Boudreau, Lise Dubois, Jacques Maurais et Grant McConnel, Paris, L'Harmattan, 2002, p. 103-123.

BRES, Jacques et Françoise GARDÈS-MADRAY, « Une enquête sociolinguistique en milieu minier : corpus et problèmes méthodologiques », *Lengas*, n° 16, 1984, p. 73-98.

BRIGGS, Charles L., *Learning How to Ask. A Sociolinguistic Appraisal of the Role of the Interview in Social Science Research*, Cambridge, Cambridge University Press, 2003 [1986].

BROCHU, André, « L'éveil de la parole », *Le français au Québec. 400 ans d'histoire et de vie*, éd. Michel Plourde, Hélène Duval et Pierre Georgeault, Québec, Conseil supérieur de la langue française (Gouvernement du Québec) et Montréal, Fides, 2000, p. 260-272.

BRU, Josiane, « De l'oral à l'écrit : la rupture », Actes du colloque « Éditer des contes de tradition orales : Pour qui ? Comment ? », *Port Acadie, Revue interdisciplinaire en études acadiennes*, Pointe-de-l'Église, Université Sainte-Anne, 23 et 24 septembre 2008, 2009-2010, p. 33-43.

BUCHOLTZ, Mary (2000). « The politics of transcription », *Journal of Pragmatics*, 2000, p. 1439-1465.

CALVET, Louis-Jean, *Le marché aux langues. Les effets linguistiques de la mondialisation*, Paris, Plon, 2002.

CALVET, Louis-Jean, « Les voix de la ville revisitées. Sociolinguistique urbaine ou linguistique de la ville ? », *Revue de l'Université de Moncton*, éd. Annette Boudreau, Thierry Bulot, Lise Dubois et Gudrun Ledegen, vol. 36, n° 1, 2005, p. 9-30.

CAMERON, Deborah, *Verbal Hygiene*, Londres et New York, Routledge, 2002 [1995].

CAMERON, Deborah, « Language endangerment and verbal hygiene : History, morality and politics », *Discourses of Endangerment*, éd. Alexandre Duchêne et Monica Heller, Londres et New York, Continuum International Publishing Group, 2007, p. 268-285.

CANUT, Cécile, « Le nom des langues ou les métaphores de la frontière », *Ethnologies comparées*, n° 1, 2000, p. 1-18.

CASANOVA, Pascale, *La république mondiale des Lettres*, Paris, Éditions du Seuil, 1999.

CHEVALIER, Gisèle, et Lise RODRIGUE, *Les mots pour parler des maux. Lexique différentiel des termes acadiens liés à la santé*, Moncton, Consortium national de formation en santé (volet Université de Moncton), 2009.

CHIASSON, Herménégilde, « 1604... », *Revue Possibles*, vol. 5, nº 1, 1980, p. 133-138.

CHIASSON, Herménégilde, *Conversations*, Sudbury, Éditions Prise de parole, 2006 [1998, Éditions d'Acadie].

CLARKE, Patrick D., *Les fondements idéologiques de la question linguistique en Acadie, 1867-1914* [thèse de maîtrise], Moncton, Université de Moncton, 1980.

COMAROFF, John L., et Jean COMAROFF, *Ethnicity, Inc.*, Chicago, University of Chicago Press, 2009.

CONGRÈS MONDIAL ACADIEN, *Le Congrès mondial acadien. L'Acadie en 2004. Actes des conférences et des tables rondes*, Moncton, Éditions d'Acadie, 1996.

CORBEIL, Jean-Claude, « Vers un aménagement linguistique comparé », *Politique et aménagement linguistiques*, éd. Jacques Maurais, Québec, Conseil de la langue française (Gouvernement du Québec) et Paris, Dictionnaires Le Robert, 1987, p. 555-566.

CORBEIL, Jean-Claude, « L'aménagement linguistique en Acadie du Nouveau-Brunswick », *Vers un aménagement linguistique de l'Acadie du Nouveau-Brunswick*, éd. Catherine Phlipponneau, Moncton, Centre de recherche en linguistique appliquée (Université de Moncton), 1991, p. 19-28.

CORMIER, Yves, *Dictionnaire du français acadien*, Montréal, Fides, 1999.

COSTA, James, « Enjeux sociaux de la revitalisation linguistique. Introduction », *Langage et société*, nº 145, 2013a, p. 7-14.

COSTA, James, « Sauver la langue ? Deux siècles de renaissantismes linguistiques en Provence », *Langage et société*, nº 145, 2013b, p. 15-34.

COUPLAND, Nikolas, « Sociolinguistic authenticities », *Journal of Sociolinguistics*, vol. 7, nº 3, 2003, p. 417-431.

COUPLAND, Nikolas, « Language, ideology, media and social change », *SPELL : Swiss Papers in English Language and Literature*, vol. 24, 2010, p. 127-151.

CRÉPON, Marc, *Les géographies de l'esprit*, Paris, Payot, 1996.

CULIOLI, Antoine, « Peut-on théoriser la notion de "qualité de la langue" ? », *La qualité de la langue ? Le cas du français*, éd. Jean-Michel Éloy, Paris, Honoré Champion éditeur, 1995, p. 51-65.

DAIGLE, France, *Pas pire*, Moncton, Éditions d'Acadie, 1998.

DAIGLE, France, *Un fin passage*, Montréal, Éditions du Boréal, 2001.

DAIGLE, France, *Petites difficultés d'existence*, Montréal, Éditions du Boréal, 2002.

DAIGLE, France, *Pour sûr*, Montréal, Éditions du Boréal, 2011.

DAIGLE, Jean, « L'Acadie de 1604 à 1763, synthèse historique », *L'Acadie des Maritimes*, éd. Jean Daigle, Moncton, Chaire de recherche en études acadiennes (Université de Moncton), 1993, p. 1-43.

DAVID, Marc, « (Re)turn of the native. Insider ethnography and the politics of fieldwork in South Louisiana », *Working the Field. Accounts from French Louisiana*, éd. Jacques Henry et Sara Le Menestrel, Jackson, University Press of Mississippi, 2009, p. 77-97.

DELEUZE, Gilles et Félix GUATTARI, *Kafka. Pour une littérature mineure*, Paris, Éditions de Minuit, 1975.

DEPREZ, Christine, *Les enfants bilingues. Langues et familles*, Paris, Éditions Didier, 1994.

DESBIENS, Jean-Paul. *Les insolences du Frère Untel*, Montréal, Éditions de l'Homme, 1960.

DOR, Georges, *Anna braillé ène shot (Elle a beaucoup pleuré). Essai sur le langage parlé des Québécois*, Montréal, Lanctôt Éditeur, 1996.

DOR, Georges, *Ta mé tu là ? (Ta mère est-elle là ?). Un autre essai sur le langage parlé des Québécois*, Montréal, Lanctôt Éditeur, 1997.

DOR, Georges, *Les qui qui et les que que ou le français torturé à la télé. Troisième et dernier essai sur le langage parlé des Québécois*, Montréal, Lanctôt Éditeur, 1998.

DOR, Georges, *Chu ben comme chu (Je suis bien comme je suis). Constats d'infraction à l'amiable*, Montréal, Lanctôt Éditeur, 2001.

DOUCET, Michel, *Le discours confisqué*, Moncton, Éditions d'Acadie, 1995.

DUBOIS, Lise, « Radio communautaires acadiennes : idéologies linguistiques et pratiques langagières », *L'Acadie plurielle : dynamiques identitaires collectives et développement au sein des réalités acadiennes*, éd. André Magord, Poitiers, Institut d'études canadiennes et québécoises (Université de Poitiers) et Moncton, Centre d'études acadiennes (Université de Moncton), 2003, p. 307-323.

DUBOIS, Lise, Mélanie LEBLANC et Maurice BEAUDOIN, « La langue comme ressource productive et les rapports de pouvoir entre communautés linguistiques », *Langue et Société*, n° 118, 2006, p. 17-41.

DUCHÊNE, Alexandre, *Ideologies across Nations. The Construction of Linguistic Minorities at the United Nations*, Berlin et New York, Mouton de Gruyter, 2008.

DUCHÊNE, Alexandre, « Discours, changement social et idéologies langagières », *Sociolinguistique historique du domaine gallo-roman. Enjeux et méthodologies*, éd. Dorothée Aquino-Weber, Sara Cotelli et Andres Kristol, New York, Peter Lang, 2009, p. 131-150.

DUCHÊNE, Alexandre, et Monica HELLER, éd., *Language in Late Capitalism. Pride and Profit*, Londres et New York, Routledge, 2012.

DURANTI, Alessandro, *Linguistic Anthropology*, Cambridge, Cambridge University Press, 2000 [1997].

ÉRIBON, Didier, *Retour à Reims*, Paris, Flammarion, 2010 [2009].

ÉRIBON, Didier. *Retours sur Retour à Reims*, Paris, Éditions Cartouche, 2011.

ÉRIBON, Didier, « La voix absente. Philosophie des états généraux », *Pierre Bourdieu. L'insoumission en héritage*, éd. Édouard Louis, Paris, Presses Universitaires de France, 2013, p. 145-180.

ERNAUX, Annie, *La place*, Paris, Éditions Gallimard, 1983.

ERNAUX, Annie, *La honte*, Paris, Éditions Gallimard, 1997.

ERNAUX, Annie, *Les années*, Paris, Éditions Gallimard, 2008.

FAIRCLOUGH, Norman L., « Critical and descriptive goals in discourse analysis », *Journal of Pragmatics*, vol. 9, n° 6, 1985, p. 739-763.

FERRON, Jacques, *Le contentieux de l'Acadie*, Montréal, VLB Éditeur, 1991.

FLIKEID, Karin, « "Moitié français, moitié anglais" ? Emprunts et alternances de langues dans les communautés acadiennes de la Nouvelle-Écosse », *Revue québécoise de linguistique théorique et appliquée*, vol. 8, n° 2, 1989, p. 177-228.

FLIKEID, Karin, « Origines et évolution du français acadien à la lumière de la diversité contemporaine », *Les origines du français québécois*, éd. Raymond Mougeon et Édouard Beniak, Québec, Presses de l'Université Laval, 1994, p. 275-326.

FOUCAULT, Michel, *L'archéologie du savoir*, Paris, Éditions Gallimard, 1969.

FOUCAULT, Michel, *L'ordre du discours*, Paris, Éditions Gallimard, 1971.

FOURNIER, Jules, *Mon Encrier*, Montréal, Fides, 1965.

FRANCARD, Michel, « Insécurité linguistique en situation de diglossie. Le cas de l'Ardenne belge », *Revue québécoise de linguistique théorique et appliquée*, vol. 8, n° 2, 1989, p. 133-163.

FRANCARD, Michel, « Quand le français tire sa référence », *Cahiers de l'Institut de linguistique de Louvain. Le français de référence. Constructions et appropriations d'un concept. Volume I*, actes du colloque de Louvain-la-Neuve, Université catholique de Louvain, 3-5 novembre 1999, éd. Michel Francard, Geneviève Geron et Régine Wilmet, vol. 26, n° 1-4, 2000, p. 7-10.

FRANÇOIS, Frédéric, « L'évolution du langage et de la langue chez l'enfant », *Travaux de linguistique*, vol. 20, 1983, p. 83-100.

GADET, Françoise, *Le français ordinaire*, Paris, Éditions Armand Colin, 1989.

GADET, Françoise, *Le français populaire*, Paris, Presses Universitaires de France, 1992.

GADET, Françoise, « La langue française au XXe siècle », *Nouvelle histoire de la langue française*, éd. Jacques Chaurand, Paris, Éditions du Seuil, 1999, p. 581-671.

GADET, Françoise, « La standardisation au quotidien », *L'écologie des langues.*

Mélanges William Mackey/Ecology of Languages. Homage to William Mackey, éd. Annette Boudreau, Lise Dubois, Jacques Maurais et Grant McConnel, Paris, L'Harmattan, 2002, p. 281-297.

GADET, Françoise, *La variation sociale en français*, Paris, Ophrys, 2003.

GADET, Françoise, « Du bon usage du purisme quand on est linguiste », *La langue française. Passions et polémiques*, éd. Marie-Anne Paveau et Laurence Rosier, Paris, Éditions Vuibert, 2008a, p. 5-9.

GADET, Françoise, « L'oreille et l'oeil à l'écoute du social », *Cahiers de l'Université de Perpignan. Données orales. Les enjeux de la transcription*, éd. Mireille Bilger, n° 37, 2008b, p. 35-48.

GAL, Susan, et Kathryn WOOLARD, « Introduction », *Languages and Publics. The Making of Authority*, éd. Susan Gal et Kathryn Woolard, Manchester, St. Jerome Publishing, 2001, p. 1-12.

GAL, Susan, « Sociolinguistic regimes and the management of "diversity" », *Language in Late Capitalism. Pride and Profit*, éd. Alexandre Duchêne et Monica Heller, Londres et New York, Routledge, 2012, p. 22-42.

GAUVIN, Bernard, « Les événements de 1968-1969 à Moncton : la mémoire acadienne interpellée », *Les cahiers de la Société historique de l'Acadie*, vol. 39, n° 4, 2008, p. 161-193.

GAUVIN, Lise, *L'écrivain francophone à la croisée des langues. Entretiens*, Paris, Éditions Karthala, 1997.

GAUVIN, Lise, *Écrire pour qui ? L'écrivain francophone et ses publics*, Paris, Éditions Karthala, 2007.

GAUVIN, Lise, « La francophonie littéraire, un espace encore à créer », *Les littératures de langue française à l'heure de la mondialisation*, éd. Lise Gauvin, Montréal, Éditions Hurtubise, 2010, p. 13-33.

GEDDES, James, « Les dialectes français dans le parler franco-acadien », *Premier Congrès de la langue française au Canada. Mémoires*, Québec, Imprimerie de l'Action sociale limitée, 1914, p. 197-217.

GLISSANT, Édouard, *Le discours antillais*, Paris, Éditions Gallimard, 1997 [1981].

GUEUNIER, Nicole, « Nous, quand on parle, on fout un coup de pied à la France », *Bref (Bulletin de recherche sur l'enseignement du français)*, n° 14, 1978, p. 35-50.

GUEUNIER, Nicole, Émile GENOUVRIER et Abdelhamid KHOMSI, « Les Français devant la norme », *La norme linguistique*, éd. Édith Bédard et Jacques Maurais, Québec, Conseil de la langue française (Gouvernement du Québec) et Paris, Dictionnaires Le Robert, 1983, p. 763-787.

GUIRAUD, Pierre, *Français populaire*, Paris, Presses Universitaires de France, 1986 [1965].

GUMPERZ, John, *Discourse Strategies*, Cambridge, Cambridge University Press, 1982.

GUMPERZ, John, *Engager la conversation. Introduction à la sociolinguistique interactionnelle*, Paris, Éditions de Minuit, 1989 [1982].

HECHTER, Michael, *Internal Colonialism. The Celtic Fringe in British National Development*, New Brunswick (USA) and London (UK), Transaction Publishers, 1999 [1995].

HELLER, Monica, « Discourse and Interaction », *The Handbook of Discourse Analysis*, éd. Deborah Schiffrin, Deborah Tannen et Heidi E. Hamilton, Malden (USA) et Oxford (UK), Blackwell Publishers, 2001, p. 250-264.

HELLER, Monica, *Éléments d'une sociolinguistique critique*, Paris, Éditions Didier, 2002.

HELLER, Monica, « La Patente : embryon de la modernisation », *Discours et identités. La francité canadienne entre modernité et mondialisation*, éd. Monica Heller et Normand Labrie, Cortil-Wodon, Éditions Modulaires Européennes, 2003, p. 147-176.

HELLER, Monica et Normand LABRIE, « Langue, pouvoir et identité : une étude de cas, une approche théorique, une méthodologie », *Discours et identités. La francité canadienne entre modernité et mondialisation*, éd. Monica Heller et Normand Labrie, Cortil-Wodon, Éditions Modulaires Européennes, 2003, p. 9-39.

HENRY, Jacques et Sara LE MENESTREL, éd., *Working the Field. Accounts from French Louisiana*, Jackson, University of Mississippi Press, 2009.

HUSTON, Nancy, *Nord perdu*, Arles, Actes Sud, 1999.

HUTCHINSON, Thomas, The History of the Province of Massachussets-Bay, from the Charter of King William and Queen Mary, in 1691, until the year 1750, Boston-New England : Thomas & John Fleet, 1767.

JAFFE, Alexandra, *Ideologies in Action. Language Politics on Corsica*, Berlin et New York, Mouton de Gruyter, 1999.

KAUFMANN, Jean-Claude, *L'entretien compréhensif*, Paris, Éditions Armand Colin, 2004 [1996].

KLINKENBERG, Jean-Marie, *La langue et le citoyen*, Paris, Presses Universitaires de France, 2001.

KREMNITZ, Georg, « Du "bilinguisme" au "conflit linguistique". Cheminement de termes et de concepts », *Langages*, vol. 15, n° 61, 1981, p. 63-74.

KUNDERA, Milan, *Les testaments trahis*, Paris, Éditions Gallimard, 1993.

LABOV, William, *Sociolinguistique*, Paris, Éditions de Minuit, 1976 [1972].

LABOV, William, *Le parler ordinaire. La langue dans les ghettos noirs des États-Unis*, Paris, Éditions de Minuit, 1978 [1972].

LAFONT, Robert, « Entre l'ancien et le nouveau régionalisme : faux problèmes et vues concrètes », *Annales de l'Institut d'études occitanes*, n° 17, 1954, p. 11-25.

LAFONT, Robert, « Un problème de culpabilité sociologique : la diglossie franco-occitane », *Langue française*, vol. 9, n° 9, 1971, p. 93-99.

LAFONT, Robert, « Trente ans de sociolinguistique occitane (sauvage ou institutionnelle) », *Lengas*, n° 25, 1989, p. 13-25.

LAFONT, Robert, « La diglossie en pays occitan, ou le réel occulté », *Quarante ans de sociolinguistique à la périphérie*, Paris et Montréal, L'Harmattan, 1997, p. 19-28.

LAFONTAINE, Dominique, « Le parfum et la couleur des accents », *Le français moderne*, vol. 56, n° 1-2, 1988, p. 60-73.

LAFOREST, Marty, *États d'âme, états de langue. Essai sur le français parlé au Québec*, Québec, Nuit blanche éditeur, 1997.

LAMBERT, Wallace E., Richard C. HODGSON, Robert C. GARDNER et Samuel FILLENBAUM, « Evaluational reactions to spoken languages », *Journal of Abnormal and Social Psychology*, vol. 60, n° 1, 1960, p. 44-51.

LANDRY, Rodrigue, « Les Acadiens sont-ils des "semi-lingues" : réflexions sur quelques théories concernant le bilinguisme », *Revue de l'Université de Moncton*, vol. 14, n° 1, 1981, p. 9-42.

LAROSE, Karim, *La langue de papier. Spéculations linguistiques au Québec (1957-1977).* Montréal, Presses de l'Université de Montréal, 2004.

LE MENESTREL, Sara, *La voie des Cadiens. Tourisme et identité en Louisiane*, Paris, Éditions Belin, 1999.

LEBLANC, Georgette, *Prudent*, Moncton, Éditions Perce-Neige, 2013.

LEBLANC, Gérald, *L'extrême frontière*, Moncton, Éditions d'Acadie, 1988.

LEBLANC, Gérald, *Je n'en connais pas la fin*, Moncton, Éditions Perce-Neige, 1999.

LEBLANC, Gérald, « Identité(s) : poème inédit de Gérald Leblanc », *Revue de l'Université de Moncton*, éd. Raoul Boudreau et Jean Morency, vol. 38, n° 1, 2007, p. 175-180.

LEBLANC, Matthieu, *Choix de langues et comportements linguistiques en milieu de travail : le rôle des représentations et des attitudes dans l'élaboration d'un plan d'aménagement linguistique* [thèse de doctorat], Moncton, Université de Moncton, 2008.

LEBLANC, Matthieu, « Les atouts et avantages du bilinguisme à Moncton : entre discours et réalité », *Minorités linguistiques et société/Linguistic Minorities and Society*, éd. Annette Boudreau, vol. 4, 2014, p. 154-174.

LEBLANC, Mélanie, *Idéologies, représentations linguistiques et construction identitaire à la Baie Sainte-Marie, Nouvelle-Écosse* [thèse de doctorat], Moncton, Université de Moncton, 2012.

LEPICQ, Dominique, et Richard Y. BOURHIS, « Psychologie sociale et aménagement linguistique : le cas du Québec », *Langues et sociétés en contact*, éd. Pierre Martel et Jacques Maurais, Tübingen, Max Neimeyer Verlag, 1994, p. 409-433.

LEPICQ, Dominique, et Richard Y. BOURHIS, « Attitudes et comportements linguistiques dans les zones bilingues du Canada », *De la polyphonie à la symphonie. Méthodes, théories et faits de la recherche pluridisciplinaire sur le français au Canada*, éd. Jürgen Erfurt, Leipzig, Leipziger Universitätsverlag, 1996, p. 89-117.

LINDHAL, Carl, « Finding the field through the discovery of the self », *Working the Field. Accounts from French Louisiana*, éd. Jacques Henry et Sara Le Menestrel, Jackson, University of Mississippi Press, 2009, p. 3-22.

LIPPI-GREEN, Rosina, *English with an Accent. Language, ideology, and discrimination in the United States*, Londres et New York, Routledge, 1997.

MAILLET, Antonine, *La Sagouine*, Montréal, Leméac éditeur, 1971.

MAILLET, Antonine, *Par derrière chez mon père*, Montréal, Leméac éditeur, 1972.

MAILLET, Antonine, *Livre IV*, Biennale de la langue française, Moncton, 1978, p. 100.

MAILLET, Antonine, *Le chemin Saint-Jacques*, Montréal, Leméac éditeur, 1996.

MANESSY, Gabriel, « Vernacularité, vernacularisation », *Le français dans l'espace francophone. Tome I*, éd. Didier de Robillard et Michel Beniamino, Paris, Honoré Champion éditeur, 1993, p. 407-417.

MARCELLESI, Jean-Baptiste (en collaboration avec Thierry Bulot et Philippe Blanchet), *Sociolinguistique. Épistémologie, Langues régionales, Polynomie*, Paris, L'Harmattan, 2003.

MARCELLESI, Jean-Baptiste, et Bernard GARDIN, *Introduction à la socio-linguistique, la linguistique sociale*, Paris, Larousse, 1974.

MARTEL, Pierre, « Le français de référence et l'aménagement linguistique », *Cahiers de l'Institut de linguistique de Louvain. Le français de référence. Constructions et appropriations d'un concept. Volume II*, actes du colloque de Louvain-la-Neuve, Université catholique de Louvain, 3-5 novembre 1999, éd. Michel Francard, Geneviève Geron et Régine Wilmet, vol. 27, nº 1-2, 2001, p. 123-139.

MASSIGNON, Geneviève, *Les parlers français d'Acadie*, 2 t., Paris, Éditions Klincksieck, 1962.

MAURAIS, Jacques, éd., *La crise des langues*, Québec, Conseil de la langue française (Gouvernement du Québec) et Paris, Dictionnaires Le Robert, 1985.

MAURAIS, Jacques, éd., *Politique et aménagement linguistiques*, Québec, Conseil de la langue française (Gouvernement du Québec) et Paris, Dictionnaires Le Robert, 1987.

MAURER, Bruno, « Retour à Babel : les systèmes de transcription », *L'enquête sociolinguistique*, éd. Louis-Jean Calvet et Pierre Dumont, Paris et Montréal, L'Harmattan, 1999, p. 149-166.

MEMMI, Albert, *Portrait du colonisé*, Paris, Éditions Gallimard, 2005 [1957].

MILROY, James, *Linguistic Variation & Change*, Oxford (UK) et Cambridge (USA), Blackwell Publishers, 1992.

MILROY, Lesley, *Language and Social Networks*, Oxford (UK) et Cambridge (USA), Blackwell Publishers, 1987 [1980].

MILROY, James, et Lesley MILROY, *Authority in Language. Investigating Standard English*, Londres et New York, Routledge, 2003 [1985].

MIRON, Gaston, *L'avenir dégagé. Entretiens 1959-1993*, éd. Marie-Andrée Beaudet et Pierre Nepveu, Montréal, Éditions de l'Hexagone, 2010.

MOÏSE, Claudine, « L'économie mondialisée et le tourisme : un domaine à explorer pour la sociolinguistique francophone ? », *Mondes du tourisme. Revue pluridisciplinaire de recherche*, n° 4, 2011, p. 4-17.

MOÏSE, Claudine, Christina ROMAIN et Emmanuel MEUNIER, *Violence verbale dans l'espace de travail. Analyses et solutions*, Paris, Bréal, 2015.

MOORE, Danièle, et Claudine BROHY, « Identités plurilingues et pluriculturelles », *Sociolinguistique du contact. Dictionnaire des termes et concepts*, éd. Jacky Simonin et Sylvie Wharton, Lyon, Éditions de l'École normale supérieure, 2013, p. 289-315.

MOREAU, Marie-Louise, éd., *Sociolinguistique. Concepts de base*, Sprimont, Pierre Mardaga éditeur, 1997.

MOSCOVICI, Serge, *Psychologie des minorités actives*, Paris, Presses Universitaires de France, 1979.

MOUGEON, Françoise, *Les francophones et leurs styles : variation stylistique dans le français parlé de trois locuteurs du Québec, de l'Ontario et de la France* [thèse de doctorat], Nanterre, Université Paris X – Nanterre, 1999.

MOUGEON, Raymond, « Le français en Ontario : bilinguisme, transfert à l'anglais et variabilité linguistique », *Le français dans l'espace francophone. Tome I*, éd. Didier de Robillard et Michel Beniamino, Paris, Honoré Champion éditeur, 1993, p. 53-77.

NEPVEU, Pierre, « Narrations du monde actuel », *La création littéraire dans le contexte de l'exiguïté*, éd. Robert Viau, Beauport, Publications MNH, 1999, p. 427-437.

NEPVEU, Pierre, *Gaston Miron. La vie d'un homme*, Montréal, Éditions du Boréal, 2011.

PARÉ, François, *Les littératures de l'exiguïté*, Hearst, Éditions Le Nordir, 1992.

PARÉ, François, *Théories de la fragilité*, Hearst, Éditions Le Nordir, 1994.

PAVEAU, Marie-Anne, et Laurence ROSIER, *La langue française. Passions et polémiques*, Paris, Éditions Vuibert, 2008.

PÉRONNET, Louise, « Le parler acadien », *Mémoires de la Société royale du Canada*, 4e série, t. XV, 1977, p. 215-228.

PÉRONNET, Louise, « Le français acadien », *Français de France et français du Canada. Les parlers de l'Ouest de la France, du Québec et de l'Acadie*, éd. Pierre Gauthier et Thomas Lavoie, Lyon, Centre d'études linguistiques Jacques Goudet (Université Lyon III Jean-Moulin), 1995, p. 399-439.

PERROT, Marie-Ève, « Bilinguisme en situation minoritaire et contact de langues : l'exemple du chiac », *Faits de langues*, éd. Anaïd Donabédian, n° 18, 2001, p. 129-137.

PERROT, Marie Ève, « Nature et fonction des stéréotypes linguistiques dans le discours de presse d'une communauté minoritaire : *L'Évangéline* de 1887 à 1930 », *Stéréotypage, stéréotypes : fonctionnements ordinaires et mises en scène*, éd. Henri Boyer, t. 1, Paris, L'Harmattan, 2007, p. 253-261.

PERROT, Marie-Ève, « Acadieman et l'"Académie chiac" : le chiac, de l'oral à l'écrit », *Les voix des Français. Volume 2*, éd. Michaël Abecassis et Gudrun Ledegen, Berne, Peter Lang, 2010, p. 59-70.

PETITLECLERC, Adèle, « Critical Discourse Analysis : une proposition sur la posture et l'engagement du chercheur en analyse de discours », *Analyse de discours dans la société : engagement du chercheur et demande sociale*, éd. Frédéric Pugnière-Saavedra, Frédérique Sitri et Marie Veinard, Paris, Honoré Champion éditeur, 2012, p. 67-82.

PHLIPPONNEAU, Catherine, « Politique et aménagement linguistiques au Nouveau-Brunswick. Pour de nouvelles stratégies d'intervention », *Vers un aménagement linguistique de l'Acadie du Nouveau-Brunswick*, actes du symposium de Moncton, Université de Moncton, 3-5 mai 1990, éd. Catherine Phlipponneau, Moncton, Centre de recherche en linguistique appliquée (Université de Moncton), 1991, p. 51-63.

PHLIPPONNEAU, Catherine, éd., *Sociolinguistique et aménagement des langues*, actes du XVIe colloque annuel de l'Association de linguistique des provinces atlantiques, Moncton, Université de Moncton, 6-7 novembre 1992, Moncton, Centre de recherche en linguistique appliquée (Université de Moncton), 1994.

PICHETTE, Robert, *L'Acadie par bonheur retrouvée. De Gaulle et l'Acadie*, Moncton, Éditions d'Acadie, 1994.

PICOCHE, Jacqueline, et Christiane MARCHELLO-NIZIA, *Histoire de la langue française*, Paris, Éditions Armand Colin, 1991 [1989].

POIRIER, Claude, « Le lexique québécois : son évolution, ses composantes », *Stanford French Review*, 1980, p. 43-80.

POIRIER, Claude (dir.), *Dictionnaire du français québécois : description et histoire des régionalismes en usage au Québec depuis l'époque de la Nouvelle-France jusqu'à nos jours incluant un aperçu de leur extension dans les provinces canadiennes limitrophes : volume de présentation*, Sainte-Foy, Les Presses de l'Université Laval, 1985.

POIRIER, Claude (réd.), *Dictionnaire du français plus*, sous la responsabilité de A. E. Shiaty, avec la coll. de Pierre Auger et Normand Beauchemin, Montréal : CEC, 1988.

POIRIER, Claude (dir.), *Dictionnaire historique du français québécois. Monographies lexicographiques de québécismes*, Sainte-Foy, Les Presses de l'Université Laval, 1998.

POIRIER, Pascal, *Causerie memramcookienne*, éd. critique établie par Pierre M. Gérin, Moncton, Chaire de recherche en études acadiennes (Université de Moncton), 1990.

POIRIER, Pascal, *Le glossaire acadien*, éd. critique établie par Pierre M. Gérin, Moncton, Éditions d'Acadie et Centre d'études acadiennes (Université de Moncton), 1993.

RIVAROL, Antoine de, *De l'universalité de la langue française*, Paris, Obsidiane, 1991 [1784].

ROBILLARD, Didier de, « Peut-on construire des "faits linguistiques" comme chaotiques ? Éléments de réflexion pour amorcer le débat », *Marges linguistiques*, n° 1, 2001, p. 163-204.

ROBILLARD, Didier de, *Perspectives alterlinguistiques*, 2 t., Paris, L'Harmattan, 2008.

ROBILLARD, Didier de, Michel BENIAMINO et Claudine BAVOUX, « Le français dans l'espace francophone : problématique », *Le français dans l'espace francophone. Tome I*, éd. Didier de Robillard et Michel Beniamino, Paris, Honoré Champion éditeur, 1993, p. 17-48.

ROBIN, Régine, *Nous autres, les autres*, Montréal, Éditions du Boréal, 2011.

ROBITAILLE, Denise, *L'Ordre de Jacques-Cartier*, Montréal, Fides, 2009.

ROMAINE, Suzanne, *Bilingualism*, Oxford (G.-B.) et Cambridge (É.-U.), Blackwell Publishers, 1995 [1989].

ROSS, Sally, *Les écoles acadiennes en Nouvelle-Écosse, 1758-2000*, Moncton, Centre d'études acadiennes, Université de Moncton, 2001.

ROY, Muriel K., « Démographie et démolinguistique en Acadie, 1871-1991 », *L'Acadie des Maritimes*, éd. Jean Daigle, Moncton, Chaire de recherche en études acadiennes (Université de Moncton), 1993, p. 141-206.

SÉRIOT, Patrick, « Faut-il que les langues aient un nom ? Le cas du macédonien », *Le nom des langues I. Les enjeux de la nomination des langues*, éd. Andrée Tabouret-Keller, Louvain, Peeters, 1997, p. 167-190.

SINGY, Pascal, *L'image du français en Suisse romande. Une enquête sociolinguistique en Pays de Vaud*, Paris, L'Harmattan, 1997.

TABOADA-LEONETTI, Isabelle, « Stratégies identitaires et minorité : le point de vue du sociologue », *Stratégies identitaires*, éd. Carmel Camilleri, Joseph Kastersztein, Edmond-Marc Lipiansky, Hanna Malewska-Peyre, Isabelle Taboada-Leonetti et Ana Vasquez-Bronfman, Paris, Presses Universitaires de France, 1990, p. 43-83.

TABOURET-KELLER, Andrée, « Les enjeux de la nomination des langues. Présentation », *Le nom des langues I. Les enjeux de la nomination des langues*, éd. Andrée Tabouret-Keller, Louvain, Peeters, 1997, p. 5-20.

TABOURET-KELLER, Andrée, *Le bilinguisme en procès, cent ans d'errance (1840-1940)*, Limoges, Éditions Lambert-Lucas, 2011.

TEO, Peter, « Racism in the news : A critical discourse analysis of news reporting in two Australian newspapers », *Discourse Society*, vol. 11, n° 1, 2000, p. 7-49.

THÉRIAULT, Joseph Yvon, « Naissance, déploiement et crise de l'idéologie nationale acadienne », *Identité et cultures nationales. L'Amérique française en mutation*, éd. Simon Langlois, Québec, Presses de l'Université Laval, 1995, p. 67-83.

THÉRIAULT, Joseph Yvon, *Faire société. Société civile et espaces francophones*, Sudbury, Éditions Prise de parole, 2007.

THÉRIAULT, Joseph Yvon, *Évangéline. Contes d'Amérique*, Montréal, Éditions Québec Amérique, 2013.

THÉRIAULT, Léon, *Petit manuel d'histoire d'Acadie, de 1755 à 1867*, Moncton, Librairie Acadienne, 1976.

TODOROV, Tzvetan, *L'homme dépaysé*, Paris, Éditions du Seuil, 1996.

TODOROV, Tzvetan, *Devoirs et délices. Une vie de passeur. Entretiens avec Catherine Portevin*, Paris, Éditions du Seuil, 2002.

TOCQUEVILLE, Alexis de, *De la démocratie en Amérique*, Paris, Union Générale d'Éditions, 1963 [1835].

TRIMAILLE, Cyril, et Marinette MATTHEY, « Catégorisations », *Sociolinguistique du contact. Dictionnaire des termes et des concepts*, éd. Jacky Simonin et Sylvie Wharton, Lyon, ENS Éditions, 2013, p. 95-122.

VALLIÈRES, Pierre, *Nègres blancs d'Amérique*, Montréal, Éditions Parti pris, 1968.

VIAU, Robert, *Les visages d'Évangéline. Du poème au mythe*, Beauport, Publications MNH, 1998.

VIOLETTE, Isabelle, « Discours, représentations et nominations : le rapport au "chiac" chez les immigrants francophones à Moncton (Acadie) », *Vues sur les français du Canada*, éd. Carmen LeBlanc, France Martineau et Yves Frenette, Québec, Presses de l'Université Laval, 2010, p. 267-284.

VIGOUROUX, Cécile, et Salikoko MUFWENE, « Globalisation et vitalité du français : vieux débats, nouvelles perspectives », *Colonisation, globalisation et vitalité du français*, éd. Salikoko Mufwene et Cécile Vigouroux, Paris, Odile Jacob, 2014, p. 7-44.

WALTER, Henriette, *Le français dans tous les sens*, Paris, Éditions Robert Laffont, 1988.

WALTER, Henriette, *Des mots sans culottes. Pour servir à l'intelligence des mots dont notre langue s'est enrichie lors de la Révolution, et à la nouvelle signification qu'ont reçue quelques anciens mots*, Paris, Éditions Robert Laffont, 1989.

WATTS, Richard J., « The ideology of dialect in Switzerland », *Language*

Ideological Debates, éd. Jan Blommaert, Berlin et New York, Mouton de Gruyter, 1999, p. 67-103.

WHITE, Chantal, *L'affirmation ou la négation de la différence : pratiques et représentations linguistiques de francophones de Chéticamp dans le contexte du tourisme patrimonial* [thèse de maîtrise], Moncton, Université de Moncton, 2006.

WOOLARD, Kathryn A., « Language Variation and Cultural Hegemony : Toward an Integration of Sociolinguistic and Social Theory », *American Ethnologist*, vol. 12, n° 4, 1985, p. 738-748.

WOOLARD, Kathryn A., « Language ideology as a field of inquiry », *Language Ideologies. Practice and Theory*, éd. Bambi B. Schieffelin, Kathryn A. Woolard et Paul V. Kroskrity, New York, Oxford University Press, 1998, p. 3-47.

WOOLARD, Kathryn A., « Language and identity choice in Catalonia : The interplay of contrasting ideologies of linguistic authority », éd. Kirsten Süselbeck, Ulrike Mühlschlegel, et Peter Masson, *Lengua, nación e identidad : La regulación del plurilingüismo en España y América Latina*, Frankfurt am Main et Madrid, Vervuert et Iberoamericana, 2008, p. 303-323.

YAGUELLO, Marina, *Catalogue des idées reçues sur la langue*, Paris, Éditions du Seuil, 1988.

MÉDIAGRAPHIE

BRAULT, Michel, réal., et Guy L. CÔTÉ, prod., *Éloge du chiac*, DVD, Office national du film du Canada, 1969.

BRAULT, Michel, Pierre PERRAULT, réal., Guy L. CÔTÉ et Paul LAROSE, prod., *L'Acadie, l'Acadie ? ! ?*, DVD, Office national du film du Canada, 2005 [1971].

CARLES, Pierre, réal., Véronique FRÉGOSI et Annie GONZALEZ, prod., *La sociologie est un sport de combat* (avec la participation de Pierre Bourdieu), DVD, C-P Productions et VF Films, 2001.

FRANCARD, Michel, réal., *Ces Belges qui parlent français*, vidéocassette, Centre audiovisuel de l'Université catholique de Louvain, Unité de linguistique française, 1989.

INDEX DES THÈMES

INDEX DES AUTEURS

TABLE DES MATIÈRES